本书由湖南科技大学学术著作出版基金资助

被害人保护法研究

——以犯罪被害人权利为视角

吴四江／著

中国检察出版社

图书在版编目（CIP）数据

被害人保护法研究：以犯罪被害人权利为视角/吴四江著. —北京：中国检察出版社，2011
ISBN 978 - 7 - 5102 - 0437 - 1

Ⅰ. 被…　Ⅱ. 吴…　Ⅲ. 被害者 - 研究　Ⅳ. D917 - 9

中国版本图书馆 CIP 数据核字（2011）第 021648 号

被害人保护法研究

——以犯罪被害人权利为视角

吴四江　著

出版发行：中国检察出版社
社　　址：北京市石景山区鲁谷西路 5 号（100040）
网　　址：中国检察出版社（www. zgjccbs. com）
电　　话：(010)68630385(编辑)　68650015(发行)　68636518(门市)
经　　销：新华书店
印　　刷：北京鑫海金澳胶印有限公司
开　　本：A5
印　　张：8. 875 印张　　插页 2
字　　数：244 千字
版　　次：2011 年 1 月第一版　　2011 年 1 月第一次印刷
书　　号：ISBN 978 - 7 - 5102 - 0437 - 1
定　　价：25. 00 元

内容提要

完善的被害人保护体系是保障人权国家所追求的重要目标。本书研究的被害人仅指合法权益遭受到犯罪行为侵害的自然人，在所有被害人中，绝大多数被害人是无辜被害人，其本身与犯罪行为的发生无任何关系，完全由犯罪人故意造成；极少数被害人对犯罪行为的发生负有一定责任，如被害人过错。对被害人过错，建议刑法规定被害人过错作为法定量刑情节。

在哲理视域中，被害人基于主体性应享有康复其心理损害的权利，被害人心理及其损害的表现形式多种多样，为此提出了被害人享有“康心权”。犯罪可能对被害人产生心理和情感效应，包括失眠、噩梦、恐惧、麻木、郁闷、压抑等可以影响被害人生活质量的心理效应，易产生悲痛、愤恨、绝望、耻辱、自卑、消沉、堕落等消极情感效应，其被侵害的痛苦经历甚至可能会伴随其余生。研究被害人心理，进而上升到被害人康心权，可以为潜在的被害人提供防止被害的心理保护方法；为面临不法侵害的人提供应变的策略，鼓励、支持、帮助被害人采取各种有效方法同犯罪分子作斗争，进行临场抗争、抵御，以减轻被害程度；有助于教育被害人积极报案，协助司法机关侦破案件，及时惩罚犯罪；有助于社会对被害人的理解，抚慰被害人的心理创伤，从而更有效地同犯罪作斗争。

被害人与犯罪人基于主体间性应享有形成一致意思表示的

权利，提出了被害人享有“合意权”。从合意的过程来看，被害人与犯罪人双方被赋予平等的地位，享有同等的诉讼权利，在刑事诉讼中应尽可能让不同利益诉求的诉讼主体拥有更多的发言权，直抒己见，增加对话和合作的机会，强化被害人的主体性地位；从合意的效果来看，双方的协商能够在客观上产生一定的法律后果，使诉讼主体的利益诉求被认可并予以采纳，以确保刑事诉讼合意的实质性，避免诉讼主体的参与流于形式。尊重被害人与犯罪人的合意结果，突出公安司法机关对合意过程的监督。只要被害人得到犯罪人的真诚道歉并且感到能够对犯罪人予以谅解，被害人从中得到一种“了结”的感觉，被害人揆情度理就可能会摆脱犯罪侵害的阴影并且继续他们的生活。从程序看，能够降低控方的指控难度，特别是调查案件、收集证据、质证等，而辩方也能相应减少在辩护上的投入，法官不必因辩论、认证、评议等程序耗费过多精力，只需审查合意的自愿性、真实性，并在其内容不违反基本司法公正的情况下予以确认即可，同时，由于合意的自愿性，避免了因诉讼的审级而产生的双重成本和风险，烦琐复杂的程序得以简化，从而使诉讼周期缩短，这就能压缩诉讼成本。总之，合意具有投入少、程序简、周期短等诸多优势，具备了经济上的合理性；同时体现了产出效益的最大化，使具体案件的处理与整体诉讼机制的运行达到统一，有效缓解司法资源紧张与社会需求扩大的矛盾。在刑事诉讼中，司法机关应当为犯罪人与被害人的沟通提供机会和保障，并适当承认双方经合法有效的沟通达致的解决方案，构建合意性司法模式。

在刑事诉讼中，应当对被害人的愿望进行合理疏导，改进传统“三角诉讼模式”（“三角结构”），创建“锥形诉讼模式”，简称“锥形结构”，有助于丰富和发展刑事诉讼构造理论，推进刑事诉讼法学的学科建设。在“锥形诉讼模式”中，突出了被害人的主体地位和特殊作用，被害人没有被掩盖在检察官或者控方的整体利益之下，他可以独立地提出主张，对于被告人是否有罪、社会危险性如何以及量刑幅度等都可以发表自己的意见；同时也突出了被害人与检察官、被害人与被告人之间的互动关系。法官作为中立的裁判者，处于三角锥形的顶点，直接与检察官、被害人和被告人这处于同一平面的三方主体发生联系，被害人的意见不经过检察官而是直接反馈到法官那里，法官在充分听取不同主张的情况下，作出独立的判断。在“锥形诉讼模式”中，协调被害人与警察、检察官、法官、被告人之间的关系，提高被害人在刑事程序中的参与度，保护被害人合法权益，这有助于保障被害人的主体地位、促进被害人与被告人之间的良性互动、制约检察官权力，具有理论上的正当性；是保障被害人权利的一种全新诉讼构造形式，对刑事诉讼进程会产生积极影响。

在法学视域中，被害人权利可分为程序性权利和实体性权利，实体性权利包括赔偿权与补偿权，程序性权利包括知情权与参与权。我国被害人求偿问题已引起社会的高度关注，被害人最关心的物质损失补偿问题在刑事诉讼中如得不到合理解决，将会产生诸多消极影响，因此，设立赔偿义务人足额赔偿制度、易服劳役执行措施和被害人国家补偿制度能有效保护被害人的合法权益，实现正义的社会秩序。

1996 年《刑事诉讼法》对被害人知情权保障的规定比较零散、内容不完整、配套制度不健全，借鉴国外有关被害人知情权保障的实践，应该在宪法中确认知情权，从刑事诉讼的各个阶段落实被害人的知情权、建立专门的援助项目、设置侵犯被害人知情权行为的制裁机制，实现被害人知情权的目的。被害人应该以积极的姿态自主地参与到诉讼之中发挥其相应的作用，刑事诉讼法赋予被害人当事人地位，但被害人控诉职能的行使在一定程度上受到公诉权的制约，在某种意义上只是对公诉权的强化，对诉讼结构的影响是有限的，只有让被害人充分参与诉讼活动，才有利于被害人权利的保护。一定范围刑事自诉案件的存在，能更充分保护被害人合法权益、维护社会利益、弥补公诉权的不足、有效配置司法资源实现诉讼效益，但我国刑事自诉案件范围的界定不合理、自诉案件与公诉案件界限模糊、范围过于宽泛，应该进行调整：重新界定第一类自诉案件范围、具体规定第二类自诉案件范围、取消第三类自诉案件并建立被害人申请司法审查制度。被害人追诉功能在司法实践中存在严重不足，表现为被害人在刑事诉讼中对公诉机关审查起诉、判决生效前和判决生效后三个阶段作出决定或裁判的异议效力不高，提出了被害人追诉权救济制度的具体方案。我国刑事附带民事诉讼表现为刑优于民，而附带民事诉讼的本质特征是民事诉讼，在司法实际中，往往偏离了设置这一制度的目的，我们应从以下几方面完善：扩大请求赔偿的范围、赋予被害人选择权、明确附带民事诉讼的时效、规范刑事附带民事诉讼的程序等。在量刑程序中，英美法系国家量刑程序的特点是量刑程序与定罪程序相分离，大陆法系多数国家没有独立的量刑程序，但评议和表决规则十分严密，比较注重限制法官量刑的自由裁量权；我国量刑程序存在着被害人参与不够、透明度不高的问题，影响了审判公正，完善我国被害人参与量刑程序应包括：确立量刑公开、量刑答辩制度等。

社会资源的有限性，尤其是司法活动的高消耗特点造成的司法资源的短缺性，从整体上决定了任何一个国家在进行诉讼制度建构和具体司法行为时不得不考虑寻找建立高效诉讼机制来缓解诉讼的压力，减少诉讼成本支出，优化资源配置。特别是面对严重犯罪不断攀升、司法负担不断增大的形势，寻找恰当途径，有效发挥刑事诉讼在控制犯罪、维护社会秩序方面的作用显得尤为重要。因此，如何建构科学、合理和高效的刑事司法机制，缓解司法压力成了世界各国法学研讨和司法实务十分关心的课题。为提高被害人参与司法活动的效率，应以外国典型的刑事简易程序为参照系，完善被害人在刑事简易程序中的保护措施。

刑事和解是在行刑社会化和刑罚轻缓化趋势下，随着人们对犯罪本质的认识的不断深化、被害人学的发展和被害人主体地位的确立而出现的冲突解决方式，也是刑事政策大势所趋。在我国构建和谐社会的环境下，应依据宽严相济刑事政策的指导，立足本土资源，建立刑事和解制度，旨在探索有效的合意性司法模式。

本书采取文献研究法、比较研究法、实地研究法、访问研究法、调查研究法、实验研究法、社会网络法、统计分析法等方法，从国际法学、刑事诉讼法学、刑法学、犯罪学、心理学、哲学、法理学、宪法学和法制史等多学科相结合的角度，为保障被害人权利，依据有关国际公约，参照国外相关立法例，结合我国实践，试图建构被害人权利保护体系。

目　录

内容提要 ………………………………………………………… (1)
第一章　被害人的概念 ………………………………………… (1)
一、被害人的内涵 ………………………………………………… (1)
二、被害人的类型 ………………………………………………… (3)
（一）我国现行刑法中被害人过错责任简析 ……………… (5)
（二）国外刑法有关被害人过错责任制度的评鉴 ………… (6)
（三）建议我国刑法明确规定被害人过错责任制度 ……… (9)
第二章　被害人保护法律制度的演变 ………………………… (12)
一、我国被害人保护法律制度的演变 ………………………… (12)
（一）奴隶社会被害人保护法律制度 ……………………… (12)
（二）封建社会被害人保护法律制度 ……………………… (13)
（三）半殖民地半封建社会被害人保护法律制度 ………… (15)
（四）社会主义社会被害人保护法律制度 ………………… (17)
二、国外被害人保护法律制度的演变 ………………………… (19)
（一）奴隶社会被害人保护法律制度 ……………………… (19)
（二）封建社会被害人保护法律制度 ……………………… (20)
（三）资本主义社会被害人保护法律制度 ………………… (21)
三、对国外被害人保护法律制度的借鉴 ……………………… (32)
（一）改革刑事司法政策 …………………………………… (32)
（二）调整刑事诉讼模式 …………………………………… (32)
（三）制定《被害人保护法》 ………………………………… (33)
第三章　哲理视域中的被害人权利保护 ……………………… (34)
一、保障被害人康心权 ………………………………………… (34)

（一）赋予被害人康心权的哲理：主体性 ……………… （34）
（二）被害人康心权解析 ……………………………… （36）
（三）被害人康心权保护机制 ………………………… （42）
二、保障被害人合意权 ………………………………… （51）
（一）赋予被害人合意权的哲理：主体间性 ………… （51）
（二）被害人合意权解析 ……………………………… （53）
（三）被害人合意权保护机制 ………………………… （58）
第四章 创建被害人有效参与诉讼的“锥形结构” ……… （61）
一、我国现行刑事诉讼中的被害人状况 ……………… （61）
（一）审前阶段，被害人难以有效参与 ……………… （61）
（二）审判阶段，被害人主体性不充分 ……………… （62）
（三）执行阶段，被害人没有任何介入 ……………… （62）
二、“两大”刑事诉讼模式中的被害人地位 ………… （63）
（一）当事人主义模式中被害人作用的忽视 ………… （63）
（二）职权主义模式中被害人保护的不足 …………… （63）
三、刑事诉讼“锥形结构”的设计 …………………… （65）
（一）“锥形结构”的内涵 …………………………… （65）
（二）“锥形结构”的基本特征 ……………………… （66）
（三）“锥形结构”的数学分析 ……………………… （66）
（四）“锥形结构”与“三角结构”的主要区别 ……… （68）
四、刑事诉讼“锥形结构”的具体适用 ……………… （69）
（一）侦查控诉阶段 …………………………………… （69）
（二）取保候审程序 …………………………………… （70）
（三）审查起诉程序 …………………………………… （70）
（四）法庭审判程序 …………………………………… （71）
（五）影响法官量刑 …………………………………… （72）
（六）刑罚变更程序 …………………………………… （73）
第五章 被害人的实体性权利保护 ……………………… （75）
一、保障被害人赔偿权 ………………………………… （75）
（一）完善我国现行刑事立法 ………………………… （75）

（二）建立赔偿义务人足额赔偿制度 ……………………（76）
（三）完善我国刑事赔偿裁判的执行制度 …………………（77）
（四）建立被害人国家补偿制度 ………………………………（79）
二、保障被害人补偿权 ……………………………………（79）
（一）建立国家补偿制度的理论分析 ………………………（82）
（二）建立国家补偿制度的必要性 ……………………………（84）
（三）建立国家补偿制度的可行性 ……………………………（85）
（四）国家补偿制度的建立 ……………………………………（86）
第六章　被害人的程序性权利保护 ……………………………（91）
一、保障被害人知情权 ……………………………………（91）
（一）国外有关被害人知情权保障的评介 …………………（91）
（二）我国被害人知情权保障面临的困境 …………………（94）
（三）我国被害人知情权保障的构建 ………………………（97）
二、保障被害人参与权 ……………………………………（104）
（一）明确刑事自诉案件范围 …………………………………（104）
（二）创设被害人刑事管辖异议制度 ………………………（120）
（三）完善被害人追诉制度 ……………………………………（129）
（四）规范被害人代理制度 ……………………………………（133）
（五）优化被害人法律援助 ……………………………………（146）
（六）提起附带民事诉讼 ………………………………………（152）
（七）吸收被害人参与量刑 ……………………………………（166）
（八）构建被害人陈述和剖解制度 …………………………（174）
（九）被害人作为证人的保护 …………………………………（181）
（十）被害人参与执行（社区矫正） ………………………（201）
（十一）建立被害人调查和通报制度 ………………………（208）
（十二）犯罪被害预防机制 ……………………………………（213）
第七章　刑事简易程序中的被害人 ……………………………（215）
一、刑事简易程序的价值及权衡 ……………………………（215）
（一）刑事简易程序的内涵 ……………………………………（215）
（二）刑事简易程序的功能 ……………………………………（216）

（三）国外刑事简易程序的立法概况 ……………………（217）
（四）刑事简易程序的适用 ……………………………（222）
（五）刑事简易程序的评价标准 ………………………（224）
二、刑事简易程序中被害人的保护机制 …………………（236）
第八章 被害人在刑事和解中的权利保护 ……………（241）
一、刑事和解的功能及困境 ……………………………（241）
（一）刑事和解的内涵……………………………………（241）
（二）刑事和解的功能 …………………………………（242）
（三）实施刑事和解面临的阻力…………………………（246）
二、刑事和解中被害人的保护机制 ……………………（249）
（一）建立刑事和解制度的可行性………………………（249）
（二）建立刑事和解制度的必要性………………………（253）
（三）目前我国刑事和解活动中存在的问题……………（254）
（四）我国刑事和解制度的设计 ………………………（256）
主要参考书目 …………………………………………（263）
后 记 ……………………………………………………（268）

第一章　被害人的概念

一、被害人的内涵

《现代汉语词典》解释："被害人指刑事、民事案件中受犯罪行为侵害的人。"《牛津英语词典》解释："被害人是被另一个人杀害或者折磨的人；是因为一个事件、情势、压迫性的或者不利的无人格代理人而遭受虐待、压迫，或者其他苛刻或者不公平待遇，或者遭受死亡、伤害和破坏等的人。"1985 年 11 月，联合国第七届犯罪预防和罪犯处遇大会第40/34 号决议通过的《为罪行和滥用权力行为被害人取得公理的基本原则宣言》（以下简称《被害人人权宣言》）把被害人分为犯罪被害人和滥用权力被害人两类，其中把犯罪被害人定义为："指个人或整体受到伤害包括身心损伤、感情痛苦、经济损失或基本权利的重大损害的人，这种伤害是由于触犯会员国现行刑事法律，包括那些禁止非法滥用权力的法律的作为或不作为所造成。在本宣言中一个人可被视为被害人，而不论加害于他的犯罪人是否被指认、逮捕、起诉或判罪，亦不论犯罪人与被害人的家庭关系如何。'被害人'一词视情况也包括直接被害人的直系亲属或其受养人以及出面干预以援助遭难的被害人或防止受害情况而蒙受损害的人。本宣言所载规定应适用于所有人，而无种族、肤色、性别、年龄、语言、宗教、国籍、政治或其他见解、文化信仰或实践、财产、出生或家世地位、民族本源或社会出身以及伤残等任何种类的区别。"本书研究的被害人仅指合法权益遭受犯罪行为侵害的自然人。首先，被害人被犯罪行为所侵害的利益是受刑法所保护的；其次，犯罪与被害之间具有直接的因果关系；最后，这里的被害人仅限于自然人，即个体被害人，不包括法人、组织、社会、国家等集体被害人。

在许多情况下，由于加害人贫穷，被害人仅得独自饮泣、黯然承受飞来横祸，别无救济途径，处于上天无路、入地无门的困境；尤其对于有些孤立无援的被害人，生活顿失依靠，那悲惨景象令人不堪目睹。被害人仅依靠启动国家刑罚权对加害人绳之以法，以此获得精神满足效果，然而无法抹去犯罪被害所带来的伤痛、追究犯罪过程中所受到精神上的打击以及因犯罪被害所带来的恐惧不安等强烈破坏现有生活秩序的影响，甚至痛不欲生。为加强对被害人的保护，1998 年联合国经济及社会理事会通过《执行〈为罪行和滥用权力行为被害人取得公理的基本原则宣言〉的行动计划》，1999 年联合国经济及社会理事会通过《制定和实施刑事司法调解和恢复性司法措施》，2000 年联合国大会通过《关于犯罪与司法：迎接二十一世纪的挑战的维也纳宣言》，2002 年 1 月联合国大会通过“执行《关于犯罪与司法：迎接二十一世纪的挑战的维也纳宣言》的行动计划”探讨恢复性司法的具体措施，2002 年 4 月联合国经济与社会理事会通过《关于在刑事事项中采用恢复性司法方案的基本原则》，2005 年世界被害人协会起草《为罪行、滥用权力和恐怖主义被害人取得公理和支持的公约（草案）》，2006 年联合国大会颁布《对犯罪和滥用权力被害人公正和支持公约草案》等。过去，社会总是强调罪犯应享有的宪法权利，但在对待被害人的态度上违背宪法权利时，公众却对此避而不谈；当社会花费巨资、帮助罪犯重返社会时，却没有人想到被害人也需要重返社会，没有人看到许多被害人在案情审理结束之后依然在承受着犯罪行为给他们心理、生活方面造成的严重创伤。现在，“求偿不能”、“求助无路”的被害人日渐引起社会的关注。拥有一个完善的被害人保护体系，是一个充分尊重人性尊严及落实人权保障的法治国家所追求的重要目标。

二、被害人的类型

被害人范围很广，类型多样。以被害人是否实际被害为标准，被害人可分为现实被害人和潜在被害人；以被害人的性别为标准，被害人可分为女性被害人和男性被害人；以被害人的年龄为标准，被害人可分为老年被害人、成年被害人及未成年被害人；以犯罪的危害后果为标准，被害人可分为直接被害人和间接被害人；以被害人对侵害自己的犯罪行为有无责任为标准，被害人可分为无辜被害人和有责被害人。这些分类在司法实践中具有一定的实际意义，在所有被害人中，绝大多数被害人是无辜被害人，其本身与犯罪行为的发生无任何关系，完全由犯罪人故意造成；极少数被害人对犯罪行为的发生负有一定责任，其中被害人过错承担刑事责任问题值得研究。

［**邓玉娇案**］2009年5月10日晚8时许，巴东县野三关镇招商办主任邓贵大和副主任黄德智等人酗酒后到巴东县野三关镇“雄风宾馆梦幻城”玩乐。黄德智进入“梦幻城”5号包房，要求正在该房内洗衣的服务员邓玉娇为其提供异性洗浴服务。邓玉娇向黄德智解释自己不是从事异性洗浴服务的服务员，拒绝了黄德智的要求，并摆脱黄德智的拉扯，走出该包房，与服务员唐芹一同进入服务员休息室。黄德智对此极为不满，紧随邓玉娇进入休息室，辱骂邓玉娇。闻声赶到休息室的邓贵大，与黄德智一起纠缠、辱骂邓玉娇，拿出一叠人民币向邓玉娇炫耀并扇击其面部和肩部。在“梦幻城”服务员罗文建、阮玉凡等人的先后劝解下，邓玉娇两次欲离开休息室，均被邓贵大拦住并被推倒在身后的单人沙发上；倒在沙发上的邓玉娇朝邓贵大乱蹬，将邓贵大蹬开。当邓贵大再次逼近邓玉娇时，邓玉娇起身用随身携带的水果刀朝邓贵大刺击，致邓贵大左颈、左小臂、右胸、右肩受伤。一直在现场的黄德智见状上前阻拦，被刺伤右肘关节内侧。邓贵大因伤势严重，在送往医院抢救途中死亡。经法医鉴定：邓贵大系他人用锐器致颈部大血管断

裂、右肺破裂致急性失血休克死亡。黄德智的损伤程度为轻伤。案发后，邓玉娇主动向公安机关投案，如实供述罪行，构成自首。经司法精神病医学鉴定，邓玉娇为心境障碍（双相），属部分（限定）刑事责任能力。法院认为，被告人邓玉娇故意伤害他人身体，致人死亡，其行为已构成故意伤害罪，公诉机关指控的罪名成立。关于邓玉娇的辩护人提出邓玉娇的行为属于正当防卫，不构成犯罪的辩护意见，法院审查认为：邓玉娇在遭受邓贵大、黄德智无理纠缠、拉扯推搡、言行侮辱等不法侵害的情况下，实施的反击行为具有防卫性质，但明显超过了必要限度，属于防卫过当，邓玉娇的行为构成犯罪，所以对于辩护意见法院不予采纳。鉴于邓玉娇是部分刑事责任能力人，并具有防卫过当和自首等法定从轻、减轻或者免除处罚情节，可以对邓玉娇免除处罚，邓玉娇的辩护人提出如果认定邓玉娇构成犯罪，应当对其免予刑事处罚的辩护意见成立，法院予以采纳。依法判决被告人邓玉娇犯故意伤害罪，免予刑事处罚。①

根据上述案件，被害人过错是指在犯罪过程中，被害人的行为足以诱发或引起犯罪的故意或者过失，进而对定罪量刑产生直接影响；即违法行为的被害人可能由于自己的过错对危害结果起了重要作用，是刺激加害人形成犯罪动机并实施犯罪行为的积极因素，与犯罪人的犯罪行为之间有一定的因果关系，这些过错对犯罪人定罪量刑产生直接影响。所谓被害人过错责任，就是被害人基于其自身的不良行为，使其在犯罪过程中存在过错而要承担的责任。这种责任的作用不在于对被害人的处罚，而在于这种责任的存在降低了犯罪人的社会危害性和人身危险性，从而减轻对犯罪人的处罚。如果被害人的过错行为明显地促使了犯罪行为的发生，即被害人的过错和犯罪人的犯罪行为有直接的因果关系，根据刑法理论，法院可以在量刑幅度范围以下减轻处罚以适应犯罪行为的性质和情节。虽然我国刑法总则没有明确规定被害人过错责任，但在总则中规定了正

① 参见湖北省巴东县人民法院刑事判决书［2009］巴刑初字第82号。

当防卫制度以及量刑原则，在分则中体现了对犯罪人可以减轻或免除刑事责任的情形，例如在交通肇事罪中，被害人有过错如行人不遵守交通规则、乱穿马路、走机动车道等，造成人身伤害等后果的，可以减轻肇事司机的刑事责任，同时也是司法实践中不断被运用的惯例。被害人过错责任制度在刑法上的最终后果就是对犯罪人的刑事责任产生影响，根据我国1986年《民法通则》第131条规定“受害人对损害的发生也有过错的，可以减轻侵害人的民事责任”，该条规定的性质即为理论上所称的“民事过错相抵原则”。刑法上被害人过错的判断，需要斟酌影响犯罪人罪行轻重的被害人在不同阶段、不同程度表现的过错行为和事实，在被害人过错中，被害人要承担相应的责任而减轻对犯罪人的处罚，无疑是过错相抵原则在刑法领域中的典型运用。对于被害人的过错，一方面，被害人过错是一个具有普遍性的刑法学议题，应当在《刑法》总则中确立具有系统性的被害人过错责任制度，即将其作为犯罪人刑事责任的一个重要的法定考量尺度；另一方面，对于一些互动性较强、被害人过错复杂多样的具体犯罪，如杀人犯罪、伤害犯罪等，可以考虑在分则各罪中作更为细致详尽的规定。从而，分则和总则的被害人过错责任制度便能相互呼应、相互补充。

（一）我国现行刑法中被害人过错责任简析

被害人过错在我国刑法中属于从轻处罚的酌定情节，但这一情节在刑法典中并无明文规定。我国1997年《刑法》第61条规定：“对于犯罪分子决定刑罚的时候，应当根据犯罪的事实、犯罪的性质、情节和对于社会的危害程度，依照本法的有关规定判处。”学者们将被害人过错归纳到该条影响量刑的情节中予以考虑。我国刑法起草过程中曾一度对义愤杀人情况存在被害人责任持肯定态度，如1957年6月《刑法草案》第22稿第148条第2款规定：“为了国家和人民的利益，当场激于义愤杀人的，可以减轻或免除处罚。”1979年制定、1997年修订的《刑法》总则没有将被害人过错责任制度明确纳入法定量刑情节之中，一般认为，被害人过错在我国刑法中属于从轻处罚的酌定情节，即其对于行为人的人身危险性程度具有影响的，在量刑时应予酌情考虑。由于酌定情节是根据立法精神从审判实践中总结出来，其本身没有法律明文规定，酌定量刑情节影响量刑，是法官自由裁量权在量刑中的具体体现，受法官的法制意识、法律水平、道德修养等许多因素的影响，在司法实践中容易导致对哪些情节是酌定量刑情节，在量刑时是应当考虑还是可以考虑，以及如何考虑，做法极不一致，容易产生量刑偏差；而且在司法实践中往往存在着重法定情节、轻酌定情节的倾向，特别是酌定从轻处罚的情节，有时还存在“情绪化”司法，即随意取舍被害人过错量刑情节的情形，大多不予考虑，这些都影响着恰当量刑和公正司法的实现。事实上，被害人过错不仅可以作为从轻、减轻而且可以作为出罪事由，从这一点说，特殊减刑制度远远不能满足现实的要求，所以处理被害人过错责任这种案件在方法上有很大的缺陷，可操作性差，从而造成在实践中容易忽略的弊端，导致法官在司法中并没有进行从轻处罚，因此应该将被害人过错情节予以法定化。这样使司法认定和适用更为规范化，有利于实现量刑公正；不仅可以弥补酌定量刑情节的不足，而且可以引起司法人员的重视，顺应国际刑罚轻缓化潮流；还体现立法平等，使防卫过当、避险过当之外的被害人过错同样具有法定从轻或减轻的根据。

（二）国外刑法有关被害人过错责任制度的评鉴

1. 刑法总则规定被害人过错责任制度

刑法总则中涉及被害人过错的各国通行的制度主要是正当防卫，除此之外，还有其他一些规定，如《俄罗斯刑法》第 60 条第 3 款规定：“在处刑时应考虑犯罪社会危害性的性质和程度及犯罪人的身份，其中包括减轻刑罚的情节和加重刑罚的情节，以及所判处的刑罚对被判刑人和其家庭成员的影响。”第 61 条第 1 款第 8 项规定：“由于被害人的行为不合法或不道德而实施犯罪……减轻刑罚。”将被害人的过错作为法定的减轻刑罚的情节规定在刑法总则中。在某些情况下被害人的先前行为在整个犯罪中占据重要的位置，往往是引发犯罪的导火线，具体表现为事前被害人对犯罪人的殴打、折磨、虐待、诽谤、侮辱、挖苦等身体或精神上的刺激，如《罗马尼亚刑法》第 73 条第 2 项规定："因他人的严重违法行为，严重侮辱人格、被害人之挑衅，处于激愤与感情强烈压制状态的犯罪，应考虑减轻处罚。"《泰国刑法典》第 72 条规定："对实施严重不当虐待的人，在其虐待之际而实施犯罪的，可以减轻处罚。"《菲律宾刑法典》总则第一篇第三章"减轻刑事责任之情形"中第 13 条第 4 项规定"行为人在行为前受到被害人足够的挑衅或威胁"，第 5 项规定"在配偶、血亲或者姻亲的直系尊亲遭到对方严重侵害后直接做出的保护行为"，第 6 项规定"罪犯因受到强烈刺激而引起愤怒或思维混乱的情况下做出犯罪行为"。《瑞士联邦刑法典》总则第 64 条规定："行为人因下列各项原因之一而行为的，法官可对其减轻处罚：出于值得尊敬的动机；在严重之困境情况下；在受到严重威胁之压力下；在必须对之服从之人或依赖之人的要求下；行为人因被害人行为的诱惑；非法刺激或侮辱造成行为人愤怒和痛苦；主动悔罪，尤其是赔偿可指望其赔偿的损失；犯罪后经过的时间较长，且在此期间行为人表现良好；行为人年龄在18—20 岁之间，对其行为的不法性还不能完全认识。"《巴西刑法》第 121 条规定："犯人由于重大的社会利益和道德声誉的促使或者由于被害人非正义行为而引起的极度激动的支配下而实施的犯罪，法官可减轻刑罚六分之一至三分之一。"《西班牙刑法典》第 21 条规定的可以减轻刑事责任的情况，其中第 3 项规定："因为能产生冲动、混乱或者其他的类似情感状态的原因或者刺激。"上述几部刑法典都将被害人的不法行为和不道德行为导致犯罪者实施犯罪的，列为被害人的过错。《德国刑法典》第 46 条规定："（1）行为人的责任是量定刑罚的基础……（2）在量定时法院要对照考虑对行为人有利和不利的情况……"即在总则中规定关于量刑的基本原则，在量刑时要考虑对行为人有利的情况中，影响行为人责任的被害人过错往往作为减轻处罚的事由予以考虑。《意大利刑法典》第 62 条（"普通减轻情节"）规定："下列情节，当不属于犯罪构成要件或者特别减轻情节时，使犯罪变得较轻：（1）由于具有特殊道德或社会意义的理由实施行为的；（2）因他人非法行为造成的义愤状态中做出的反应……（5）被害人的故意行为与犯罪人作为或者不作为共同造成结果的……”意大利刑法将“激怒状态”等情节称为“带情节的犯罪”，该情节可以定义为犯罪的一些偶然或次要的因素，它们不能影响犯罪的成立，但可以改变量刑的轻重甚至刑罚性质，立法上将被害人过错在总则中作为量刑指导原则予以规定，值得我国刑法总则吸收。

2. 刑法分则规定被害人过错责任制度

《俄罗斯刑法》第107条规定：“由于被害人的暴力、讥笑、严重侮辱，或者被害人的不法或不道德行为（或不作为）使人突然产生强烈的心理激动状态，以及由于被害人一贯的不法或不道德行为使人长期处于精神刺激的情境中而杀人的，判处3年以下限制自由，或者3年以下剥夺自由。在激情状态下杀死2人以上的，处5年以下剥夺自由。”即在分则中规定激情杀人罪；第113条规定在激情状态下严重或中等严重损害健康罪，是与激情杀人罪相对应而设置的。《保加利亚刑法》第128条规定：“因被害人对犯罪人或者他亲近的人实施暴力，严重侮辱或者诽谤，使其在强烈精神激动状态下杀人，在第126条规定的情况下（指一般杀人），处5年以下剥夺自由；而在第127条规定的情况下（指情节严重的杀人），处8年以下剥夺自由。”第118条规定：“被害人针对犯罪人或其近亲属使用暴力，严重侮辱或诽谤或者实施其他非法行为……犯罪人在由于被害人的这种挑衅而产生的激情状态下对被害人实施杀害行为的，处1至8年的监禁（指一般杀人）。”《菲律宾刑法典》第247条规定：“特殊杀人罪或者伤害罪”，“当具有合法婚姻关系的一方发现配偶与他人发生性行为而当场杀害或严重伤害任何其中一方或双方的，处流放。如果仅造成其他身体伤害时，将免予刑事处罚。在同样情况下，此规定适用于父母对与其共同生活且未满18周岁的女儿和其诱奸者。”《瑞士联邦刑法典》第113条规定：“因可悯恕之激愤情绪而杀人者，处10年以下重惩役或1年以上10年以下轻惩役。”《德国刑法典》第213条规定：“非故意杀人者的责任，而是因为被害人对其个人和家属进行虐待或者重大侮辱，致使故意杀人者当场义愤杀人，或具有其他减轻情节的，处1年以上10年以下的自由刑。”第216条规定：“应受被害人明示且真诚之要求而被杀死的，处6个月以上5年以下的自由刑。”在分则中规定具体犯罪的被害人过错所产生的刑事责任，类似于我国刑法理论常见的义愤杀人。被害人过错促使行为人产生犯罪动机，在一定程度上反映了行为人的主观恶性较低，因此，将被害人过错作为减轻处罚情节在分则中予以规定，这种立法方式值得我国刑法分则借鉴。

由上可以看出，俄罗斯、德国等对被害人过错的规定采取了总则和分则分别规定的模式。虽然各国刑法的关注点有所不同，但是从上述立法情形看，被害人过错或者在刑法总则中作为刑罚裁量原则予以规定，或者作为对犯罪具体情况的描述直接规定在带有被害人过错情节的具体犯罪中。前一立法模式中被害人过错的适用范围更广，其作为个罪的刑罚裁量的指导原则而规定；后一立法模式也较为普遍，被害人过错直接在个罪当中予以体现，它们都对被害人过错这一情节作出了明确规定，并列举了一些具体的情形，具有较强的可操作性，有效指导司法实践，值得我们参考。

（三）建议我国刑法明确规定被害人过错责任制度

公民权利的保护需要仰赖法律的具体规定，罪刑法定原则要求立法者能够尽可能地为各种罪行制定一张详细合理的价目表，有利于司法者依法办案，实现刑法惩罚犯罪和保障人权的目标。刑法规范只有建立在对人性的科学假设的基础之上，其存在和适用才具有本质上的合理性；尽管被害人过错承担责任引起了理论界与实务界的普遍关注，但在刑法典中没有规定被害人过错，进而，被害人过错仅仅只能成为量刑中的一个酌定情节。将被害人过错仅视为酌定量刑情节，容易产生以下消极影响：第一，量刑体现不定。即在量刑时是否体现被害人过错情节无法确定，对被害人过错在量刑时是否考虑完全依赖于法官的自由裁量权，这样，被害人过错认定与否、量刑时是否从宽以及从宽的幅度均受很多因素的影响。从我国司法现状看，法官个体素质的差异，导致实践中对被害人过错在量刑时是否考虑以及如何考虑，做法极不一致，容易产生量刑偏差。有些司法机关考虑被害人家属的激烈情绪便简单地以犯罪情节恶劣、手段残忍为由，不敢对被告人从轻处罚；有时由于“严打”政策的需要，往往不考虑这一酌定情节。第二，证据重视不够。公安司法机关不重视收集有关被害人过错的证据，被害人过错不像自首、立功等法定量刑情节在法律上有明文规定，这就导致公安机关在侦查过程中，常常将工作重点放在对有罪证据或法定量刑情节的证据的收集上，对有关被害人过错的证据收集不够；一旦进入审判阶段，被告人辩称“被害人有过错”并提出相关证据时，法院不得不进行调查核实，而法院又没有侦查权，调查核实证据的难度比较大，这样又拖延审判、降低诉讼效率，更严重的是，因事过境迁无法查清是否存在过错，从而影响诉讼程序、破坏司法公正。第三，适用程序烦琐。酌定情节由于法无明文规定，因而在适用上具有一定的随意性；为了限制这种随意性，1997 年《刑法》第 63 条第 2 款规定对不具有法定减轻处罚情节的犯罪人依酌定情节减轻处罚时须经最高人民法院核准，实际上这是限制甚至禁止地方各级法院依酌定情节对罪犯减轻处罚。所以，仅仅将被害人的过错行为纳入量刑的酌定情节范畴考虑，不太妥当。目前，作为过渡阶段，在司法实践中，酌定量刑情节应该由最高人民法院以司法解释的形式予以类型化、具体化，而不宜由个体法官创设。因此，基于被害人在刑法中的重要地位以及被害人过错在刑罚裁量中的重要影响，应当在立法上将“被害人过错可以减轻或从轻处罚”这一酌定情节法定化。培根说过：“留给法官的思考余地最小的法律是最好的法律，留给自己的独立判断余地最小的法官是最好的法官。”① 因此，在刑法中明确规定被害人过错责任才是解决问题的最终途径。参照国外的做法，在我国现有的刑法体系内，采用总、分则相结合的模

---

① ［英］培根：《培根论说文集》，曹明伦译，燕山出版社 2006 年版，第 196 页。

式，即在总则和分则中分别规定被害人过错情节，以体现其对被害人过错的影响。我们可在刑法总则第四章刑罚的具体运用中对于量刑进行必要的修改，具体规定如下：在 1997 年《刑法》第 61 条加一款："在有被害人的犯罪中，被害人存在过错的，按其过错程度从轻、减轻或者免除被告人的刑事责任。"同时，为了保证立法的有效运用，我们还可以通过最高人民法院司法解释的形式将被害人过错程度大小进行量化，如可以表述为："被害人对犯罪的发生负有重大过错的，对被告人减轻处罚；被害人对犯罪的发生负有一般过错的，对被告人从轻处罚，被告人情节轻微的，可以免予处罚。"此外，凶杀犯罪是存在被害人过错比例较高的犯罪类型，可在《刑法》第 232 条增加规定："由于被害人的不道德或不法行为，使犯罪人在精神亢奋状态下实施杀人的，可以从轻或减轻处罚。"《刑法》第 232 条具体可修改为："故意杀人的，处死刑、无期徒刑或 10 年以上有期徒刑；有以下情形之一的，处 3 年以上 10 年以下有期徒刑：（1）当场激于义愤杀人的；（2）被害人不法行为的强烈精神激动状态下杀人的；（3）防卫过当而杀人的；（4）其他犯罪情节较轻的。"

第二章　被害人保护法律制度的演变

一、我国被害人保护法律制度的演变

（一）奴隶社会被害人保护法律制度

我国奴隶社会包括夏、商、西周、春秋，在刑事制度上，夏、商实行“天罚、神判”，西周主张“明德慎罚”，春秋遵循孔子“宽猛相济”。从我国古代史料中看，如《夏书》载：“昏、墨、贼、杀，皋陶之刑也。”《尚书·尧典》载：“象以典刑，流宥五刑（墨、劓、刖、宫、大辟），鞭作宫刑，扑作教刑，金作赎刑。”《尚书·吕刑》载：“轻重诸罚有权，刑罚世轻世重。”“五辞简孚，正于五刑；五刑不简，正于五罚。”《尚书·康诰》载：“惟乃显考文王，克明德慎罚，不敢侮鳏寡，庸庸，祗祗，威威，显民。”《尚书·大禹谟》载：“宥过无大，刑故无小。罪疑惟轻，功疑为重。”“与其杀不辜，宁失不经。”《周礼·秋官·大司寇》载：“大司寇掌建邦之三典，以佐王刑邦国，诘四方。一曰刑新国用轻典，二曰刑平国用中典，三曰刑乱国用重典。”《左传》载：“夏有乱政，而作《禹刑》；商有乱政，而作《汤刑》；周有乱政，而作《九刑》。”刑事政策原则上针对犯罪人，坚持惩办与宽大相结合，对被害人的保护是通过惩罚犯罪人来实现的。西周的赎刑制度，基本上是以金（铜）赎罪，赎金数额：墨刑收赎铜六百两，劓刑收赎金一千二百两，刖刑收赎铜三千两，宫刑收赎铜三千六百两，死刑收赎铜六千两。赎刑制度历经奴隶社会、封建社会，沿用几千年。在追诉形式上，奴隶社会没有独立的起诉机关，起诉形式有“自诉”与“告诉”两类，诉讼程序都是基于原告向官府的告发而开始。

（二）封建社会被害人保护法律制度

我国封建社会始于战国、终于清末，主要法律形式有《法经》、《秦律》、《汉律》、《魏律》、《晋律》、《梁律》、《齐律》、《隋律》、《唐律》、《大周刑统》、《宋刑统》、《元律》、《明律》、《清律》等，其中代表性法律是唐律，唐朝确立“德礼为政教之本，刑罚为政教之用”的立法思想，其一改过去刑名繁杂的弊端，将“五刑”定为“笞、杖、徒、流、死”，使封建社会刑罚规范化。严刑峻罚，惩办威吓，轻罪重罚，一断于法，以刑去刑。《尚书·舜典·正义》载：“古之赎罪，皆用铜，汉始改用黄金，但少斯两，令与铜相敌。”《隋书·刑法志》载：“赎金旧以金，皆代以中绢。死一百匹，流九十二匹，刑五岁七十八匹，四岁六十四匹，三岁五十匹，二岁三十六匹，各通鞭笞论。一岁无笞，则通鞭二十四匹，鞭杖每十赎绢一匹，至鞭百则绢十匹。无绢之乡，皆准绢收钱。”唐律有关被害人方面的规定，大体上能说明该时期被害人保护法状况。按照唐朝法律规定，起诉方式有四种：其一，被害人及其家人的告诉。被害人及其家人的告诉，是唐代最普遍的一种控告形式。当被害人死亡或者不具备控告犯罪能力时，唐律也赋予被害人家属控告权。如《唐律疏议·斗讼》规定：“诸强盗及杀人贼发，被害之家……即告其主司。”其二，一般人告诉。一般人告诉指被害人及其家属以外的人的告发。其三，犯罪人自首。其四，官吏举发。为了维护封建社会的伦理纲常而禁止对某些犯罪进行控告，这包括四种情况：第一，因亲属关系而限制控告。为了维护家族关系，唐时法律限制晚辈告长辈。如唐律第23卷斗讼载：“诸告祖父母父母者，绞。谓非缘坐之罪及谋叛以上而故告者，下条准此。”第24卷告其亲尊长条载：“诸告期亲尊长，外祖父母，夫，夫之祖父母，虽得实，徒二年；其告事重者，减所告罪一等（所告虽不合论告之者犹坐）。”告缌麻卑幼条载：“诸告小功，卑幼虽得实，杖八十，大功以上，减一等。”不过，若告谋反逆叛者，各不坐。第二，因主奴关系而限制控告。唐律第24卷斗讼部曲奴婢告主条载："诸部曲奴婢告主，非谋反逆叛者绞；告主之期亲及外祖父母者，流；大功以下亲，徒一年。"第三，因囚犯身份或者年龄关系而限制控告。唐律第24卷斗讼囚不得告举他事条规定，"诸被囚禁不得告举他事，其为狱官酷已者，听之。即年八十以上，十岁以下及笃疾者，听告谋反逆叛，子孙不孝及同居之内为人侵犯者，余并不得告"。第四，对已经赦免的罪，限制控告。如唐律规定："诸以前事相告者，以其罪罪之；官司受而为理者，以故入人罪论，事死者各加役流。事须追究者，不用此律。"另外，为了提高效率和堵塞诬告之源，对控告进行限制，唐律规定禁止匿名控告，并对不同情况的匿名控告者规定了不同的刑罚。关于赔偿，《唐律疏议·名例律》中对于故意犯罪规定："盗者，倍备（赔）"，"死及配流勿征"等，意即如果犯罪人因犯盗窃的（除了接受刑罚之外），还应对被害人的损失予以加倍偿还；但被判刑罚若是死刑或发配流刑的话，则可以不再进行赔偿。而对于过失犯罪的处罚，则体现了"偿而不坐"或"坐而不偿"的思想，意即现代意义上的"打了不罚"和"罚了不打"，如果犯罪人被判处刑罚，则不必履行向被害人赔偿的义务；如果要求犯罪人履行赔偿义务，就不能再判处其刑罚。这种观念和原则基本被后世所沿袭。从唐律的规定看，我国封建社会时期刑事案件的解决基本上由国家垄断，被害人没有自行解决的权利，如果被害人及其近亲属私自解决，还会受到严厉的处罚。从诉讼程序的启动来看，被害人的告诉只是多种启动方式之一。即使从被害人拥有告诉权角度讲，法律的授权也不足以保护被害人的合法权益。因为，法律规定了很多限制，被害人要么可能被定罪，要么可能被衙门拒之门外。这说明，在整个封建社会时期，被害人的诉讼地位是很低的。

1906年沈家本主持起草了中国历史上第一部诉讼法典草案——《大清刑事民事诉讼法草案》，1910年颁布《大清新刑律》和《大清刑事诉讼律》。按照清末法律规定，追诉犯罪原则上不再由过去的审判机构进行，改由当时专设的检察厅对刑事案件进行侦查起诉。大清法规《各级审判厅试办章程》第46条规定："凡是刑事案件因被害人之告诉、他人告发、司法警察之移送或自行发觉者，皆由检察官提起公诉。但必须亲告之事件，如胁迫、诽毁、通奸等罪不在此限。”这一方面表明自从民国时期开始，被害人在刑事诉讼中具有了独立的追诉地位；另一方面也表明被害人的起诉权有限，只涉及部分犯罪。不过上述规定实施不长，1914 年制定的《县知事审理诉讼暂行章程》很快施行，按照该章程第 6 条规定，“凡刑事案件，因县知事之访闻，被害人之告诉，他人之告发，司法警察官之移送，或自行投首，县知事认为确有犯罪之嫌时，得径行提审。但必须亲告之事件，不在此限”。从这些规定可看出，被害人对大多数案件的告诉都只具有案件来源作用，诉讼程序是否展开，不取决于被害人的告诉；只有少部分案件，被害人一旦告诉，就能够导致诉讼程序的启动。沈家本提出刑法应改重为轻，将凌迟、枭首、戮尸、刺字和缘坐等在大清刑律中被删除了。

(三) 半殖民地半封建社会被害人保护法律制度

1920 年北洋政府司法部第 869 号公布《处刑命令暂行条例》规定了刑事简易程序，1922 年修改为《刑事简易程序暂行条例》；同时 1922 年公布的《刑事诉讼条例》(以下简称《条例》) 首次较全面地规定了自诉制度，该条例于第二编（第一审）中开创性地将公诉与私诉并列为两章，以 15 个法条、11 个判例与解释例的篇幅，详细规范了“私诉”的程序，主要包括：第一，私诉案件的范围。《条例》第 358 条规定，“告诉乃论之罪，被害人得于未经告诉以前，径向管辖法院起诉”，即必须在检察官提起公诉之前向法院起诉，否则，一旦检察官先提起了公诉，则被害人就自动丧失自诉权利，体现了公诉优先原则，并且被害人能够独立提起诉讼的犯罪以下列罪名为限：刑律第 283 条、第 284 条、第 289 条及第 290 条之奸非罪；刑律第 349 条第 2 项之和诱罪；刑律第 357 条及第 359 条至第 363 条之妨害安全、信用、名誉及秘密罪；刑律第 367 条及第 377 条之窃盗及强盗罪；刑律第 382 条至第 384 条之诈欺取财罪；刑律第 391 条及第 393 条之侵占罪；刑律第 406 条及第 407 条之毁弃损坏罪。不过，如果以上犯罪发生于直系亲属、配偶或同财共居亲属之间，被害人不能适用本条规定而径为起诉，实乃封建伦理家常的延续。第二，私诉人范围。“被害人之法定代理人、保佑人或配偶，得独立起诉。”若被害人已死亡的，“得由其直系亲属、配偶或同财共居之亲属起诉，但不得与被害人明示之意思相反”（第 359 条）。但若犯罪发生于直系亲属、配偶或同财共居亲属之间，本条有关私诉人范围的规定不能适用。条例充分考虑到了被害人诉讼权益在特定情况下如何保障的问题。第三，法院的处理方式。如果私诉符合规定，除特别规定外，法院受理后参照公诉程序进行审理；但对于“已经提起公诉者、不得提起私诉者、不缴纳保证金者以及起诉之程序违背规定者”四种情形，法院“应以裁决驳斥之”（第 363 条）。第四，被害人面临的风险。《条例》第 368 条规定，提起私诉的被害人如果对被告人犯有上述第 358 条规定的 7 种罪行，被告有权在辩护终结前向原告提出反诉。而且即使原私诉撤回，也并不影响反诉的审理，并且如果败诉，则有可能得支付双方的诉讼费用。第 361 条也明文要求私诉人须预交保证金，规定私诉人提起私诉时，“法院应预计所需诉讼费用，命私诉人缴纳保证金，具体办法准用该条例第八十二条前两项规定”。法院在收到保证金后，则“应速将起诉状之缮本送达于被告”（第 362 条），否则，法院不予受理。

1928 年南京政府颁布《刑法》和《刑事诉讼法》，在诉讼制度上，将私诉改为自诉。该法第 377 条规定：“被害人对于左列各款之罪，得自向该管法院起诉：（一）初级法院管辖之直接侵害个人法益之罪。（二）告诉乃论之罪。该法第 338 条第 1 项规定，被害人之法定代理人、保佐人或配偶，得独立自诉。”第 2 项规定，被害人已死亡者，得由其亲属自诉。但不得与被害人明示之意思相反。这表明被害人对所有侵害个人法益的犯罪均可以提起自诉。1935 年 12 月经修订后颁布的《刑事诉讼法》进一步扩大了被害人可控罪的范围。该法第 311 条第 2 项规定，犯罪事实之一部提起自诉者，他部虽不得自诉，亦以得提起自诉论。但不得提起自诉部分较重之罪，或其第一审属于高等法院管辖，或第 333 条之情形者，不在此限。详言之，属于裁判上一罪或者实质上一罪之他部分，除系较重之公诉或其第一审属于高等法院管辖之罪或系对于直系亲属或配偶提起诉讼者外，原属不得提起自诉之犯罪，亦以得提起自诉论。强调凡是犯罪之被害人，依据本刑事诉讼法，除无行为能力者之外均可以提出自诉。

1967 年 1 月我国台湾地区对 1935 年“刑事诉讼法”进行了修订，并进一步扩大了提起自诉之主体范围，该法第 319 条第 1 项规定，犯罪之被害人，但无行为能力或者限制行为能力或死亡者，得由其法定代理人、直系血亲或者配偶为之。第 2 项规定，犯罪事实之一部提起自诉者，他部虽不得自诉，亦以得提起自诉论。但不得提起自诉部分系较重之罪，或其第一审属于高等法院管辖，或第 321 条情形者，不在此限。不过对于立法这样扩充被害人自诉范围，在理论界有不同的看法，一种认为，过多扩大自诉范围不仅与现代刑罚观念相悖，而且容易引起滥诉；另一种认为，诉讼权是宪法所保障的基本人权，当侵犯个人法益的犯罪事实发生时，被害人不仅了解最多，而且利害关系深切，因此，应该赋予被害人提起自诉的权利。上述考察表明，民国时期的法律不仅打破了国家垄断刑事追诉权的局面，赋予了被害人有限刑事追诉权，而且被害人所享有的追诉权呈逐步扩大的趋势。我国台湾地区 1997 年“刑事诉讼法”增设了公判的被害人意见陈述制度；1998 年“刑事诉讼法”规定了侦查阶段被害人接受检察官的询问时，除其法定代理人、配偶、直系血亲、三代以内旁系血亲、家长、家属等以外，医师和社会工作者亦可作为被害人的辅佐人陈述意见，诉讼文书送达对象包括被告人、自诉人、附带民事诉讼的当事人、律师、被害人等；1998 年施行并于 2002 年修正的“犯罪被害人保护法”规定了被害人补偿、诉讼救助、设置被害人保护机构等。

（四）社会主义社会被害人保护法律制度

新中国成立前，1943 年《陕甘宁边区民刑事案件调解条例》规定刑事案件除少数犯罪外，多数均得调解。新中国成立后，1954 年《人民调解委员会暂行组织通则》确认轻微刑事案件可以调解。

1979年制定了《刑法》和《刑事诉讼法》，1996年修订的《刑事诉讼法》规定被害人是“当事人”，享有一系列诉讼权利：(1) 有用本民族语言文字进行诉讼的权利。人民法院、人民检察院和公安机关对于不通晓当地通用的语言文字的诉讼参与人，应当为他们翻译。(2) 对于审判人员、检察人员和侦查人员侵犯公民诉讼权利和人身侮辱的行为，有权提出控告。(3) 有权要求审判人员、检察人员、侦查人员回避。(4) 有权委托诉讼代理人。(5) 可以在法庭上质证证人证言。(6) 有权提起附带民事诉讼。(7) 有权向公安机关、人民检察院或者人民法院对侵犯自己人身、财产权利的犯罪事实或者犯罪嫌疑人报案或者控告。(8) 如果对公安机关、人民检察院或者人民法院不立案决定不服，可以申请复议。(9) 对于自诉案件，有权向人民法院直接起诉。(10) 可以申请补充鉴定或者重新鉴定。(11) 如果不服人民检察院不起诉决定，可以向上一级人民检察院申诉，请求提起公诉。被害人也可以不经申诉，直接向人民法院起诉。(12) 经审判长许可，可以在法庭上向被告人、证人、鉴定人发问。(13) 有权申请通知新的证人到庭，调取新的物证，申请重新鉴定或者勘验。(14) 经审判长许可，公诉人、当事人和辩护人、诉讼代理人可以对证据和案件情况发表意见并且可以互相辩论。(15) 有权受送达判决书。(16) 有权阅读或者向被害人宣读法庭笔录，被害人认为记载有遗漏或者差错的，可以请求补充或者改正。(17) 有权提起自诉案件。(18) 在宣告判决前，可以同被告人自行和解或者撤回自诉。(19) 不服地方各级人民法院第一审自诉案件判决、裁定的，有权用书状或者口头向上一级人民法院上诉。可以对地方各级人民法院第一审的判决、裁定中的附带民事诉讼部分，提出上诉。(20) 不服地方各级人民法院第一审公诉案件判决的，有权请求人民检察院提出抗诉。(21) 对已经发生法律效力的判决、裁定，可以向人民法院或者人民检察院提出申诉。要充分保障被害人权利，需要处理以下几个关系：(1) 被害人与公诉人的关系。被害人与公诉人在刑事诉讼中同属原告方或称控告方，在追究犯罪、惩罚犯罪方面有着共同的要求和愿望，但二者的出发点又有所区别。被害人是由于自己就是案件的当事人，亲身遭受了犯罪的侵害，出于维护自身的合法权益，要求对犯罪人进行惩罚和求偿，属于“私原告”；而公诉人是站在国家的立场上，以国家的名义控告犯罪人，因为犯罪人的行为破坏了正常的社会秩序，危害了国家利益，所以应当承担相应的刑事责任，公诉人属于“公原告”。公诉的性质决定着被害人在公诉中要分担一部分控诉职能，但不管被害人地位如何提高，不可能把公诉完全演变为自诉，被害人控诉职能的发挥更重要的是协助控诉机关进行；但忽视被害人这一相对独立的控诉力量也是有失公正的，应重视被害人控诉职能行使的独立性，应有相应的诉讼模式保障被害人行使控诉职能。（2）被害人与诉讼代理人的关系。公诉案件被害人的诉讼代理人在刑事诉讼中的诉讼地位，是与刑事辩护人相对应的独立的诉讼参与人，是被害人合法权益的维护者，由被害人的诉讼代理人从被害人的角度出发提出主张和行使权利能有效维护被害人的合法权益。委托律师代理被害人参加诉讼活动能尽量避免被害人受到进一步的伤害，并可能缓解被害人的激愤心理，防止过激行为和意外事件发生。我国被害人权利保护还比较薄弱，应加紧制定《被害人保护法》。

二、国外被害人保护法律制度的演变

（一）奴隶社会被害人保护法律制度

在原始社会后期产生了血族复仇，即当一个氏族的成员被外族人杀害或伤害时，被害人的氏族一般要实行血族复仇；随着生产力的发展，同态复仇又为赎罪所代替。在奴隶社会初期，法律还保留有原始社会习惯法的特点，是否追究犯罪，仍然由被害人来决定。公元前18世纪古巴比伦王国制定的《汉穆拉比法典》第23条规定：“如强盗未能捕获，被劫者应于上帝前请求其失物；盗窃发生地之城市与长官应回复其失物。”第24条则规定：“如生命被害时，城市与长官应赔偿其人民银一名那。”第196条、第197条、

第200条规定“伤人眼者还伤其眼、折人骨者还折其骨、落人齿者还折其齿”。按照该规定，同态复仇的习惯却被统治者认可而予以保留。第206条规定：“倘自由民在争执中殴打自由民而使之受伤，则此自由民应发誓云：‘吾非故意致之’，并赔偿医药费。”第209条规定：“倘自由民殴打自由民之女，以至此女堕胎，则彼因使人堕胎，应赔银十舍客勒。”说明血亲复仇的习惯开始为刑罚和赔偿金所取代。公元前5世纪古罗马的《十二铜表法》第一表第7条规定：“若（当事人双方）不能和解，则（他们）应在午前到市场或会议场进行诉讼。”第八表第2条规定“毁伤他人肢体而不能和解的，他人亦得依同态复仇而毁伤其肢体”。《十二铜表法》是罗马法由习惯法向成文法发展的里程碑，从其规定的内容看，它虽然保留了原始社会习惯法的某些遗迹，但总的说来还是反映了奴隶社会被害人保护法律制度的基本特征。

（二）封建社会被害人保护法律制度

在封建社会初期，如公元6世纪法兰克王国《萨利克法典》规定：“四十一、关于聚众杀害人案：1. 任何人杀死一个自由法兰克人或遵守萨利克法律而生活的蛮人，而经破获者，应罚付8000银币，折合200金币。2. 如果有人杀死替国王服务的男人或同样的自由妇女，应罚付24000银币，折合600金币。”从其法律规定看，侵权行为与犯罪没有区别，如杀人等犯罪行为通常以赎罪金方式解决，赎罪金的数额一般由被害人的社会地位加以确定。诉讼程序只有经被害人发起，才能开始；同时被害人还必须向法院提出证据，带来能够证明自己名誉良好的陪同立誓人。法国从公元13世纪起，教会法采用了纠问式诉讼，在这种诉讼形式中，官吏主动依职权追诉犯罪，因此，被害人的诉讼地位较其在前一诉讼形式中的地位要低得多。德国1532年《加洛林纳法典》第31条规定：“假如某人被怀疑对他人有损害行为，而嫌疑犯被发觉在被害人面前躲躲闪闪、形迹可疑，同时嫌疑犯又可能是犯这类罪的人时，那么这就是足以适用刑讯的证据。”即采用典型的纠问主义诉讼方式。上述情况说明，到了封建社会中后期，国家为了加强对犯罪的打击，而主动承担起了追诉犯罪的责任，被害人由于不能保障对犯罪的追诉不得已将刑事追诉权交给了国家，从而丧失了当事人的地位，在诉讼中扮演着类似证人的角色。

（三）资本主义社会被害人保护法律制度

在资本主义刑事法律制度中，刑事追诉权的行使呈现出国家主导的特点，被害人所享有的追诉权进一步缩小。即使保留私诉的德国和英国，被害人能够自行起诉的案件范围也非常有限。对于国家检察官提出控诉的案件而言，被害人只相当于证人的地位。只有德国例外，在公诉案件中保留了被害人的辅助控诉的地位。总体而言，这时期的被害人保护处于历史上的低迷时期。

进入20世纪，欧洲理事会于1983年通过《关于对暴力犯罪被害人的国家补偿的协定》，特别在1985年联合国《被害人人权宣言》通过后，为倡导、推动或响应国际社会的犯罪被害人权利保护，更为了本国的政治、经济、法治和社会发展的需要，区域组织、各国政府纷纷制定法律、采取措施，救济和保护被害人的权利。欧洲理事会在1985年通过《关于改善被害人在刑法和刑事诉讼法中地位的建议》，1987年提出《关于被害人援助和防止犯罪被害的部长委员会建议》。1996年联合国预防犯罪刑事司法委员会第五次大会通过《关于制定联合国〈被害人人权宣言〉的应用指南》的决议案，并由联合国专家小组制成《应用指南》；该《应用指南》在介绍各国的被害人的身体的、经济的、心理的和社会的被害，以及第二次被害的情况的同时，还明确指出了在被害后的侦查、审判、补偿程序中的支援计划的内容，以及和被害人接触的侦查人员、检察人员、司法工作者、教育工作者、精神医学专家、新闻工作者的作用和责任。2001年3月欧洲联盟理事会通过《关于被害人在刑事诉讼中的地位的框架决定》，采取可靠的措施帮助被害人，包括：尊重被害人、听取和提取证据、知情权、交流保障、协助被害人、提供费用、必要时保护、补偿、会员国合作、培训等。

1. 美国

1982年美国《被害人及证人保护法》规定：（1）法院可以发布羁押令。该羁押令的功能是禁止他人与被害人或者证人发生任何联系，实施这一措施的条件是，根据获得的初步证据，司法机构如果认为被害人或者证人将受到威胁或者将会发生针对他们的报复行为。（2）被害人被害陈述的提供。检察官在提供调查报告时，应该提供一份"被害人被害状态陈述"，"被害人被害状态陈述"能够使人们部分地注意到作为犯罪结果的被害人所遭受的经济、社会、肉体和精神的损害。（3）被告人赔偿的刑罚化。该法规定，法院可以对罪犯判处作为独立刑罚的惩罚以补偿被害人所遭受的损害。1975年成立"全美被害人支援机构"，作为非营利性的民间团体直接服务被害人。1984年通过《犯罪被害人法》（1988年、1998年修改），并设立了"犯罪被害人基金"。1990年通过《被害人的权利及被害赔偿法》，规定了被害人的基本权利和对被害人的支援措施：维护公正和尊严，尊重隐私权的措施；得到来自被告人方面的适宜的保护；裁判手续的告知；接受被害赔偿；有关犯罪人的有罪、量刑、拘禁、释放的情报提供。1994年美国律师协会确认刑事和解制度，1995年被害人援助国际组织批准实施恢复性司法；刑事和解的案件范围由最初的轻微刑事案件如轻伤、盗窃等扩大到现在的严重刑事案件如强奸、杀人、放火等。1997年联邦议会通过《被害人权利解释法》，明确被害人参加刑事司法程序以及口头提出被害人影响陈述的权利。2003年25位参议员提出有关被害人权利的宪法修正案：第1款，暴力犯罪被害人的权利，能够在不剥夺那些侵害他们的被告的宪法性权利的情况下获得保护……第2款，暴力犯罪被害人应有权合理地和及时地知道涉及该罪行的任何公开程序和任何被告的释放、逃脱的情况，有权不能被排除出这样的公开程序以及适当地被告知公开的释放、答辩、判决、缓刑和免责程序，有权要求适当地考虑被害人的安全，避免不合理地迟延和公正、及时地要求罪犯归还被害人的利益……第3款……只要被害人及其代理人请求上述条款所确定的权利，没有任何被指控犯罪的人可以获得任何形式的对上述权利的减损。2004 年联邦议会通过《刑事被害人权利法》，进一步扩展了被害人权利保护的范围，特别是为被害人提供了八项重要的诉讼权利，即安全保障权、获得通知权、参与程序权、听取意见权、与检察官进行协商的合理权利、获得完全和及时赔偿的权利、避免不合理程序延误的权利、受到公平对待的权利以及人格尊严和隐私受到尊重的权利。在美国刑事诉讼中，被害人具有证人的诉讼地位，被害人以证人身份参加诉讼，但随着被害人问题在社会中逐步得到重视，被害人享有的诉讼权利亦有加强之势。

在美国刑事诉讼中，被害人不是当事人，而主要扮演证人的角色。对此，被害人对刑事司法的失望表现在：除了被请到法庭作证外，在大多数时候是被忽视的；没有通知案件查处的进展情况；认为司法机关所作出的决定不公正，无法接受，并因此受到伤害。2001 年“9·11”事件后，对暴力犯罪被害人的权利保护呼声很高，有议员要求国会修改宪法，补充被害人保护条款，即暴力犯罪被害人应有权合理地和及时地知道案件的任何公开程序和任何被告的释放、脱逃的情况，有权要求判决决定适当地考虑被害人的安全，公正及时地赔偿被害人的损失。

2. 英国

1964 年英国颁布《犯罪被害补偿计划》（1995 年、2001 年修改）建立犯罪被害补偿制度；1974 年设立“被害人支援协会”，作为民间的被害人支援团体帮助出庭、介入危机、案情通报等。1990 年制定《被害人宪章》（1996 年修改），即《关于犯罪被害人的支援基准的宪章》，规定了各刑事司法机关在刑事程序的不同阶段对被害人支援和服务的内容，以及被害人不能得到这些支援和服务时的申诉程序。这些支援和服务主要体现在如下三个阶段：（1）在搜查、追诉阶段。警察应向被害人提供事件的进展状况和对嫌疑人的处分等情报，通知其案件审理的时间和结果；警察和检察官在对嫌疑人予以处分的时候，要考虑被害人的利益。（2）在公判阶段。证人可以利用麦克小声讲话，或在遮挡板等的后面作证，也可以在法庭以外的房间里通过电视进行询问，还可以播放事先录好的录像和录音；实行把被害人与被告人在法院的接待室予以分开的制度。因侵害了他人的生命、身体和财产而被认定有罪者，法院可以令其损害赔偿。对所有案件法院必须斟酌是否采取赔偿命令，如不采取，必须说明其理由。（3）在加害人的释放阶段。重大犯罪的加害人被释放的时候，其相关情报应向被害人提供，并制作被害人对其安全是否担忧的调查报告书；被害人在知道加害人被释放的消息以后，可以直接向监狱长打电话，述说其不安。2002 年 7 月英国政府颁布《所有人的正义——英国司法改革报告》载："本国的人民希望有一个有利于实现公正的刑事司法制度。他们认为犯罪的被害人应当成为这一制度的核心。本白皮书意在重新调整刑事司法制度，使其有利于被害人、证人和社会公众，以树立起更大的信任度和可信性，使所有的人都能享有公正。"2003 年通过的《刑事司法法》增加中间性刑罚——间歇性监禁。2003 年 12 月公布《家庭暴力、犯罪与被害人法案》，确保被害人在刑事司法制度内外的利益，提出了服务被害人的具体措施方案。2006 年 4 月颁布《犯罪被害人操作法案》，它确保被害人能保持对案件进展情况的了解，包括嫌疑犯被逮捕、指控、保释以及被判刑的全过程。同时，它将为受到威胁和易处于危险状态的被害人所提供的一些援助做了细化。英国公众传统刑事司法观念即"宣告十个有罪的人无罪胜过让一个无罪的人被执行刑罚"，为弥补刑事司法的缺陷，积极探索刑事和解制度，适用范围由最初的青少年犯罪及轻微犯罪扩大到成年人犯罪及严重犯罪案件。

在英国刑事诉讼中，被害人没有特别固定的地位。在轻微刑事案件中，如果被害人同意，法院可以对犯罪人发出赔偿令；如不同意，则以民事当事人的身份参加诉讼程序。公诉案件的被害人一般是以证人的身份参加诉讼，但是在检察官决定是否提起公诉时，要充分考虑到被害人的利益。这在 1994 年《英国皇家检察官准则》第 6、7 项被害人与公共利益的关系中得以体现，"皇家检察院依照公共利益办事，而不是依照任何个人的利益办事。但皇家检察官始终要非常细心地考虑被害人的利益，在决定公共利益之所在时，这是一个重要因素”。由此可见，被害人的利益在皇家检察官提起公诉时也要给予充分考虑。在英国，被害人在传统刑事诉讼中的地位不高。首先，被害人陈述的提供主要是通过警察实现，不像美国是直接向法庭提供，而被害人陈述在法庭现场提供远比通过书面提供更能够感动陪审团和法官。其次，司法中注意的是被害人本人的意见，被害人家人的意见是不受法官重视的。在被害人已经死亡的情况下，法官就不重视犯罪对被害人家人造成的影响。最后，出于对国家权力侵犯公民权利的防备，注重司法权力的制约以维护被告人的权利。进入21世纪，英国推行司法改革，目的是充分保障被害人的需求和权利，确保刑事司法制度以被害人为中心，突出被害人在刑事诉讼中广泛的参与。

3. 德国

1976年德国制定《暴力犯罪被害人补偿法》（后多次修改），规定暴力犯罪的被害人有权申请治疗费、康复费、补偿费等。1976年成立民间被害人支援团体“白环”，即由清白的、无过错的被害人组成的团体，协助被害人心理康复和生活重建。1986年制定《改善刑事诉讼中被害人地位的第一法律》（以下简称《被害人保护法》），确认了被害人在刑事程序中的权利，在强奸、绑架或谋杀等案件中被害人可以刑事原告人出庭行使追诉权。1994年实施“加害人和被害人的和解”方案。1998年为了强化被害人求得损害赔偿的权利，《关于犯罪被害人的民事请求权的确保的法律》（以下简称《被害人民事请求法》）出台。2004年通过《被害人权利改革法》，规定被害人可请求法庭判决被告人赔偿损失，如果被驳回可立即提出异议程序进行接济。20世纪80年代德国实施刑事和解，《德国刑法典》第46a条（犯罪人—被害人和解）规定：“行为人具有下列情形之一的，法院可依据第49条第1款减轻其刑罚，或者如果可能科处的刑罚不超过1年有期徒刑或360单位日罚金之附加刑的，免除其刑罚：（1）努力与被害人达成和解（犯罪人—被害人和解），其行为全部或大部分得到补偿；（2）被害人的补偿要求全部或大部分得到实现的。”刑事和解作为减轻、免除处罚的依据，德国刑事诉讼法为实现刑法的规定，要求犯罪人在刑事程序中给被害人赔罪（赔礼道歉）和经济补偿，《德国刑事诉讼法》第153a条规定，“经负责开始审理程序的法院和被告人同意，检察院可以对轻罪暂时不予提起公诉，同时要求被告人作出一定的给付，弥补行为造成的损害”，如果犯罪人给予经济补偿，检察官可以依法不起诉、法官可以停止审判从而中止诉讼程序。在刑事诉讼中，被害人有权出庭与检察官成为共同原告，被害人的诉讼费用由被告人承担。应对实体法上鼓励犯罪行为人与被害人和解，法院和检察机关有义务在诉讼的任何阶段考察双方和解的可能性而且要使和解更易于实现。传统上，被害人由于犯罪行为所造成的创伤、作为证人出庭作证特别敏感和脆弱，辩护人或审判长尖锐的、富有攻击性的发问使他们再次受害；现在，被害人及其代理人可以通过影视询问帮助被害人摆脱再次受害的困境。根据《德国刑事诉讼法》的规定，被害人享有的诉讼权利主要有：（1）提起自诉的权利；（2）查阅案件权；（3）获得法律救济权；（4）作为附带诉讼原告人参加公诉的权利；（5）作为附诉人参与诉讼的时候，在法庭审判中享有在场权，申请法官和鉴定人回避权，向被告人、证人和鉴定人的发问权，向青少年证人的提问权，申请查证权以及对审判长命令的抗议权；（6）提起附带民事诉讼的权利；（7）在庭审中有依法提出异议权和申请调查证据权；（8）依法享有不受检察官限制的独立上诉权等。

在德国刑事诉讼中，被害人在公诉案件中作为附带诉讼原告人参加公诉，即处于附带诉讼当事人地位，享有较为广泛的诉讼权利，可以是检察官的辅助人员参加诉讼。即使他被当做证人询问时，也有权利到庭参加审判。就刑事诉讼的整体而言，被害人的自诉权（私诉权）被认为仅是检察官告诉权的一种代理方式，在权利地位层次上尚不能与公诉权平行，也并非宪法中规定的基本权利。因此，被害人的这种私诉权仅限于不涉及公共利益的轻微犯罪。这种规定，又防止了因保护被害人权利而使被告人权利受到影响的情况，使控辩双方更加均衡，更接近于实现公平。德国慕尼黑大学教授伯特恩·许乃曼针对德国刑事法中被害人角色，提出了“三根支柱”的理论，即在实体刑法上，作为保护法益主体的被害人地位可以从被害人学说的运用中说明，从社会防卫角度分析，刑法应在预防社会危害、保护被害人权益方面反映出它的一般威慑功能；在刑事程序上，被害人的地位只有在不危害处于刑事审判的真正目的的前提下，才能被承认为诉讼主体，程序本身也是在延续处罚，同时作为程序一部分的公开审判和道义责难，也通过积极的一般预防机制加强了刑法的道义基础；第三根支柱就是国际上广泛讨论的“以赔偿全面或部分取代刑罚”的问题，德国学界已经在一定程度上认可了“行为人—被害人—调解”的新型理论模式，该模式将取代刑罚和传统的刑事审判。① 按照《德国刑事诉讼法》的规定，虽然被害人只是在部分公诉案件中处于当事人的诉讼地位，但是，这毕竟与很多国家纯粹将被害人排除在公诉案件当事人范围之外不同。

4. 法国

1977 年《法国刑事诉讼法典》第四卷特别程序中增设了第 14 编，确立了对被害人的国家补偿制度，在对补偿申请作出决定时，不仅应当考虑被害人的身体状况、物质状况，还要考虑被害人的心理状况。1980 年设立国家被害人援助·仲裁中心，形成被害人援助网，1982 年由司法官、医师、政府官员、警察以及社会福利工作人员组成了“被害人援助调查委员会”，1983 年设立了“犯罪被害人补偿委员会”，同年在司法部设立了被害人科。1993 年刑事诉讼法的修改强化了私诉原告人在预审阶段的权利，新设了刑事仲裁的规定。1998 年 7 月司法部长发布《关于犯罪被害人援助和保护的刑事政策的通知》，明确规定了被害人在刑事程序中的地位。《法国刑事诉讼法》规定，被害人作为民事当事人，有选任辩护人

① ［德］克劳思·罗科信：《刑事诉讼法》，吴丽琪译，法律出版社 2003 年版，第 594 页。

的权利，对不予侦查、不起诉和损害其民事利益的裁定有权上诉，可以为维护民事利益而参与预审、参加法庭调查和辩论；律师为了被害人的利益可以阅览诉讼笔录及其他文件，这使得被害人可以通过其律师来获得有关信息。1999 年《法国刑事诉讼法》增设刑事和解程序，对于一些具体类型的犯罪，共和国检察官在决定提起公诉前，可以书面建议当事人和解；2004 年刑事和解的案件范围扩大到可能判处 5 年以下有期徒刑的所有违警罪。《法国刑事诉讼法》第 41—1 条规定刑事调解："如共和国检察官认为采取以下措施能够确保赔偿被害人受到的损害并终止因犯罪造成的扰乱或者有助于犯罪行为人回归社会，在其就公诉作出决定之前，得直接或通过司法警察警官或共和国检察官委派的代表或调解人：……（4）要求犯罪行为人赔偿因犯罪造成的损害；（5）经各方当事人的同意，派人在犯罪行为人与被害人之间进行调解。"法国的刑事调解是在被害人与加害人之间的和解。第 41—2 条规定刑事和解："只要尚未发动公诉，对已经承认自己犯有主刑当处罚金或刑期在 5 年或 5 年以下监禁的一项或数项轻罪的自然人，以及相应场合承认自己犯有一项或数项违警罪的自然人，共和国检察官均可直接或者通过中间人实行刑事和解，此种和解可以采取以下一项或数项措施：1. 向国家缴纳和解罚金；……6. 在 6 个月内为公共机构完成不给报酬的劳动，最长时间为 60 小时；……"法国的"刑事和解"是加害人与国家之间的和解，实质上是对轻罪案件实行非刑罚化的处理。第 85 条规定，"任何人认为受到某种重罪或轻罪的损害，要求赔偿，均可向主管的预审法官提出申告，取得民事当事人的地位"。2000 年 6 月，法国公布第 2000—516 号《关于加强保障无罪推定和被害人权利的法律》：（1）加强了对被害人形象和尊严的保护。增加了新的罪名即未征得相关人同意的情况下，擅自散布对被害人尊严构成严重侵犯的与犯罪有关的照片；该犯罪的加重情节为未征得相关人的同意，擅自散布遭受性侵犯的被害人的姓名或照片等。（2）明确规定对被害人的告知义务。侦查机关应告知被害人有要求赔偿的权利，有要求保护被害人协会帮助的权利；预审法官应告知被害人有成为刑事附带民事当事人的权利；有义务每6个月向被害人通报一次案件的进展情况。(3) 建立统一接受被害人控告的窗口。侦查机关即使没有地域管辖权，也应接受被害人的控告，并在必要时将不属于自己地域管辖范围内的控告转发有管辖权的侦查机关。(4) 加强被害人保护协会的作用。被害人可以向保护被害人协会申请帮助，检察院也可以要求保护被害人协会提供帮助。保护被害人协会有成为刑事附带民事当事人的权利。(5) 被害人在侦查阶段即可以提出赔偿要求。被害人从侦查阶段即可以通过侦查机关向被告人提出赔偿要求，在检察院同意的情况下，如果在侦查之后检察院起诉，被害人在侦查阶段提出的赔偿要求即视为刑事附带民事当事人的申请。(6) 改善了被害人在审判阶段的地位。在审判阶段，被害人可以通过信件或传真在出庭时成为民事当事人，并且在物质上、心理上受到损害时可以得到赔偿。在刑事诉讼中，被害人享有的诉讼权利主要有：(1) 获得律师协助的权利；(2) 提起附带民事诉讼的权利；(3) 通过庭长向证人提问的权利；(4) 申请发问权；(5) 民事上诉权等。

《法国刑事诉讼法典》序言规定："司法当局监督刑事诉讼过程中对被害人的信息通报和对其权利的保障。"在法国刑事诉讼中，实行民事原告人制度，即被害人对于受犯罪侵害所造成的损害可以在开庭前或者在开庭期间向法庭提出要求被告人赔偿的请求，赋予了被害人广泛的诉讼权利，享有参与侦查、起诉、审判并提出独立诉讼主张的权利及获取有关诉讼信息的权利等。被害人可以从使自己遭受损害的犯罪中，将犯罪交付刑事司法的权利；国家一方面要做到罪刑相适应，另一方面要维护被害人得到补偿的权利，正是基于这一点，在一定程度上继承了罗马法和法国古代法中关于被害人有权将罪犯交付司法机关的传统。在刑事诉讼中，被害人可以不受检察官的帮助，甚至在与检察官意见相反的情况下启动公诉。凡因犯罪受到侵害的人作为民事当事人向预审法官提出申诉的，预审法官应将申诉书转报检察官，以便提出公诉书。对检察官提出不予侦查意见书的，预审法官有权以附理由的裁定继续侦查。这在一定程度上以私诉权制约了公诉权。被害人在刑事诉讼中虽然不是刑事当事人，但是，被害人的告诉对于刑事案件的命运有时能够发挥极为关键的影响，这主要指刑事追诉以被害人的告诉为必要条件时，撤回告诉即产生消灭公诉的后果。

5. 日本

1980年日本通过《犯罪被害人等给付金支付法》，规定了补偿对象、减额支付、裁定机关等，确立了被害人补偿制度；2001年4月制定《犯罪被害人等给付金支付法修正案》，扩大给付范围、提高给付金额，设立重伤病给付金，警察有对被害人等采取援助措施的责任，公安委员会可以指定被害人等早期支援团体。2000年国会通过《刑事诉讼法和检察审查会法的部分改正的法律》和《关于在刑事诉讼程序中保护犯罪被害人等的附带措施的法律》，前者被简称为《刑诉法等修正案》，后者被简称为《犯罪被害人保护法》。《刑诉法等修正案》规定被害人在法庭作证时法庭可以采取遮挡措施，如通过闭路电视方式询问；在案件审理中被害人及其亲属有权“陈述意见”，法院应听取被害人及其亲属的“被害心情”；对被害人与被告人之间的民事纠纷，公安司法机关应提供方便促成和解。《犯罪被害人保护法》第4条第1款规定：“刑事被告案件的被告人与被害人等，就双方之间的民事争议（包含有关该被告案件的损害之争议的场合为限）达成协议时，可以共同向该被告案件系属的第一审法院或者控诉法院，提出将双方协议记载于公审笔录的申请。”《日本刑事诉讼法典》第89条第5款规定：“有相当理由认为被告人对被害人或其亲属的身体或财产有危害或产生畏惧时，可以驳回其保释申请以保护被害人的安全。对于保释的撤销、保证金的没收，也有相同的保护规定。”《犯罪被害人保护法》规定了被害恢复措施；在一定条件下被害人可以阅览、抄录和复印案卷；和解协议记载在庭审卷宗中即具有民事执行的效力。在日本刑事诉讼中，被害人不是刑事诉讼当事人，基本上处于证人地位，享有的诉讼权利主要有：（1）被害人享有告诉和被害申报的权利；（2）附带审判请求权；（3）避免第二次受害权；（4）获得损害补偿权；（5）被害人陈述权；（6）优先旁听权；（7）审判记录的阅览和复印权；（8）刑事诉讼中的民事和解权；（9）知悉权等。日本律师协会于 1990 年 10 月发表《犯罪被害人基本法要纲案》；1999 年设立"全国被害人支援网"，该网发表《犯罪被害人的权利宣言》；1999 年发表《综合支持犯罪被害人的提案》，设立"加害人与被害人和解"项目。日本目前关于刑事和解的适用范围限于轻微犯罪案件和少年犯罪案件。1998 年通过《被害人民事请求法》；日本民主党于 2000 年 4 月公布《犯罪被害人基本法案》；2004 年 12 月日本国会通过《犯罪被害人基本法》，2005 年日本政府根据该法制定《援助犯罪被害人基本纲要》，如规定刑事案件发生时，警察有权根据具体情况决定新闻媒体在发布消息时对当事人采用实名发表还是匿名发表以免对当事人造成二次伤害。

在日本刑事诉讼中，被害人基本上处于享有独立权利的证人地位，不是刑事诉讼当事人。日本刑事法学界认为，依被害人的受害过程可分为第一次被害、第二次被害和第三次被害三个阶段。第一次被害是指由于加害人的不法侵害直接所受的被害；第二次被害是指第一次被害人因刑事司法的侦查、审判过程中或身边人的态度而再度被害；第三次被害是指第一次、第二次被害后，被害人因恐惧、痛苦、怨恨等情绪的反应而陷入精神忧郁或自暴自弃状态，或因不满、报复等情绪的影响而变为攻击性等。对被害人的保护也应包含上述三个方面。在刑事诉讼中，被害人以证人身份出庭作证的，如果法官认为证人在被告人面前无法自由陈述时，听取检察官和律师的意见，可以要求被告人退庭；如果被害人因出庭作证而受到身体、生命的危害时，国家应予一定的给付。在刑事程序上，为尊重被害人等请求追究犯罪人责任的意志，设置了告诉、告发、请求等制度；同时，为限制检察官对于起诉的任意裁量权和保护被害人权益，日本还建立了检察审查会及附审判请求制度。上述制度的建立，无疑加强了被害人的诉讼地位，并对检察官的权力进行必要的制约，使二者的诉讼角色搭配更趋合理，从而更加充分地发挥了刑事诉讼的职能。

三、对国外被害人保护法律制度的借鉴

(一) 改革刑事司法政策

被害人救济形式主要表现为私力接济与公力接济，私力接济与人类社会相伴而生，在国家和司法机关出现以前，人们完全依靠私力接济解决纠纷；公力接济产生于私力接济的夹缝中，从私力接济到公力接济的演变是一个漫长的过程，两者既相互对立，又交错互补；目前正在积极推行刑事和解。在刑事和解中，被害人与犯罪人的参与度很高，被害人觉得就案件自己作出决定而不是由司法系统为其作出，感到和解协议和经济赔偿的合理性，并且对和解协议的履行率要高于法院的判决赔偿履行率，满意度高。在传统刑事司法中，被害人被边缘化，政府向罪犯提供住所、食品、医疗、就业培训和娱乐设施等一切促使其过上正常生活的条件，而被害人则必须通过自己奋斗来获取这一切，尽管他们是被害人，罪犯是加害人。应该坚持宽严相济的刑事司法政策，积极探索刑事和解之路，从而构建有效的合意性司法模式。

(二) 调整刑事诉讼模式

被害人在公诉案件中的地位不高，公诉案件中的被害人不具有当事人地位，因为绝大多数国家把维护国家或社会利益置于首位，而被害人的个人利益则被有意无意地忽略了，因此很多国家将被害人定位为普通诉讼参与人而非当事人，这也成了剥夺被害人的刑事起诉权、上诉权等重要诉讼权利的最深刻的原因，因而刑事诉讼模式成了被害人诉讼地位提升的技术性障碍，迫切需要改革。法国刑事诉讼法虽然没有赋予被害人当事人地位，但是被害人的告诉对于刑事案件的命运有时能够发挥极为关键的影响，因为刑事追诉以被害人的告诉为必要条件，撤销告诉即产生消灭公诉的后果。英国刑事诉讼法虽然没有赋予被害人当事人地位，但在审判过程中被害人不仅有发表意见的空间，而且能够切实地维护自己的利益。美国刑事诉讼法增加了被害人知悉权和被害人在其他诉讼环节上的程序权

利，以使被害人对刑事诉讼有更多的参与。如果要增强被害人对刑事司法的信任和对刑事司法给予充分合作，就已有措施而言，显然是不够的。为此，很多学者呼吁加强被害人对刑事诉讼的参与。传统的诉讼模式是由控、辩、裁三方组成，即“三角诉讼模式”，以这种诉讼模式为线索就各国刑事法律对被害人诉讼地位的规定进行初略考察，可窥见被害人诉讼地位的一般特征；要提高被害人的参与程度，就必须调整刑事诉讼模式。传统刑事司法是以被告人为中心，被害人的权利被漠视。刑事司法的功能不应消极地局限于处罚犯罪之一端，更应积极地致力于愈合被害人精神、身体和金钱方面的创伤。正义并不是被告的专利，被害人也有请求正义的权利，刑事司法制度不得畸重畸轻，正义的真谛应在被告人和被害人双方利益之间力求平衡，为此，我们主张创建能充分体现被害人诉求的“锥形诉讼模式”。

（三）制定《被害人保护法》

要科学地调查了解被害人的需求、被害人对司法人员的要求、民刑司法程序区分的优劣，融入合意性司法的精神，反映被害人意愿，凸显被害人保护法的作用；正如马克思所说：“法律不是压制自由的手段，正如重力定律不是阻止运动的手段一样”，“恰恰相关，法律是肯定的、明确的、普遍的规范，在这些规范中自由的存在具有普遍的、理论的、不取决于个别人的任性的性质。法典就是人民自由的圣经”。[①] 我们应制定专门的《被害人保护法》：“目的与任务、基本原则、保护主体、实体权利与程序权利、法律责任等”；明确被害人的权利、强化被害人的保护措施，使被害人保护具体化。

---

① 《马克思恩格斯选集》（第1卷），人民出版社1995年版，第71页。

第三章 哲理视域中的被害人权利保护

一、保障被害人康心权

（一）赋予被害人康心权的哲理：主体性

1. 主体性的内涵

作为一个哲学范畴，人的主体性是人作为活动主体的质的规定性，是在与客体相互作用中得到发展的人的特性。马克思主义认为，主体性首先是指人作为活动主体的能动性，这种能动性表现在：主体的自觉性、主体的选择性和主体的创造性；其次是指人作为活动主体的自主性，人能够根据具体情况在自由意志支配下自主作出决策；最后是指人作为活动主体的自为性。刑事诉讼应当承认参与刑事诉讼活动个体的诉讼主体性，维护其人性尊严，保障其基本人权；以人为本的主体性理念在现代社会已成为主体制度包括刑事司法主体建构的指导性依据。

人的主体性突出表现在人性尊严与人权。1945 年《联合国宪章》在开篇导言中指出："我联合国人民，同兹决心，欲免后世再遭今代人类两度身历惨不堪言之战祸，重申基本人权、人格尊严与价值、以及男女与大小各国平等权利之信念。"1948 年《世界人权宣言》在序言中指出："鉴于对人类家庭所有成员的固有尊严及其平等的和不移的权利的承认，乃是世界自由、正义与和平的基础。"并声称："鉴于各联合国国家的人民已在联合国宪章中重申他们对基本人权、人格尊严和价值以及男女平等权利的信念，并决心促成较大自由中的社会进步和生活水平的改善。"此外，1950 年

《欧洲人权公约》、1966 年联合国《经济、社会和文化权利国际公约》及《公民权利与政治权利国际公约》、1969 年《美洲人权公约》都以《世界人权宣言》为指导，包含了维护和保障个人人性尊严之精神。《德国基本法》第 1 条第 1 项规定："人性尊严不可侵犯，对人性尊严的尊重与保护是所有国家权力的义务。"《日本宪法》第 13 条规定："任何国民，身为个人应受尊重。国民生命、自由，及追求幸福的权利，在不违反公共福利的范围内，在立法及其他国政上，应受最大之尊重。"对于人性尊严的肯定已在世界范围内得到普遍认可和推崇。尊重人性尊严必然意味着保障人权，或者说保障人权是人性尊严的体现。联合国 1993 年维也纳第二次世界人权大会通过的《维也纳宣言和行动纲领》指出："一切人权都源于人类固有的尊严和价值，人是人权和自由的中心主体，因而是实现这些权利和自由的主要受益者……"在大陆法系国家，人性尊严已经上升为一个宪法性概念，是刑事司法中人权保障的宪法依据。

2. 被害人主体性的价值

被害人主体性的价值表现在：（1）尊重价值。犯罪行为尽管表现各异，但本质上都是对被害人人格尊严的侵犯；如果刑事司法仅以国家统治利益为依归，对被害人的基本状况和诉求缺乏应有的关注，则会造成其人格尊严再次遭受沦落，因此，刑事司法程序应该尊重被害人人格尊严。被害人作为当事人在参与追诉犯罪中应获得人的尊严，即拥有自主性、其权利受到保护。（2）参与价值。作为犯罪行为的直接侵害对象和刑事裁判的利害关系人，应当为被害人的参与提供机会，国家专门机关有义务使被害人了解其参与行为的性质与后果，被害人的参与应当得到切实保障。（3）修复价值。在了解犯罪原因、厘清各自责任、兼顾各方利益的基础上来全面清偿"犯罪行为之债"，在刑事司法程序中采取切实措施，使被害人在人身、物质、精神方面的损害得到较为全面的恢复。

（二）被害人康心权解析

1. 康心权的内涵

2008年7月，酒泉一名女青年赵某在光天化日之下被一伙不法之徒当众殴打致伤，又被强迫脱光衣服在上百名围观者面前裸站两小时。然而谁曾想到，就在这起侮辱案件发生一个月后，被害人赵某竟参与抢劫，从一个令人同情的被害人变成犯罪嫌疑人，她在抢劫过程中脱下鞋子打人耳光，并学着此前遭人剥光衣服受羞辱的样子，先后将3名中学生的衣服剥光，仅剩下短裤。当初的被害人沦为现在的阶下囚，这个过程不禁令人欷歔。当初的侮辱事件对赵某的心理有怎样的影响，在她走上抢劫之路的过程中起着怎样的作用，这些都应当引起社会的关注。但遗憾的是，赵某在成为被害人之后，似乎并没有人关心她的心理问题，也没有人关心她从前的作为，更没有人对她进行必要的心理干预和帮助，以致她很快就走上了违法犯罪的道路。许多研究表明，被害人在遭受心理创伤后，如果得不到及时的恢复，则极易导致人格异化并造成被害人对社会生活适应的困难，这是诱使被害人犯罪的一个重要因素。一些被害人在遭到犯罪侵害后，如果得不到正当途径的救助，极易出现心态的失衡，对犯罪由恨变为认同，继而模仿实施。对于刑事案件，不光要通过惩罚犯罪的方式安慰被害人，还要对被害人进行必要的心理干预，这样才能化解刑事案件对被害人的伤害。在本案中，如果赵某在受到伤害后能得到社会和有关部门的关注，她此后的行为或许不会发生。被害人经常因恐惧、痛苦、怨恨等情绪之反应而陷入精神忧郁或自暴自弃状态，或因受不满、报复等情绪之影响而变为攻击性；减轻被害人的痛苦和损失是社会应负的人道主义责任。

犯罪可以对被害人产生心理和情感效应，包括失眠、噩梦、恐惧、麻木、郁闷、压抑等可以影响被害人生活质量的心理效应，易产生悲痛、愤恨、绝望、耻辱、自卑、消沉、堕落等消极情感效应，其被侵害的痛苦经历甚至可能会伴随其余生。研究被害人心理可以为潜在的被害人提供防止被害的心理保护方法；为面临不法侵害的人提供应变的策略，鼓励、支持、帮助被害人采取各种有效方法同犯罪分子作斗争，进行临场抗争、抵御，以减轻被害程度；有助于教育被害人积极报案，协助司法机关侦破案件，及时惩罚犯罪；有助于社会对被害人的理解，抚慰被害人的心理创伤，从而更有效地同犯罪作斗争。我们认为，康心权是指被害人基于主体性所享有的康复其心理损害的权利。

2. 被害人心理

被害人心理是被害人受到犯罪行为侵害过程中产生的心理状态，分为被害前、被害中、被害后心理三种状态。被害前的心理危机表现有显露性心理冲突（被害人与犯罪人之间在心理上存在公开化的直接对抗状态，如杀人、伤害、抢劫、强奸等）和潜在性心理危机（如疏忽大意、过于自信、丧失警惕、轻信他人、贪图享受、自私自利等）；被害中的心理状态表现有激情状态（具有冲动性，形式上有主动的攻击型和被动的防御型）和应激状态（出乎意料的紧张所引起的情绪状态，基于防御反射本能会进行阻拦、抵抗）；被害后的心理特征表现有心境（烦恼、忧伤、恐惧心理等）和态度（积极告发、忍受沉默、否认被害等）。[①] 针对被害人具有不同的心理活动过程、心理状态和个性心理倾向，被害人被害也就有不同的心理反应和表现，主要有：

（1）侥幸性心理。被害具有一定的偶然性，正是这种偶然性使许多潜在的被害人在被害前不以为然，抱有一定的侥幸心理，这是被害人的一种普遍心理状态。

（2）疏忽性心理。面对社会中的复杂的犯罪现象，许多人缺乏防被害的意识和思想准备，更缺乏自我保护的方法和必要措施，他们轻视犯罪会侵害到自身的可能性，因此，往往表现为被害前的缺乏自我保护意识，放松了警惕心，一旦遭受犯罪行为侵害，由于惧怕和精神紧张而无所适从，应变能力很差，所以，缺乏应有的自我保护意识，是造成被害的主观因素，也是犯罪行为得以顺利实施

---

① 任克勤主编：《被害人心理学》，警官教育出版社 1997 年版，第 16 页。

的外部条件。

(3) 恐惧性心理。犯罪行为不仅本身的严重性、攻击性、残忍性、掠夺性、频发性、反复性和犯罪方式的多变性以及被害频率的高发性能给正常人造成精神压力，而且被害时犯罪人的威胁、强制、恐吓及其残忍手段本身就能对被害人造成强大的心理压力和严重的精神痛苦，因此公众和被害人本身对犯罪产生恐惧感是很自然的。许多犯罪行为给被害人带来的不仅仅是身体上和精神上的痛苦或物质上的损失，更重要的是对被害人心理上造成的创伤难以平复，给被害人造成一种恐怖感。

(4) 应激性心理。被害人心理极为复杂，有愤怒、有仇视、有恐惧、有绝望，当被害人处于这种心理状态时，会有不同的应急性行为反应，这取决于被害人个人的个性心理特征，有的由于极度愤怒而针锋相对，同罪犯以死相拼；有的由于极度恐惧而惊慌失措，想寻机逃离犯罪现场；有的内心极度恐惧和悲痛，但为了保存人身不受伤害而顺从；等等，所有这些都表现为被害人在面临侵害时由应激性心理产生的自我防御性行为。

(5) 追究性心理。当遭到犯罪行为侵害时，被害人恐惧和愤怒的情感总是交织在一起的，而在犯罪行为结束、罪犯离去后，被害人的愤怒情感会居于首位，由此就产生出痛恨犯罪人的心理，所以，被害人被害后积极报案，要求司法机关严惩罪犯，就是这种心理的具体表现。

(6) 复仇性心理。产生这种心理状态的原因：一是被害人被害后由于在肉体和精神上受到严重伤害或人格受到极大侮辱，犯罪对被害人造成的所有痛苦、愤怒、怨恨和其他心理感受，如怕丢面子、怕被别人讥笑等，就使他们的心理失去平衡，因此，他们试图通过复仇来消除自己的愤怒、怨恨，以挽回自己的尊严；二是被害人缺乏起码的法律意识，他们或者不懂得、或者不愿意诉诸法律，不考虑其行为的后果；三是由于执法中存在这样那样的问题，被害人对执法的公正性产生怀疑，因此，把私自复仇作为自己唯一的选择。

（7）赔偿性心理。被害人被害后由于遭受损失而必然要求犯罪人在物质上和精神上给予一定的赔偿或补偿，这种心理几乎是所有被害人的共同的一种心理状态，希望通过法律对犯罪人的制裁使被害人及其亲属在精神上得到安抚，在经济上获得一定赔偿。

3. 被害人心理损害

被害人遭受犯罪侵害后，不但对被害人身体组织结构造成破坏或功能障碍，而且还可能对被害人及其家庭造成经济压力和心理创伤；更有的在犯罪结束后较长时间里，均有可能反复体验到闯入性的创伤回忆，这种回忆甚至不需要刺激或相关引发物而可能再次身临其境。被害人心理上的损害主要表现为短期症状和长期症状两种形式，短期症状包括气愤、委屈、不安、无助以及不能自主支配自己的身体和财产等感觉，长期症状是指病程持续一年以上未愈的心理损害，包括脑震荡后综合征、神经症和伤亡综合征等。①

（1）短期症状

①恐惧感。被害人恐惧感的存在源于人类时刻关注自身安全的特性，主要表现为对自身人身及财产安全的担忧，害怕会重新遭到他人伤害，被害人会因此背负沉重的心理压力，时时处于高度紧张的心理状态当中；在行为方式上被害人则会表现为不敢在夜间单独外出，穿着更为保守，行事说话更为小心谨慎等，如果司法机关不能给被害人以很好的保护并及时破案，则会延长和加重被害人的这种恐惧感。

②愤怒感。一方面，大多数犯罪行为在性质上是一种悖德行为，为社会普遍接受的道德观念所不容，在行为结果上又会给被害人造成极大的伤害，这都会引起被害人强烈的愤怒和厌恶感；另一方面，大多数被害人对犯罪行为的发生并不负有责任，是完全无辜的，他们在感情上无法接受被犯罪侵害的事实，进而开始抱怨为何这种事情偏偏发生在自己身上，如果对这种不幸的事件得不到应有

---

① 麻国安：《青少年被害人援助论》，中国人民公安大学出版社 2005 年版，第 12 页。

的同情和理解的话，被害人会感到更加愤怒和委屈。

③沮丧感。严重的犯罪行为通常会使被害人感到个人力量和自我控制能力的丧失，并因此陷入一种极端绝望和无力自卫的境地，他们怀疑自己的能力，不知如何面对今后的生活，即使一个微小的决定对他们来说也是一次严峻的考验，他们只能乞求依赖来自家庭、朋友和权力部门的帮助，这种企图保持或再次控制自我的努力形同一场艰苦搏斗，而被害人又往往没有信心去重新赢得主宰生活的能力。

④羞辱感。社会上存在的对被害人的歧视和偏见常常会使被害人害怕暴露自己的被害身份，尤其是不愿公开提及犯罪行为给他们带来的损失，为了躲避公众的议论，他们总是尽量隐瞒、遮盖受到的身体伤害，也不愿追究经济损失；对于心理上的伤害，由于害怕被他人认为患有精神疾病，而不愿及时咨询和治疗，很多被害人正是由于这种对自身创伤的压抑而患上心理、器官方面的神经官能症。

（2）长期症状

①脑震荡后综合征。主要表现为头部较轻暴力（轻型损伤）后常见的并发症，其临床表现有头痛、头昏、疲乏、焦虑、失眠、易怒、忧郁等，这些都是被害人的主观感受，被害人这些症状的持续有明显的神经症素质倾向，既往心理因素在病情迁延上发挥重要作用。

②神经症。其主要表现为持久的心理冲突，病人觉察到或体验到这种冲突并因之而深感痛苦且妨碍心理功能和社会功能，但没有器质性病变。a. 癔症。癔症是一类由精神因素，如重大生活事件、内心冲突、情绪激动、暗示或自我暗示等，作用于易病个体引起的精神障碍，它主要表现为发作性意识范围狭窄，且具有发泄特点的急剧情感爆发、选择性遗忘或自我身份识别障碍。疾病的发作常有利于被害人摆脱困境，发泄被压抑的情绪，获得他人同情或得到支持和补偿。往往通过回忆和联想与受害经历有关的事件或情境即可发病，如在精神创伤之后表现为癔症性木僵、童样痴呆、癔症性精

神病等。这类被害人常常伴发癔症性躯体障碍，神经系统检查和实验室检查均不能发现内脏器官和神经系统器官器质性损害，但被害人却出现运动障碍、感觉障碍等转换性症状和躯体内障碍等症状，甚至无损伤的突然躯体瘫痪，有些被害人还会伴发赔偿神经症。在诉讼过程中，被害人提出经济赔偿要求之后，被害人表现、显示、保留和夸大症状，以利于索取赔偿。症状的出现、持续或夸大一般并非受被害人本人意志支配，而是由无意识机制起作用。在赔偿久拖不决的案件中，这种症状尤为常见。b. 神经衰弱。这是一类以精神容易兴奋和脑力容易疲乏、常有情绪烦恼和心理生理症状的神经症样障碍。被害人长期的心理冲突和精神创伤引起的负性情感体验是本病较为多见的原因，患者常感到精力不足、萎靡不振等衰弱症状，情绪烦恼、自知力减弱，遇事激动、易于伤感，并出现紧张性头痛，睡眠障碍。c. 反应性心理障碍。它是由一类相当强烈并持续一定时间的造成心理创伤的生活事件直接引起的心理障碍。它分为延迟性心因反应和持久性心因反应两种。首先，延迟性心因反应，这类心理障碍又称创伤后应激障碍，从遭受创伤到出现障碍症状有一潜伏期，一般在创伤后 6 个月内出现。临床症状以反复重现创伤体验为主；有明显的情绪淡化，持续的警觉水平增高，植物神经系统障碍，如心跳快、出汗、面色苍白等。其次，持久性心因反应，这类反应是由于应激源长时期存在或长时期处于困难环境而诱发的反应，也可作为应激性体验后持久不良的后果。病程至少持续 3 个月，长者甚至延续几年。本病临床表现以妄想常见，有的病人以情感障碍为主，影响被害人的社会功能，从而导致被害人工作、学习、人际交往和社会活动方面的异常。

③伤亡综合征。主要表现为被害人的生命周期缩短和生命质量下降，暴力犯罪大多对被害人的肢体或器官造成严重损害，受到重伤的被害人的生命周期可能会因为受害而有所缩短，甚至大大缩短，机体受损还会导致被害人的生命质量下降，人生中许多事情是以具有健全的机体为前提才能完成的，如果被害人的机体受到损害，许多本可以从事的工作便不能再做，许多本能够享受的乐趣便

不能再享受，甚至本能自理的生活也不能自理，有些重残者还可能在轮椅或病床上度过刚刚开始的一生或者尚存的余生，其作为最高级动物的生命与植物的生命无异，其生命质量下降程度可想而知。在由于性器官受损而导致性功能丧失的情况下，非但其本身的生命质量下降，而且还直接影响其生命的延续，使其下降的生命质量通过后代得到弥补的幻想也彻底破灭，从这一点上讲，还有什么痛楚能胜过于犯罪被害人所受的此种痛楚呢？除了生命周期缩短和生命质量下降本身之外，生命周期缩短和生命质量下降对被害人及其近亲属造成的长期心理创伤也是常人难以想象的。

针对上述被害人心理损害情形，基于被害人的主体性，赋予被害人康心权刻不容缓，并力图构建被害人康心权保护机制。目前，在西方国家的一些城市中已经出现了专门接待被害人、诊断各类被害症状的社会福利性的被害人保护机构。这些设施由曾经遭受犯罪侵害的人、社会志愿人士和医务、社会、法律等方面的工作人员组成，为被害人提供昼夜服务，在一些地方也被称做“被害服务中心”。其服务范围包括对进入诉讼阶段的被害人提供法律咨询、经济援助及其他帮助；对于受到心理伤害的被害人，还普遍采取心理干预机制，帮助被害人建立起新型的人际关系，增强被害人自我信任和自我实现的观念，恢复其个性，进而使被害人认识到危机，从而帮助他们重新安排生活。但在我国，对被害人心理的干预做得还远远不够，无论是政府部门还是民间，都缺乏这种干预机构。这就要求我们的社会加紧行动起来，尽快成立相应的组织，与司法机关进行必要的合作，从而对各类刑事案件的被害人进行必要的心理干预。只有这样，才能更好地化解刑事犯罪给被害人所带来的伤害，让被害人更快地回归到正常社会当中。

（三）被害人康心权保护机制

1. 创建康复被害人心理的环境

改善社会环境，积极支持被害人和帮助被害人从心理上回归社会，对被害人的心理重建有重要作用；同时被害人对社会各方的援助采取积极配合的态度，不断减轻心理压力，促进心理的逐步健康，增强重新面对社会生活的信心。首先，社会公众和被害人周围的人应当努力创造一个充满爱心的、宽容的生存环境，为被害人提供情感支持，帮助其重返社会。被害人不应该受到人们的怀疑和指责，他们不一定指望同情，而是希望他人能像他们没有成为被害人时一样对待他们，社会不能歧视被害人，更不能以“咎由自取”之类的字眼谴责被害人；人们应当清楚，被害人是否负有责任已经在诉讼中获得了法律的评价，社会公众的职责不是对被害人进行道德上的二次评判，而是努力帮助被害人摆脱困境，重返社会。其次，新闻机构应当遵守职业道德，尊重被害人的隐私和情感。现实中报纸、杂志、电视、广播及网络等大众传播媒介，对犯罪案件的揭露，其中包括被害人的曝光，或对谋杀被害人惨不忍睹之尸体做近距离的摄影及描述，或对强奸被害人之挑逗行为毫不留情地加以报道，造成被害人多次被害。广大民众虽然未亲身经历犯罪，但是从犯罪案件的报道中却仿佛身临其境，心中充满被害的恐惧感。有节制地报道案件，不能为了追求独家效应纠缠、窥探被害人的隐私，对于一些恶性暴力案件，应当考虑被害人的心理感受，不能过分渲染案件中具体、残忍的情节，也不能为求扩大影响而连篇累牍地反复报道，更不能为了牟利而发行罪犯的回忆录，这不但会使被害人感到非常不公和愤懑，而且还会勾起被害人痛苦的回忆，造成心理上的反复受伤。媒体与社会舆论应该给被害人营造一个宽容、充满关爱的社会环境，真正关心和帮助被害人摆脱困境、重返社会。

2. 建立公益性心理救助机构

犯罪侵害不仅给被害人造成了身体损害和财产损失，也给被害人造成了心理损害，其短期症状包括气愤、委屈、恐惧、无助等，长期症状则可能表现为神经症、创伤后应激障碍等。这些症状如不能及时消除、缓解，其在持续的同时可能进一步发展，被害人的恢复更无从谈起。因此，应当及时向被害人提供心理咨询与治疗，消除或缓解其心理损害。处在心理危机状态的被害人急需有人帮助他们从创伤性痛苦中摆脱出来，他们需要有专业的心理咨询人员或医生的指导和帮助；虽然我国心理咨询机构日益增多，人们也逐渐认识到在遭受心理危机和精神创伤时，寻求心理咨询师的帮助是解除精神痛苦的有效途径，但心理咨询的高额收费是处于经济和精神双重危机的被害人远不能承受的。公益性的心理救助机构的缺乏，使被害人的心理痛苦无法尽快摆脱，这既不利于被害人尽快融入社会，也不利于社会的和谐发展。因此，我们呼吁应建立类似于法律援助机构的司法心理救助机构，给心理创伤严重又经济困难的被害人提供无偿援助，帮助他们度过心理危机，修复心理创伤，重新找回生活的自信，从而达到真正救助被害人的目的。正如《被害人人权宣言》规定的，被害人应从政府、志愿机构、社会方面及地方途径获得必要的心理及社会援助。实践中，许多国家的被害人援助组织都向被害人提供这项服务，以满足被害人的需要。在我国，心理咨询与治疗行业正在兴起，专门的被害人援助组织也尚未建立，因此除部分被害人主动寻求帮助的情形外，被害人的心理咨询与治疗基本上处于空白状态。对此，我们建议尽快建立被害人援助机构和组织，由其为被害人提供心理咨询与治疗，同时可倡议普通的心理咨询与服务机构对被害人进行专业的指导。

3. 强化危机干预

从心理学的角度来看，危机干预是一种通过调动处于危机之中的个体自身潜能，来重新建立或恢复危机爆发前的心理平衡状态的心理咨询和治疗的技术。在这里危机干预则是指在犯罪侵害发生后，有关人员立即对被害人进行心理干预，以帮助其应对被害事件和避免形成被害后症状。对被害人的危机干预涉及以下几个问题：一是危机干预的目标。具体包括：确保被害人的安全；给被害人提供一个表达的机会，使被害人相信其被害后的反应是正常的，相信侵害行为是社会所谴责的，相信自身仍是一个有价值的社会成员；使被害人了解侵害发生后可能出现的问题，并提示被害人如何应对。二是危机干预的方式和地点。常见的干预方式有电话交流和面谈，地点多为被害现场、医院或被害人家中，其中最常见的是在被害现场即时对被害人进行危机干预。三是危机干预的人员：

(1) 警察。危机干预是大量公安任务中的一个基本组成部分，第一个赶到被害现场的警察进行的工作中包含着大量危机干预的内容，如美国对警察进行危机干预领域的培训；而我国警察的培训有待增补危机干预的内容。(2) 报警电话接线员。在许多情况下，如被害人情绪特别不安、未成年被害人等，接线员不仅要受理报案，而且要对被害人进行一定的危机干预，或者在其认为必要时，将被害人转介到心理服务机构。因此，对报警电话接线员也应当进行危机干预的培训。(3) 心理服务机构、电话热线等的工作人员。他们通常都接受过专业的训练，对求助的被害人能进行有效的危机干预。四是危机干预的步骤：(1) 使被害人镇静下来，并使被害人确信安全；(2) 让被害人以自己的方式陈述被害的经过、被害后的反应等，使被害人认识到随后可能出现的后果；(3) 提供咨询，向被害人列出可获得的服务和资源；(4) 提示被害人如何应对。分析我国的情况，危机干预在近几年得到了很大的发展，但离社会的需求还有很大差距，而且被害人这一群体也并未受到特别的关注，同时危机干预机构与公安机关等机构之间也缺乏通畅的联系。面对这样的现实，应该对警察和接线员进行危机干预的专门培训，由他们在侵害发生后即时对被害人进行危机干预，比较恰当。但是，将被害人的危机干预完全依托于这两类人员有很多困难，因此应大力发展相应的社会服务机构，在其与公安机关等机构之间建立良好的联系，由警察、接线员对被害人进行初步干预后转介到专门机构或者直接进行转介，从而使被害人得到更加专业的指导。

4. 援助诉讼中的被害人

在刑事诉讼中因不当司法行为给被害人心理上造成的进一步伤害即被害人二次被害，具体表现：(1) 公安机关、检察院、法院在诉讼中忽视被害人的需要，对被害人的权益缺乏足够的保护。被害人在遭受侵害后向公安司法机关报案，就表明被害人希望通过法律程序维护自己的合法权益；而接到报案的警察首先关注的是侵害行为及是否需要立即采取行动，正如一位警察所说的，我每接到一起报案都会以最大的精力投入，想尽快地抓住凶手，以避免产生更多的伤害；如果在询问时过分强调“保护”，那么讯问时患得患失有可能“保护”了这一个，导致破案不力，抓不到犯罪人，从而有更多的人遭受伤害；而警察的天职就是打击犯罪。这一观点说明警方在侦查过程中对破案的重视远远高出对被害人利益的保护。被害人的需要在目前的刑事诉讼中并没有得到关注，对于遭受侵害后寻求帮助的被害人而言，对其需要的忽视实际上就是一种进一步的伤害。（2）在刑事诉讼中，面对侦查人员、检察官、法官、辩护律师的询问，被害人必须多次回忆和表述自己被害的痛苦经历。（3）公安机关、检察院、法院在诉讼中对被害人缺乏必要的尊重，使被害人成为被支配的客体。警察、检察官、法官将被害人作为案件证据的来源，除此之外很少关注被害人，对此，有人总结了被害人在侦查破案中的作用：通过查明被害人身份确定侦查方向、通过寻找被害人下落收集犯罪证据、通过获取被害人证言甄别供词真伪、通过检查被害人身体确定案件性质、通过指挥被害人投饵捕获嫌疑分子、通过清查被害人财源惩治腐败分子，并指出被害人在侦查工作中的作用不能由其自由发挥，侦查人员必须采取适当的措施引导被害人正常发挥其诉讼当事人的作用。除不告不理的案件外，在其他公诉案件中，当被害人不能自觉地发挥诉讼当事人作用时，侦查人员有权要求或迫使其发挥作用。这段话充分表明了对被害人在案件侦破中的作用的重视，却缺乏对被害人本身的必要关怀和尊重。当侦查人员收集到有关犯罪及嫌疑人的证据之后，被害人就成为警方档案记录中的一个名字，只有当他们对追诉犯罪嫌疑人有价值时才被记起。（4）在诉讼中，被害人的隐私未能得到合理保护，使被害人因隐私被公开而遭受二次被害。司法实践中，警察、检察官、法官在办理案件时，开警车、穿制服出入被害人家中或者与被害人周围的人接触，都可能使本不为人所知的案件被被害人周围的人广泛得知，对被害人造成不利影响；在案件审理中，由于各方面的原因也可能使被害人面对社会舆论的压力和世俗的种种消极反应。大多数被害人受害后求助司法机关没有得到应有回应的情况下，只能是耐心地等待和万般的无奈，可是人们没有注意到被害人的这种反应实际上是一种痛苦的扭曲的反应，忽视被害人受犯罪侵害后的特殊心态，极大地伤害了被害人的感情；特别是某些被害人在侦查阶段有时可能会受到司法行为的进一步伤害，使被害人陷入了更深的痛苦之中。因此，在诉讼过程中应该避免被害人的第二次被害，援助刑事诉讼中的被害人。

刑事诉讼中被害人的援助措施主要包括：（1）被害人受到犯罪侵害后，心理处于应激状态，他们内心的伤痛和敏感与脆弱是需要小心保护的，因此，办案人员尤其是负责案件侦破的警察，在与被害人接触时不仅要考虑收集线索、侦破案件和惩治罪犯，更要考虑到被害人的心理保护。所以，当询问涉及被害人的被害情节或个人隐私时，要给予被害人以人性的关怀，避免不恰当的或重复性的提问，以免被害人心理受到二次伤害。对被害人以人本的关怀，避免重复的心理创伤，能够使被害人感受到被理解和被尊重，使他们愿意配合办案人员的工作，从而加快案件的破获，有利于刑事诉讼的顺利进行。公安司法机关的办案人员有义务了解被害人的心理状态，当发现被害人的精神创伤严重、无法应对正常的生活，或出现心理危机威胁生命时，应立即采取措施，与相关的机构联系，挽救被害人。（2）国家应该建立为被害人提供基本服务的政策，检察官提供有关刑事司法系统和程序的信息、通知被害人案件的进展情况、给予被害人案件最大的方便和安全感、协调被害人和犯罪人之间的调停等。（3）法官应该尊重和理解被害人，为被害人提供危机干预、咨询和其他援助服务，告知被害人参与量刑，采取合意性司法措施，充分发挥法官的作用缓解被害人心理上的痛楚，保障被害人康心权。

5. 完善被害人的诉讼权利

（1）建立司法审查下的被害人强制追诉制度。被害人对公诉机关的不起诉不服的，可向法院直接提出申请，法院可以调阅公诉机关的审查起诉材料，如果认为不符合公诉条件的，则依法驳回被害人的申请，形成最终的司法决定；如果认为被告人的行为符合公诉条件的，则应要求检察机关提起公诉。

（2）赋予被害人上诉权。因为抗诉的条件与当事人的上诉条件差异较大，被害人的抗诉请求权常常不能实现，而且公诉人未能维护被害人合法权益的现象是存在的，此外，法律赋予被害人对公安机关和检察机关的决定不服的救济权，却不规定对一审判决不服的救济权，反映了保护的不彻底性。

（3）明确规定被害人的量刑建议权。基于被害人是公诉案件中的控方当事人及我国没有独立的量刑程序的情况，被害人的量刑建议权至少应该与检察官在法庭调查完毕后的法庭辩论阶段同步行使该权利。

（4）完善被害人的执行参与权。因为被害人作为当事人，作为犯罪行为的直接受害者，刑事诉讼的结果与他有直接的利害关系，他对犯罪的整个过程最了解，最有惩治犯罪行为的决心和意志，他参与包括执行阶段在内的刑事诉讼的全过程，具有天然的正当性；同时可以加强对司法机关的监督。

此外，警察、检察官要征询被害人的要求并制作笔录随案移送，法庭应为被害人设置坐席，法官制作裁判文书应体现被害人的意见并及时送达被害人，等等。

6. 保障被害人的实体权利

在现实生活中，财产犯罪的被害人因直接遭受经济损失而陷入困境，人身犯罪的被害人则可能因治疗需要支付大量的医疗费而面对同样的困难。如果社会对被害人的困难置之不理，不仅使其生活艰难，而且感觉自己被社会遗忘，进而可能对社会产生敌意，不利于被害人的恢复。为避免这些消极影响，在这种情况下，国家应当给予被害人一定的经济援助，具体包括：（1）建立紧急经济援助制度，即在侵害发生后向经济困难的被害人提供一定数目的金钱，以满足其基本需要，如食物、交通、医疗、住宿等，如美国一些州向被害人提供的“应急贷款”。（2）完善刑事赔偿裁判执行制度。赔偿义务人赔偿不能情形经常发生，被害人的物质损失通常很难得到合理弥补，因此有必要设立易服劳役执行措施来保证刑事赔偿裁判能得到顺利执行，所谓易服劳役，是指对不能在生效法律文书指定期限内履行赔偿义务但有提供劳务条件的赔偿义务人，人民法院应被害人申请责令其到国家提供的劳动单位进行强制劳动，扣除其必需生活开支后的剩余劳动所得由劳务单位直接扣留并转交人民法院用于偿还被害人物质损失的一种执行措施。由于易服劳役执行措施的适用必将给赔偿义务人带来诸多不利，因此为防止赔偿义务人逃避易服劳役执行措施，对其人身自由采取一定限制措施以保证易服劳役执行措施能有效实施具有十分重要的意义。在赔偿义务人不能按期执行刑事赔偿裁判又不能提供延期执行担保的情形下，不对其人身自由采取一定限制措施，极有可能直接导致赔偿义务人为躲避赔偿而逃匿。（3）建立被害人国家补偿制度。首先，对被害人未获赔偿的物质损失进行补偿是国家应当承担的一种责任。被害人的客观存在表明国家疏于履行保障每个公民人身财产安全的义务，违反义务的行为如无免责事由便应承担一定责任，如社会保险说、公共援助说、国家责任说等补偿理论对此进行了深入的分析。其次，被害人享有对其未获赔偿的物质损失请求国家进行一定程度补偿的权利。被害人积极协助司法机关追究加害人的刑事责任，在为司法机关减少诉讼成本的同时，通过协助国家对加害人正确实施刑罚，帮助国家顺利达到预防犯罪的目的，也减少了其他社会成员受同一加害人再次犯罪侵害的可能性，替社会在犯罪预防和控制中承担了一种特殊劳务。最后，联合国《被害人人权宣言》呼吁世界各国积极保护被害人的各种合法权益，当无法从犯罪人或其他来源得到充分补偿时，各国政府应提供经济补偿，英、美、法、德、日等国家和我国的港澳台地区先后建立起被害人国家补偿制度，其有益经验也可供我们借鉴。建立被害人国家补偿制度有利于保护被害人的合法权利，维护社会和谐。

7. 鼓励被害人采取“道家认知疗法”

老子信奉“众人皆明，唯吾独懵”，《道德经》载：“道可道，非常道；名可名，非常名。”《清静经》载：“众生所以不得真道者，为有妄心，既有妄心，即惊其神，既惊其神，即着万物，既着万物，即生贪求，既生贪求，即是烦恼，烦恼妄想，忧苦身心，便遭浊辱，流浪生死，常沉苦海。”《老子》载：“人法地，地法天，天法道，道法自然。”老子主张顺其自然，宽容不苟，祸福相倚，是矫治不合理信念的良药。道家养生之道：“利而不害，为而不争；少私寡欲，知足知止；知和处下，以柔胜刚；返璞归真，顺其自然。”杨德森教授根据道家养生思想创建“道家认知疗法”，认为知足常乐，进一步山穷水尽、退一步海阔天空，以退为进、以守为攻，刚强者即时玉碎、柔弱者终得瓦全；做老实人、说老实话、办老实事。对于被害人而言，一方面积极主张自己的合法权利，另一方面也要适可而止，正如白居易诗云：“蜗牛角上争何事，石火光中寄此身。”积极调整自己的心理期待，根据现实情况提出合理要求。如何及时排遣苦闷、悲伤、失望、沮丧等不良心理？俗话说，心病还须心药医，根据“道家认知疗法”探究心理痛苦根源，积极采取心理治疗，学会“杨柳承受风雨，水纳一切容器”。面对厄运，选择微笑；面对磨难，选择从容。人有悲欢离合，天无绝人之路。顺应自然以解郁虑。

总之，刑事司法应该保护被害人的康心权，帮助被害人实现精神慰藉的需求，从而平复被害人精神创伤，修复被害人被损害的生命质量。刑事司法保护被害人的康心权在刑事司法本质上是国家司法机关依照刑法、刑事诉讼法的规定对犯罪人施以刑罚而实现被害人精神需求的工作机制，保护被害人康心权是刑事司法的直接任务，是刑事司法打击犯罪、保护人民的总体任务的重要体现。刑罚具有一般威慑的功能、法制教育的功能、强化规范意识的功能的同时，还具有抚慰的功能，即刑事司法对犯罪人施以刑罚、慰藉被害人及其近亲属因犯罪侵害而受到的精神创伤和引起的愤恨情绪，平息众怒，使受到犯罪破坏的社会心态回复平衡的功能，这是刑事司法特有的作用，是其他任何的方式所不具有的，其他任何机构、任何人都不能采取对犯罪人施以刑罚的方式来慰藉被害人。

二、保障被害人合意权

（一）赋予被害人合意权的哲理：主体间性

1. 主体间性的内涵

主体间性是在承认主体性的前提下进一步探究主体间的关系问题，主体间性奠基于主体性之上，这种奠基体现在两个方面：一是自我意识的形成即主体性的确立；二是主体分化中对客体地位的保留，为打破主体单极世界的垄断提供了空间。主体性与主体间性是站在不同的角度看世界，其中，前者是在主客体关系基础上规定存在，后者则是在主体与主体的关系基础上规定存在。主体间性是指在主体与主体的关系中确定存在，存在成为主体之间的交往、对话、体验，从而达到互相之间的理解与和谐。当然，主体间性并不是非主体性，不是不要主体性，而是超越主体性，克服其片面性，把与客体对立的片面主体转化为与主体交往的全面主体即交互主体，从而使主体成为真正的主体，即自由的主体，也使世界成为真正的人的世界。主体间性是主体与主体在交往活动中所表现出来的“共主体”（交互主体），表现为主体和谐一致性的集体特征，它是全面的、整体的主体性，是主体性的丰富与发展。主体性生成于对象化活动，主体间性生成于交往实践之中。主体间性是主体间相互的理解与融通关系，是主体间的“互识”与“共识”。“互识”表明了多元主体的参与，必然存在差异性，强调主体间的相互认识、相互理解；“共识”则表明了交往过程中的统一性，在相互尊重的前提下形成不同主体对同一事物所达成的相互理解，形成主体间的共同性和共通性，它构成了主体解除自我中心化的场境。

主体间性属于关系范畴，是指存在多个主体情况下，主体之间的互动、关联、作用和影响。主体间性作为现代西方哲学的一个专属术语，系现象学哲学大师胡塞尔最先提出，其注重的一方面是主体间的认识关系，另一方面是主客体认识关系的主体间效应。他提出以交互主体、主体间性来取代个人主体，在他看来，主体性意味着自我，而主体间性则意味着自我共同体。“所谓主体间性是指人作为主体在对象化的活动方式中与他者的相关性和关联性。主体间性范畴的具体内涵是人作为认知主体、生存主体、伦理主体、实践主体超越自身界限，涉及同样作为认知、生存、伦理和实践主体的他者的方面和维度。主体间性包含着不同主体之间的诸种关联方式和作用方式。”① 哈贝马斯通过语言分析方法，从生活世界中人们的交往实践中总结实践理性，认为实践理性的核心是交往理性——一种在有效社会交往基础上的道德原则。哈贝马斯指出现代社会工具主义理性泛滥根植于主体主义“意识哲学”。要想重拾人的主体道德尊严必须建立与意识哲学对立的以交往行为为基础的间主体性哲学。工具主义理性仅仅关注行为的功利目标，而不反思目标的合理性，缺乏间主体性向度，交往理性致力于通过主体间有效的交往与沟通，达成理解、获得非强迫共识。哈贝马斯认为，人类社会生活可以简化为工作与语言，在工作领域行为方式是工具性的；在言语世界典型的行动方式是交往。只有在交往行动中人的动机、目的才会得到关注，人才能支配认识方法，进而唤起人的反思能力，服从理性的指引，克服权力、意识形态的殖民，获得主体的自主和自由。如果我们预设了所有的人都可以参与不受压抑的交往，那么我们就能够区分什么是真正的一致，什么是虚假的一致。② 哈贝马斯认为主体间性是人与人在语言交往中形成的精神沟通、道德同情、主体的互相“理解”与“共识”。在社会批判基础上，哈贝马斯以沟通行为重构理性根基，他仍在尽其所能利用自由民主制度的现代性资源——由理性意志构成的自由、平等的主体性乃是主体交往的基础。因此，主体间性是主体与主体在交往活动中相互影响的关联性。正是主体间性才提供了对话、合意的机会。

---

① 王晓东：《西方哲学主体间性理论批判》，中国社会科学出版社 2004 年版，第 22 页。

② ［德］哈贝马斯：《交往行为理论》，曹卫东译，上海人民出版社 2004 年版，第 71 页。

2. 主体间性的实践机制

主体间性人格强调的是具有独立人格的个体之间的一种平等和自主的关系，是人的外在“类”性与人的内在的“个别性”的统一。主体间性人格是依附性的消除与独立性的获得。人只有在成为他自身的主人的时候，才能将自己当做独立的存在物，而且只有当他把自己的存在归之于他自身的时候，他才是自己的主人。同时，人格也只有在自然界和人与人之间的交流中，才有表现的机会和彰显其意义的场景，因此，主体间性人格体现为对话性、交互性、共在性。对话性即主体间性中任何一方主体都向其他主体开放，与其他主体展开对话；交互性即各方主体相互作用、相互影响、相互沟通，主体与主体之间不是一种认识与被认识的关系，而是在交往实践中形成的平等关系；共在性即每个人都是一个主体，这些主体共同存在于一个现实的生活世界中。主体间性以两种困境的解决为目标：一是个体主体的关系问题，即个体主体与他者之间普遍存在的矛盾斗争及敌视和疏离的现状；二是个体主义与类存在的关系问题，即主体的个体化倾向与类的共同体的矛盾（主体以个体的方式存在，先天具有独立的倾向破坏着共同体的整体性，另一方面整体性的共同体泯灭个体的独立性）。主体的现实困境是主体间性所应关注的问题。主体间性通过主体之间的交往来实现，主体间性的实践在于构建一个科学的运行机制：以“以人为本”思想指导主体间性形成的导向机制、以满足主体间性双方主体需要的动力机制、以促进双方主体形成主体间性关系的激励机制、以规制双方主体依照主体间性的逻辑轨迹正常运转的调控机制等，机制的构建旨在对主体间性实践生成要素的总体性的整合以及主体间性哲学思想实践运行的规范。在被害人与加害人之间为解决他们的矛盾同样应遵循主体间性实践的运行机制，在该机制中双方享受的基本权利我们概括为合意权。

（二）被害人合意权解析

1. 合意权的内涵

按照《汉语大词典》的解释，“合意”是指合乎心意、中意，或当事人双方意见一致。合意取决于当事人的意志、取决于利益对立方的预期及容忍度，合意的达成是纠纷双方意见的完全表达和充分听取、相互妥协的产物，双方都能从中获益，各取所需。在刑事诉讼中，诉讼程序能够为诉讼主体提供理性对话的空间，由此，合意权——作为个体公民的被害人与加害人等主体在诉讼中进行平等对话、沟通的权利，便成为其主体间性中应有之义。当事人在刑事诉讼中基于主体间性形成合意，即刑事诉讼合意，它使诉讼主体相对自由地约定解决讼争，谋求讼争圆满处理，其正当性正是源于主体的意思自治，由于控辩双方最清楚争议的焦点和利害之所在，在权衡得失后所形成的合意也能更充分地体现各自的利益需求，形成共同意思表示。法律上讲的合意指当事人就一定事项所作的内容一致且具有法律约束力的意思表示，刑事诉讼合意主要是一种程序性合意，即在刑事程序的运作过程中，诉讼参与人之间为实现各自诉讼目的或诉讼利益，就诉讼中的某些程序问题或实体问题所达成的共识性的意思表示。具体而言，其一，合意的主体包括被害人与加害人；其二，合意对象是刑事诉讼中的实体问题或程序问题，合意的内容应该包括对被告人量刑上的协商以及对被害人赔偿问题的协商；其三，合意目的在于当事人在交涉、协商的过程中通过达成协议，最终实现各自诉讼目的，即当事人之间经过不断交涉、沟通、协商达成的一致意思表示；其四，合意效力对达成合意的当事人具有约束力；其五，合意前提是法律调控，即合意当事人必须在一个自愿、明知、理智的平台之上进行沟通和协商，当事人处分自己的权利必须受到法律的规制，避免权利的滥用导致国家利益的丧失和法律尊严的沦落，这也是刑事诉讼中合意得以正当化的基础。因此，合意权是被害人与加害人基于主体间性形成一致意思表示的权利。合意是承认事物的差异性、冲突性，是通过矛盾的克服与解决形成总体上的平衡、和谐、合作状态。刑事诉讼中的合意是指刑事诉讼中被害人与加害人经沟通达成的合意，沟通既是一个过程，又可能产生结果，在刑事诉讼中，国家机构应当为加害人与被害人的沟通提供机会和保障，并适当承认双方经合法有效的沟通达致的解决方案，沟通主要体现在两个方面：一为沟通的过程；二为沟通的结果。所谓沟通的过程，即在刑事诉讼中，应尽力提供加害人与被害人面对面沟通交流的机会，并且保障交流的自愿性。当然，在案件尚未进入刑事诉讼阶段，加害人与被害人在犯罪发生后，也可以自己主动进行交流，但此类情形已不属于刑事诉讼的范畴。所谓沟通的结果，是指在沟通过程有效的前提下，双方因达致谅解而由被害人提出关于犯罪人的不起诉或减刑建议，在一定条件下，检察官和法官应当予以同意，即沟通达致承认合意，使得法律适用相对化的结果。就合意权实现的效果而言，只有在当事人充分渗透到解决过程和结果的一切方面才具有正当性，在刑事诉讼中能体现合意权表现形式的目前主要是刑事和解制度，刑事和解为被害人的情感发泄、与加害人的沟通提供了合适的机会，被害人能将自己因受害而产生的怨恨、痛苦、悲伤等情绪向加害人发泄出来，获得心理上的放松；加害人通过倾听被害人的倾诉可以真实地了解自己的加害行为给被害人造成的痛苦和创伤，意识到犯罪行为的危害和自己的过错，从内心深处悔过自新，争取获得被害人的谅解、赔偿被害人损失，获得从轻、减轻或免予刑事处罚的结果，避免适用刑罚带来的“犯罪标签”的影响；而且更容易触动加害人内心深处的良知，从而使他们远离犯罪。

2. 被害人合意权存在的必要性

（1）体现契约精神。控方以放弃对被追诉者严厉的追诉和处罚作为对价，来换取辩方放弃对抗和在庭审上的发难，同时也避免高成本的投入和控诉不能成立的风险；辩方以认罪和放弃某些法定权利为代价，来换取控方的放弃指控或降低指控，并且使己方尽快从讼累中解脱出来。可谓二人同心，其利断金。

（2）体现“锥形诉讼模式”。从合意的过程来看，被害人与加害人双方被赋予平等的地位，享有同等的诉讼权利，在刑事诉讼中应尽可能让不同利益诉求的诉讼主体拥有更多的发言权，直抒己见，增加对话和合作的机会，强化了被害人的主体性地位；从合意的效果来看，双方的协商能够在客观上产生一定的法律后果，使诉讼主体的利益诉求被认可并予以采纳，以确保刑事诉讼合意的实质性，避免诉讼主体的参与流于形式。尊重被害人与加害人的合意结果，突出公安司法机关对合意过程的监督，发挥“锥形诉讼模式”指导司法实践的功能。只要被害人得到犯罪人的真诚道歉并且感到能够对犯罪人予以谅解，被害人从中得到一种“了结”的感觉，被害人揆情度理，就可能会摆脱犯罪侵害的阴影并且继续他们的生活。

(3) 体现社会效益。通过提高个案的诉讼效益来增加处理案件的数量，从而使公民获得司法救济的机会有所增加，有效地化解司法救济深度与广度之间的矛盾；在刑罚理念上表现为由报复主义转变为目的主义，从注重实体真实、追求刑罚的报复性转变为注重讼争的合意解决、追求刑罚的矫正性，强调刑罚的个别化和非刑罚手段的功效，以有效地控制和预防犯罪，促使犯罪人更快地回归社会。

(4) 体现诉讼效率。从程序看，能够降低控方的指控难度，特别是调查案件、收集证据、质证等，而辩方也能相应减少在辩护上的投入，法官不必因辩论、认证、评议等程序耗费过多精力，只需审查合意的自愿性、真实性，并在其内容不违反基本司法公正的情况下予以确认即可，同时，由于合意的自愿性，避免了因诉讼的审级而产生的双重成本和风险，烦琐复杂的程序得以简化，从而使诉讼周期缩短，这就能压缩诉讼成本。总之，合意具有投入少、程序简、周期短等诸多优势，具备了经济上的合理性；同时体现了产出效益的最大化，使具体案件的处理与整体诉讼机制的运行达到了统一，有效缓解司法资源紧张与社会需求扩大的矛盾。

3. 被害人合意权存在的可行性

(1) 国外有立法例借鉴。在美国，辩诉交易是刑事司法中运用十分广泛的一项特别审判程序，目前大约90%的刑事案件是通过辩诉交易结案的，1974年美国修订实施《联邦刑事诉讼规则》时，明确将辩诉交易作为一项制度规定下来，并对原则、公布、接受、驳回等一系列程序作了明确的规定。在英国，1970年上诉法院面对特纳案中辩诉交易引发的问题规定了指导交易的一般原则，称为“特纳规则”，目前，仅在刑事法院审理的案件中，控辩双方协商之后被告作出有罪答辩的就高达65%。在德国，《德国刑事诉讼法》第153条第a款规定，当犯罪嫌疑人罪行轻微，并且公共利益不要求进行审判或定罪时，如果被告人同意付一笔钱给慈善机构或履行一定其他公益义务，检察官则可作出不起诉决定，法官对这种交易通常不作限制；另一种是公诉人与辩护人就是否接受刑罚令进行交易，若被告人准备认罪并接受处罚时，法官就根据检察官建议适用刑罚令的请求直接作出判决。《意大利刑事诉讼法典》规定了五种速决程序，其中，依当事人要求适用刑罚程序的“认罪交易”制度在很大程度上采纳了美国的辩诉交易制度的内容。

（2）“和为贵”观念的影响。中国传统思想对私和有重要影响，儒家的“无讼”、墨家的“兼爱”、孔子的“和为贵”等，把“无讼”视为审判所追求的目标，对参与诉讼的当事人进行积极调解，使双方相互妥协退让而达成谅解，从而终止诉讼。《论语·学而》指出“礼之用，和为贵，先王之道斯为美”。孟子的“天时不如地利，地利不如人和”。“和”的观念成为儒家哲学精髓的同时，也成为影响和制约中国社会习俗及国民性格的重要因素，以和为核心的和合性文化构筑了我国社会文化的基础。和合性文化在司法上的反映和体现则是“无讼”的思想，这种和合性的文化以及无讼的思想蕴涵了合意的理念，通过说教、劝诫的手段，鼓励当事人之间进行沟通、达成和解，使纠纷得到较为彻底的解决，恢复被破坏的社会关系，为刑事合意的发展提供了观念上的基础。1996年《刑事诉讼法》规定刑事和解只存在于自诉案件中；目前在公诉案件中探索建立刑事和解制度，当事人双方放弃对抗而寻求对话、认同，使讼争以双方满意的方式得到衡平式的解决，这充分体现了一种互惠性的合作精神，建构一种新的合意性司法模式，这种模式确保被害人和加害人的诉讼主体地位，在当事人双方之间就加害人的犯罪问题建立协商机制，从而对公安司法机关的决定产生一定的影响，这其中蕴涵了通过合意使讼争得到衡平式解决。

(3) 刑法确定力的促使。刑法的规范作用促使加害人选择合意性司法模式之一的刑事和解制度，双方的协商是以刑法作为参照物进行的，刑法就像高悬头顶的达摩克力斯之剑，哪一方当事人都不可能视而不见，由于刑法规范的确定性，双方对正式程序的结果非常清楚，加害人正是据此权衡得失，从而作出必要的妥协和让步，努力寻求与被害人达成和解协议，和解过程反映了刑法对当事人的影响。在传统刑事司法体制度中，被害人处于边缘地位，心灵创伤难以抚平，赔偿也难以到位。刑事和解使被害人将刑法的制裁变成了协商的筹码，加害人利用刑事和解争取被害人在于获得较轻的处理结果。通过和解，被害人与加害人都必然丧失一部分权益，都不会获得自己最希望的结果，协商妥协的结果对他们双方也不会太坏，正好处在双方都可以接受的利益底线上。这就是被害人与加害人之间形成合意权的动因。

(三) 被害人合意权保护机制

被害人合意权保护机制根据主体间性实践机制在刑事诉讼中的表现，能反映其动力机制、激励机制、调控机制特点的主要形式目前便是刑事和解，即基于被害人和加害人的合意权，通过对话和协商就案件的处理达成共识，从而使讼争以双方满意的方式得到衡平式解决，维护各自的利益，具体规制措施包括适用条件（加害人认罪、被害人和加害人双方自愿）、案件范围、处理方式、和解效力等。现行刑事司法制度漠视被害人需求，损害被害人权利，致使被害人日益感到迷惘和疏远；再者，司法制度过分热衷于满足刑事程式要求而不考虑被害人的需要会再次从心理上对被害人造成损害，使他们感到挫败和愤怒。保护被害人的合意权，借鉴国外的有益经验，结合我国具体情况，建立科学、规范的刑事和解制度，实现被害人的伦理价值目标，促进社会和谐。

在刑事和解过程中，加害人对被害人表达歉意，积极赔偿被害人损失，被害人与加害人的会谈正如《圣经》所言："快快地听，慢慢地说，慢慢地动怒"；"回答柔和，使怒消退"；"柔和的舌头能折断骨头"。相互尊重，沟通感情，珍惜自身，解决犯罪所带来的问题。在叙说过程中，加害人与被害人重新获得了人格尊严，可凭借话语将道德、情感带入沟通的过程。对被害人而言，叙说可以帮助其发泄情绪、倾诉痛苦、抚平心理伤痕。叙说理论认为，叙说过程是人的心理结构的重新整合过程，即把心理疾病转化为故事叙说的人把宿命转变为一种经验，加害人通过聆听被害人的故事来悔改，被害人通过叙说来听取加害人的反应。沟通的过程可以帮助其发泄情绪、倾诉痛苦、抚平心理伤痕。叙说过程的关键不在于叙说的内容如何，更重要的在于叙说的过程，在于叙说者与受众之间的共鸣。每个被害人都需要一个加害人来填充其叙说故事中的互动作用。被害人通过对被害体验的叙述，在叙说中发生的情绪宣泄是进入、体验和表达事件所具有的意义的重要方式。在人们的内心中叙说能表达本能的生理需求，在人们的交往过程中，叙说和聆听可以给人们一条有效地降低内心焦虑的途径。对加害人而言，与具体的遭受自己犯罪行为侵害的被害人进行交流，容易唤起其人性共鸣，激发其真实的悔意。因此，充分重视被害人与加害人的信息交流，为他们参与、对话和达成合意提供机会。加害人阐述内心的悔恨，赢得被害人的宽恕和理解，被害人的复仇心理得到消解，并缓解恐惧心理，抚平被害人创伤，满足被害人需要。

在刑事和解效果中，加害人的认罪、被害人获得赔偿、修复社会关系。如果加害人不承认自己的犯罪行为，就不可能与被害人进行有效沟通，更不可能获取被害人的谅解，双方之间就失去了合意的基础。尽管受犯罪影响的其他个人或者社区成员都有可能参与到和解程序之中，但他们只是对加害人与被害人之间和解协议的达成起推动作用，协议达成的核心还在于加害人与被害人之间的沟通与合意，被害人与加害人的协商是整个刑事和解的关键，在保证双方自愿的前提下，被害人与加害人通过权衡自己的利弊得失最终达成相互妥协的和解协议，并以此作为解决纠纷的根据。刑事和解蕴涵的合意精神向我们昭显了一种新型合意性司法模式，合意性（consensus）司法模式是在刑事诉讼中，被害人与犯罪人在刑法的指引下通过协商达成合意，公安司法机关基于双方主体间性确认合意结果，进而寻求解决犯罪纠纷的一种方式，是在吸收报应性司法和恢复性司法内核基础上形成的新型司法模式。报应性司法关注的是“我们如何惩罚和制裁犯罪人”，恢复性司法关注的是“我们如何赔偿和恢复犯罪造成的损害（被害人、社区）”，合意性司法则是既注重犯罪人期许的惩罚又注重被害人损害的弥补。

第四章　创建被害人有效参与诉讼的“锥形结构”

被害人地位的历史变迁基本上可概括为：作为刑罚执行者的被害人、作为犯罪起诉者的被害人、逐渐被遗忘的被害人、再度引起重视的被害人。剥夺或限制被告人权益固然是法治水平低下的表现，但被害人权利的保护同样是衡量法治水平的重要标志；忽视、漠视被害人权利，即使加强了被告人权益的保障，仍然是一种残缺的法治，二者是刑事法治文明轨道上的“两条铁轨”，因此，在刑事诉讼中应维持犯罪人与被害人之间的平衡。被害人参与诉讼的方式和程度，都直接、间接地对于侦查、起诉、审判等刑事司法程序产生极大影响。既然被害人在刑事诉讼中扮演如此重要角色，然而在传统的刑事诉讼中，仅将被害人当做犯罪发生的举报者、犯罪信息的提供者，犯罪情节的调查协助者，除了侦查、审判有需要被害人的协助而一再传唤被害人到案、到庭说明，却未给予更为周全的权利保护的制度设计，如此的刑事诉讼显然失衡，且有不足。若被害人长期受到忽略，不仅加深其对于犯罪人的嫌恶感，而且使其因对刑事司法不满而丧失对于刑事诉讼的信心，重构被害人参与诉讼的模式有促使刑事司法政策进一步合理化的功能。

一、我国现行刑事诉讼中的被害人状况

（一）审前阶段，被害人难以有效参与

被害人在侦查程序和审查起诉程序中享有的权利非常薄弱，如被害人对于侦查机关应当立案而不立案的案件，难以有效制约，尽

管其可以向法院起诉，但是实践中由于举证能力的限制根本就不可能实施；我国刑事诉讼在纵向上呈现出“线形结构”的特征，警察、检察官联合起来成为追诉犯罪这一“流水线”上的操作员，成为维护社会秩序的工具。在审前这种“线形结构”中，只有侦查机关、检察机关与犯罪嫌疑人的对抗，被害人在此阶段没有独立的地位。

（二）审判阶段，被害人主体性不充分

按照1996年《刑事诉讼法》的规定，被害人在法庭审判中的诉讼权利与被告人相比而言是基本对等的，审判程序中的被害人基本具有了当事人的诉讼地位，但是需要对庭审程序和被害人的庭审地位进一步规范，削弱法院的有罪推定倾向和刑事追诉职能，充分发挥被害人对法院裁判结果的影响。

（三）执行阶段，被害人没有任何介入

对刑事裁判的执行，不管是对犯罪人自由刑、生命刑和财产刑的实现，还是对于犯罪人进行减刑、假释或监外执行等刑罚性质或执行方式的变更，被害人都被排除在外，被害人无法对刑事裁判结果的最终实现发挥影响。

司法实践中，检察官着重代表国家与社会整体利益、担当维护社会稳定的职责，对于被害人的需求有时存在某种漠视的态度；而被害人在刑事诉讼中认识到检察官有时不太可能完全从自己的立场出发去对被告人予以攻击与报复，只有从有利于自己的方面对相关犯罪事实与情节进行阐述才更有可能在最大限度上实现自己复仇与获得赔偿的目的，于是检察官与被害人的这种背离关系便出现了。检察官需要被害人对相关事实与情节进行阐述，被害人觉得没有安全感甚至有些被激化，往往表现出一种不甚配合甚至夸大、扭曲犯罪事实与所受伤害的态度，从而检察官作出的不起诉、撤回公诉等决定往往得不到被害人的理解；根源在于被害人与检察官关系处于一种几乎没有任何制约的状态之下，被害人被遗忘，这也是造成司法实践中检察官客观公正的天平时而向被害人倾斜、时而向社会利益倾斜的原因之一，远离了舆论与社会的监督，没有了制约，检察官便以自己需要的方式来对待被害人，而被害人缺乏有效的制约手段，使被害人处于危险状态。总体上看，无论审判前的“线形结构”还是审判中的“三角结构”，对被害人权利的保护没有完全落实，由于受检察官的双重地位、法官的调查取证权以及整体上的“流水作业式”和“超职权主义”的诉讼模式的影响，被害人当事人地位被虚化，被害人作用的发挥是非常有限的。

二、“两大”刑事诉讼模式中的被害人地位

（一）当事人主义模式中被害人作用的忽视

在当事人主义“三角结构”的法律关系中，完全忽视了被害人的当事人地位，被害人一般只是被作为控方证人的形式参与，在诉讼中由检察官全权代表被害人的利益，被害人的特殊需求被掩盖在检察官的控诉之下，似乎没有人有时间或兴趣去发现被害人需要的东西，也没有作出努力让被害人知道发生了什么事情以及原因是什么，这种情况的结果是，被害人的体验是令人沮丧的。在当事人主义的“三角结构”中，被害人根本就不是诉讼中的“一造”，检察官完全取代了被害人的利益，被害人沦为普通的证人，是交叉询问的对象，没有独立的诉讼角色。

（二）职权主义模式中被害人保护的不足

在职权主义“三角结构”中，从被害人与检察官的关系看，由于被害人和检察官在利益和主张上往往是有区别的，被害人与检察官的冲突时有发生，但被害人并不拥有独立于检察官的诉讼地位。从被害人与法官的关系看，法官完全主导庭审，并且可以进行调查取证活动，如法国《刑事诉讼法》第310条规定：“在审理过程中，审判长可以传讯任何人，必要时用拘票拘传到案，或者根据庭审情况使人提交自己认为有利于查明事实真相的一切新证据。”被害人只能沦为被调查和询问的对象，很难处于真正的诉讼主体地位。从被害人与被告人的关系看，由于法官的强职权，被害人与被告人之间很难有充分的直接对抗，法官通常以“讯问被告人”作

为法庭调查开始后的第一项活动，被害人只能处于辅助地位，可见在职权主义模式中被害人权利保护存在内在的缺陷。

被害人主体性的弘扬要求赋予其相对独立的诉讼地位，这使得在传统的控、辩、审三方主体之外出现了一个新诉讼主体；理论界对于这种变化产生了两种不同的态度。一些学者对这种变化持欢迎态度，并主张顺应时势，在传统的“犯罪控制模式”和“正当程序模式”之外，促成一种新型的刑事诉讼模式——“被害人参与模式”的建立；另一部分学者则对这一变化表示质疑，尤其是对赋予被害人以当事人地位持反对态度，其理由主要有二：一是控辩平等对抗关系会失去平衡；二是可能会损及被告人的公正审判权。我们认为，被害人主体地位的提升并不以突破现行的“控辩审三角结构”为必要条件，同时通过合理的制度设置，被害人的主体地位可以与公诉机关诉讼职能的行使及被告人的公正审判权相互协调，各得其所。法律是一种权衡的艺术，程序公正的实现是建立在尊重参与主体各方合理利益诉求的基础之上的，在一个文明的刑事司法体制下，被告人的诉讼权利是其防止国家权力不当侵犯的必要手段，也是维持其主体地位的基础；但是被害人的主体性价值同样应当成为现代刑事诉讼所追求的目标。2008 年 6 月 22 日，最高人民法院院长王胜俊在全国高级人民法院院长会议上指出：“刑事审判工作中，被害人及社会公众的感受，体现的实际就是直观正义。加强对被告人的人权保障，是司法理性的基本要求。但我们也不能漠视被害人及社会公众的感受，漠视直观正义，因为任何司法理性最终都需要民意理解和支持，否则司法权威将荡然无存。遵从民意，也是法官职业的核心价值观。”大谷实指出：“刑事诉讼为国家所独占，私人诉讼不予许可。但如果不建立在刑事诉讼中反映出犯罪被害人的意思的制度，则刑事诉讼法便会游离于国民之外而失去信任。”① 因此，被告人主体地位的维持并不能以被害人诉讼地

① ［日］大谷实：《刑事政策学》，黎宏译，法律出版社 2000 年版，第 309～310 页。

位的工具化甚至客体化作为代价，二者的共存与双赢才是我们追求的目标。总之，从宏观上来看，被害人主体地位的提升并不会破坏“控辩审三角结构”，相反，新的利益诉求的兼容却会使其变得更加全面、合理与科学；从微观角度来看，被害人主体地位的提升则需要其在与控诉机关的配合与制约方面作出一些调整，以及在与被告人部分正当程序权利之间进行一定的权衡与协调，由此，体现被害人参与诉讼的“锥形结构”是一种相对合理的选择。

三、刑事诉讼“锥形结构”的设计

（一）“锥形结构”的内涵

所谓“锥形结构”，就是在控、辩、裁平面三角的基础上加上被害人的充分参与，形成一种被害人、检察官、被告人（或罪犯）在法官主持下相互制约的立体诉讼格局，又称“锥形诉讼模式”。“锥形结构”主要适用于公诉案件，其中检察官行使公诉权，被害人作为控方的主体之一，也可以有效参与而不受检察官的制约，独立发表自己的意见维护被害人的个体利益。在“锥形结构”中，控诉职能主要由检察官和侦查人员行使，被害人发挥着不同于检察官作用的控诉职能，因为被害人强烈的基于个人利益遭受犯罪侵害而产生的复仇与获得赔偿的欲望，导致在许多问题上被害人拥有自己独立的利益，产生不同于检察官的诉讼主张。被告人及其辩护人仍然行使辩护职能，在检察官和被害人的双重控诉下，尤其是被告人的人身自由受到限制或剥夺的情形下，被告人更处于不利的境地，为了维护自身的利益和反击恶意的指控，被告人往往会积极进行自我辩护或者聘请辩护人进行辩护。法官发挥着裁判者的作用，法官与案件事实没有直接的利益关系，其职能就是“三造俱备、兼听则明”，对于被害人、检察官、被告人提出的不同诉讼主张，遵循证据规则的要求，作出独立的裁判。国家与社会利益、被害人利益与被告人利益的衡平保护应是我们探讨各种诉讼关系、完善各项诉讼制度的目的所在。对于“锥形结构”中的法律关系，可以用下图显示：（立体图形为“正三角锥形”）

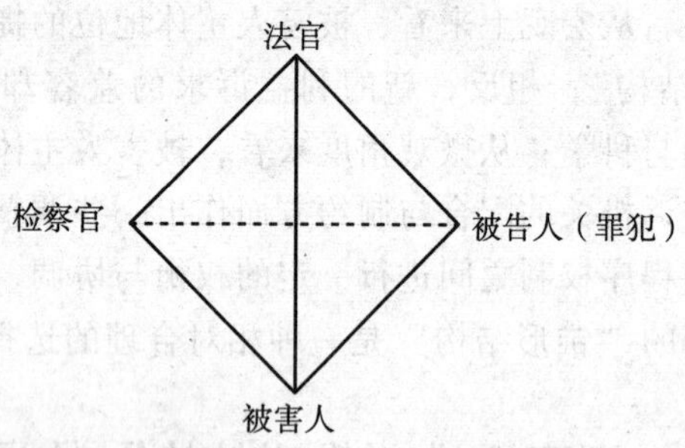

（二）“锥形结构”的基本特征

1. 对称性。在刑事诉讼立体结构中，法官居于正三角锥形顶点，被害人、检察官、被告人分布在平面正三角形的三角，具有对称关系，符合几何学中正三角锥形的数学特征。对称意味着有序，有序意味着秩序，秩序意味着均衡，“锥形结构”中需要的“相互制约的立体诉讼格局”得到了充分的体现。

2. 兼容性。随着刑事诉讼的民主化，警察作证即警察以证人身份出庭作证，在传统“三角结构”中无法体现；而“锥形结构”的兼容性即凸显，底面由正三角形转变成正方形，立体正三角锥形转变为正四角锥形。警察出庭作证可以有效证明被告人庭前供述的自愿性和合法性，无疑能有效地解决被告人的当庭供述和庭前供述之间的矛盾，也是警察国家向法治国家的飞跃，“锥形结构”反映出刑事诉讼变迁的基本规律。

（三）“锥形结构”的数学分析

贝卡利亚说：“应当用几何学的精确度来解释犯罪相关问题，因为这种精确度足以制胜迷人的诡辩、诱人的雄辩和怯懦的怀疑。”① 将实际问题提炼成数学模型，不仅可以解决其他方法不易解决的问题，而且可以实现低投入、高产出的目的。

---

① ［意］贝卡利亚：《论犯罪与刑罚》，黄风译，中国大百科全书出版社 1993 年版，第 7 页。

从几何学角度看，刑事诉讼模式的发展呈现出“点”、“线”、“面”、“体”的趋势，刑事诉讼的“点”形模式即作为刑罚执行者的被害人与被告人直接对抗，刑事诉讼被个别化，这显然与诉讼模式所应承载的信息和指称的对象相去甚远。诉讼模式具有宏观性，只有这样，才能高屋建瓴，而不是为某个诉讼环节所“一叶蔽目”；当然诉讼模式又具有精巧性，为每个诉讼主体的职能与之相“匹配”。刑事诉讼的“线”形模式主要表现为纠正问式诉讼模式或者流水作业式诉讼流程；刑事诉讼的“面”形模式主要表现为当事人主义模式或者职权主义模式，即平面三角形结构；在刑事诉讼的“线”、“面”形模式中被害人要么被遗忘、要么即证人。通过观察诉讼模式的变迁，聚合刑事诉讼模式的“点”、“线”、“面”，三者结合正是“体”的构筑，形成立体的“锥形结构”，也符合数学中几何学发展的特征。

角锥（pyramid）亦称棱锥。一种特殊的锥体。底面是多边形的锥体。角锥除一个面是多边形外，其余各面是具有公共顶点的三角形，角锥的底面以外的其余各面称为角锥的侧面，相邻侧面的公共边称为角锥的侧棱。顶点到侧面三角形底边上的高称为角锥的斜高。不相邻两条侧棱的截面称为对角面。角锥依底面为三角形、四边形……而分别称为三角锥、四角锥……三角锥就是四面体。

正角锥（regular pyramid）亦称正棱锥。一种特殊的角锥。底面是正多边形，且顶点在底面的正射影是底面正多边形的中心的角锥。正角锥的顶点与底面中心的连线称为它的轴。正角锥是镜面自对称的，它的轴是诸对称镜面的交线。不是正角锥的角锥称为斜角锥。正角锥的主要性质有：（1）各侧面都是全等的等腰三角形；（2）各对角面是等腰三角形；（3）各侧棱都相等，且侧棱在底面上的射影是底面多边形外接圆的半径，并平分底面多边形的一个内角；（4）各侧棱与底面的夹角都相等；（5）相邻两个侧面所组成的二面角都相等；（6）正角锥顶点处的多面角是正多面角。

“正三角锥形”具有对称性和兼容性，正好符合刑事诉讼“锥形结构”的基本特征。

（四）“锥形结构”与“三角结构”的主要区别

在控诉、辩护、裁判之间的诉讼地位和法律关系上，突出了被害人的主体地位和特殊作用，被害人没有被掩盖在检察官或者是“控方”的整体利益之下，他可以独立地提出主张，对于被告人是否有罪、社会危险性如何以及量刑幅度等都可以发表自己的意见；同时也突出了被害人与检察官、被害人与被告人之间的互动关系。法官作为中立的裁判者，处于三角锥形的顶点，直接与检察官、被害人和被告人这处于同一平面的三方主体发生联系，被害人的意见不经过检察官而是直接反馈到法官那里，法官在充分听取不同主张的情况下，作出独立的判断。总之，“锥形结构”是一种全新的诉讼构造形式，它突出了被害人的法律地位，形成检察官、被害人、被告人及法官之间良性互动的诉讼格局，保障各方诉讼利益的均衡。

特别是在被害人与检察官的关系中，长期以来被害人参与诉讼的诉讼地位以及诉讼职能并没有得到广泛重视，被害人在国家检察官的代位追诉和程序挤压下主体地位不断下降，逐渐沦为对犯罪分子加以定罪的一个工具。在“三角结构”中，多数被害人仅仅是作为一名证人参加诉讼，他出庭仅限于回答公诉人或辩护律师的提问，他是作为一名旁观者被置于法庭之外。在法国，被害人在刑事诉讼中居于民事当事人的诉讼地位，除此，被害人还可以成为证人，或者具有民事当事人、证人的双重诉讼地位。在德国、前苏联和我国，被害人在刑事公诉案件中虽处于当事人的地位，但是其诉讼地位和诉讼职能依附于公诉机关，不具有“独立性”；这种诉讼辅助和补充的地位，极大地抹杀了被害人的主体性。有人认为，在公诉案件中已有检察机关行使控诉权追诉犯罪，被害人再以当事人身份参与诉讼追诉犯罪是多余的。实际上，在公诉案件中，检察机关与被害人行使控诉权追诉犯罪，其诉讼方向是基本一致的，但两者指控犯罪的出发点是不同的，检察机关从宏观的国家利益出发追诉犯罪，被害人则从具体的个人利益出发，虽然检察机关派员出庭支持公诉，在代表国家利益的同时也维护了被害人的意志和利益，但其重点在于维护国家的利益，并不能完全代表和包容被害人的意志和利益，况且有时不可能对被害人的合法权益考虑得周全，因此，被害人通过参与发问、质证、辩论等诉讼活动，对公诉在客观上也具有支持作用。一般而言，检察机关在正常情况下能准确认定犯罪事实和正确确定被告人的刑事责任，然而，由于部分检察人员业务素质较低，或者受到某些部门、某些官员的干预，有时出现一些检察机关不能正确控诉犯罪而是轻纵犯罪的情况，在这种情况下，被害人依法通过一系列的诉讼活动，有效制约检察机关，从而正确控诉犯罪，维护自己的合法权益。这样，“锥形结构”正好能满足被害人参与诉讼的需求。在“三角结构”下，被害人独立的个体利益被掩埋在国家与社会整体利益之下，这种构造更为关注的是对国家公权力行使的制约及对被告人权利的维护，希望通过制约公权力以实现控辩双方的平等对抗。在“锥形结构”下，充分考虑诉讼各参与方的愿望，被害人独立的利益诉求得到重视；这种诉讼构造并不是要否认检察官与被害人在控诉职能方面的相互配合，更不是要返回到私诉垄断状态，而是为了突出检察官与被害人之间的相互制约以及各方诉讼主体之间的互动而构建的，检察官仍然居于控诉的主体地位，所不同的是这种诉讼结构更加注重被害人的参与及其与检察官的相互配合与制约。

四、刑事诉讼“锥形结构”的具体适用

（一）侦查控诉阶段

要改变警察在刑事程序中的百分之百的全面垄断地位，吸收被害人对于侦查程序的参与，扩展被害人的知情权。如英国刑事诉讼法规定警察负责指导被害人怎样注意人身和财产安全，案发后及时与警察取得联系，使被害人了解诉讼程序，懂得如何协助警察进行侦查，如何出席法庭作证，及时告知被害人刑事诉讼的进程，就被告人是否被采取有关的强制措施通知被害人，向被害人解释怎样进行刑事损害补偿方案等。侦查阶段引入“锥形结构”，就能比较充

分地保障被害人的知情权，更好地维护被害人的权益。

(二) 取保候审程序

当前我国取保候审的决定权由公安机关、检察机关和人民法院行使，三机关都有权作出取保候审的决定，但相应地这些机关决定取保候审的程序却无规则可循，也无任何听证程序，是否取保候审完全由刑事司法机关决定，被害人没有任何参与权利；从总体上看，当前我国取保候审的决定还仅是一种简单的行政审批程序，而没有任何“诉讼”的形式。取保候审程序引入“锥形结构”，首先需要援用法院的裁判机制，即对于任何长期剥夺或限制公民人身自由的强制措施，都应由法官作出，由司法机关对羁押的合法性和必要性进行审查，并对于犯罪嫌疑人、被告人取保候审的申请举行听证。在决定是否取保候审的裁决程序中，警察、检察官、被告人及其辩护人、被害人及其诉讼代理人均可参加，对应否允许对犯罪嫌疑人、被告人的取保候审发表意见，这时被害人既可以陈述犯罪对其造成的损害，也可就犯罪嫌疑人、被告人的人身危险性发表看法，法官在综合各方面意见的基础上作出是否准许取保候审的裁定。因此，取保候审程序中引入“锥形结构”的主要目的是为了对犯罪人的人身危险性进行衡量，保护被害人免受犯罪嫌疑人、被告人的威胁、恐吓和打击报复，防止犯罪人重新犯罪，对社会造成新的危害。由法官对是否准许取保候审作出决定，可以提高相关裁决的权威性。

(三) 审查起诉程序

当前我国检察机关行使部分案件的侦查权以及公诉案件的审查起诉和提起公诉的权力，法院不仅对于检察机关的侦查活动没有司法审查权，而且对于检察院是否提起公诉或者作出不起诉决定也没有多少制约力。对于检察机关决定提起公诉的，人民法院对于起诉书中有明确的指控犯罪事实并且附有证据目录、证人名单和主要证据复印件或者照片的，应当决定开庭审判，而不能够不予受理，法院除了对被告人宣判无罪之外对于检察机关没有多少威慑力；而对于检察机关决定不起诉的，被害人如果不服，可以自收到决定书后

7日以内向上一级人民检察院申诉，请求提起公诉，人民检察院应当将复查决定告知被害人，对人民检察院维持不起诉决定的，被害人可以向人民法院起诉，被害人也可以不经申诉，直接向人民法院起诉——人民法院只能通过被害人直接起诉的这种“公诉转自诉”的方式间接地对检察机关的不起诉决定有所制约。在审查起诉阶段引入“锥形结构”，首要的就是确立法院对于检察机关起诉与不起诉决定的司法审查权力，规定法院可以对重大案件就检察机关的起诉决定进行审查，在审查的过程中可以听取被害人及其代理人、犯罪嫌疑人及其辩护人的意见，听取检察官的起诉理由；对于检察机关决定不起诉的，由于“公诉转自诉”案件中被害人举证的困难和对一般公诉原理的违反，不宜再采取由被害人直接向法院起诉的做法，而应改由被害人向法院申诉，法院就检察机关不起诉决定的合理性举行听证，被害人、被不起诉人和检察官都参加，法院在听取各方的意见之后如果认为不起诉决定不合理，应当提起公诉的，可以直接裁定检察院提起公诉，这可以有效地弥补被害人举证能力的不足，也使被害人对不起诉决定的救济程序具有了“锥形结构”的形态。

（四）法庭审判程序

从整体上看，我国法庭审判中赋予了被害人与被告人基本相当的诉讼权利，带有了一定的“控辩式”色彩，初步具备了“锥形结构”的特征。但是，当前的庭审程序还存在以下缺陷：第一，由于我国庭审中没有把定罪程序与量刑程序相分离，整个法庭审判显得较为紊乱；第二，公诉人在庭审中仍具有优势地位，享有特权，其享有的公诉权与法律监督权相互冲突；第三，被害人对于公诉人来说仍具有很大的依赖性，庭审发表陈述的机会要受到法官与检察官的限制；第四，被告人整体上还处于被讯问和被追究的状态，其诉讼主体地位未能完全确立；第五，法官享有较大的职权，可以主动讯问被告人，询问被害人、证人和鉴定人等，并且还具有广泛的调查取证的权力，其追诉犯罪的倾向较为明显，很难保持中立的地位。因此，“锥形结构”在我国法庭审判程序中的适用，首先，要求将庭审程序明确地分为定罪和量刑两大步骤，不能将二者混为一谈，保持庭审的井然有序；其次，削弱法官和陪审员的调查取证的权力，削弱其追诉犯罪的倾向，真正保持超然中立的地位；再次，限制检察官的法律监督权，真正实现公诉人的当事人化，实现控辩双方的平等；最后，就是在不损害被告人正当权益的前提下，增大被害人对定罪程序与量刑程序的参与，发挥被害人对法院裁判的影响。

（五）影响法官量刑

在英美法系国家，被害人向法院提交被害人影响陈述，已被认为是被害人参加刑事程序的最重要的方式之一。如1987年新西兰制定了《犯罪被害人法》，认为提交被害人影响陈述是为了确保量刑法官知道犯罪影响的结果；南澳大利亚1988年通过了《刑事（量刑）法案》，允许向法院提交一份书面的被害人影响陈述，1988年加拿大刑事法典的修正法案以及1987年英国新南威尔士的《犯罪（量刑）修正法案》也作出了类似的规定。在美国，1982年联邦制定的《被害人及证人保护法》授权在联邦案件中对被害人进行损害赔偿和在量刑程序中使用被害人影响陈述，同时国会修改了联邦刑事诉讼规则，要求量刑前的报告包括“违法对被害人造成的任何损害和遭受的任何损失”，以及“有助于法院量刑的其他信息”；在各州，所有的州都规定了被害人接受通知的权利和在量刑前提交被害人影响陈述的权利，在44个州，一些种类的被害人拥有参加量刑听证的权利。被害人影响陈述使法官在量刑前更全面地了解被害人的状况，了解到犯罪对被害人及其家庭造成的肉体上、情感上和经济上的严重影响，从而在量刑时予以适当的考虑。尽管我国有被害人陈述，但与国外的“被害人影响陈述”相比较，区别比较大，我国被害人陈述的范围包括遭受犯罪侵害的情况和对于犯罪人的揭发、控告，而被害人影响陈述包括犯罪行为给被害人及其家庭所造成的损害，主要适用于法院量刑阶段。将“被害人影响陈述”制度引入我国，即具备了“锥形结构”的特征，在法院量刑程序中，被害人充分参与，提交被害人陈述和剖解，供法官在量刑时考虑。

（六）刑罚变更程序

在我国，刑事裁判执行中的变更程序主要有以下几种：一是被判处死刑缓期 2 年执行的罪犯，在 2 年期满后被改判为死刑立即执行或者减为无期徒刑、有期徒刑；二是对犯罪人的减刑；三是对犯罪人的有条件提前释放，即假释；四是对于具有特殊情况的罪犯予以监外执行。其中，前三种的是由法院裁判的方式，第四种则直接由监狱和司法行政机关作出决定。尽管在我国对于刑罚的变更程序有法院司法者的裁判，但在法院审理的程序上是存在严重问题的，无论是死缓后的改判，还是减刑假释程序，法院审理时一般都不公开进行，合议庭采取不开庭的间接审理形式，并不通知被害人及其代理人参加审判，被害人的申请回避权也无法落实，这种裁判程序在现实中基本演变为一种行政审批的形式，具有很大的非正义性。因此，“锥形结构”在我国刑罚变更程序中适用的当务之急，就是将监外执行的裁决权收归法院，同时更重要的就是落实法院在刑罚变更程序中的审理方式，采取公开、开庭审理的形式，通知当事人到庭，允许控辩双方发表意见。首先实现“两造俱备，法官中立听审”的诉讼格局；其次就是在法院的刑罚变更裁判程序中，吸收被害人的参与，允许被害人陈述和剖解，对于犯罪人是否具备刑罚变更的条件作出准确的判断。

在“锥形结构”中，检察官和侦查人员行使控诉职能；被害人拥有独立的利益，在各阶段发挥着积极作用；被告人及其辩护人行使辩护职能；法官行使裁判职能，其作用是“三造俱备、兼听则明”。这种诉讼构造与“三角结构”最主要的不同之处就在于在控、辩、裁三者的诉讼地位和法律关系，重视被害人的主体地位和特殊作用，突出了被害人与检察官以及被害人与被告人之间的互动关系。在宏观上，被害人作为当事人形成了控、辩、审真正的三足鼎立的局面；在微观上，强调了被害人与控诉机关的平等地位与相对独立，保持了被害人与被告人诉讼地位的相对平衡。“锥形结构”的建立，对刑事侦查程序、审查起诉、审判程序和执行程序会产生积极的影响，能够使被害人更多地参与到警察、检察官和法官等刑事司法官员作出决定的过程中去，使被害人因犯罪造成的侵害程度、被害人的其他特征、被害人的观点等能够对刑事程序中各阶段的决定产生影响，真正树立被害人作为刑事诉讼法律关系主体的地位，而且在刑罚体系中考虑被害人的民事利益，即将被害人的物质损害赔偿及精神损害赔偿均纳入刑罚体系，最终保障被害人利益，增进被害人与公安司法机关的配合与制约，使刑事诉讼结构更趋完善与合理。

第五章　被害人的实体性权利保护

一、保障被害人赔偿权

我国1996年《刑事诉讼法》规定被害人在刑事诉讼中处于当事人地位，这样有利于被害人积极控告犯罪、参与诉讼。但在通常情形下，被害人更关注的是他们因罪犯的犯罪行为所遭受的物质损失能否顺利通过司法程序得到弥补，而现实生活中，被害人所遭受的物质损失很难得到合理弥补。这种状况可能产生诸多方面影响。首先，被害人因罪犯的犯罪行为而使自己遭受健康或财产的重大损失时，内心深处就会产生挫折感和沮丧感，这些消极心理会因物质损失得不到合理弥补而进一步加强，他们很可能在很长一段时间内都无法摆脱遭犯罪侵害给他们心灵、肉体带来的痛苦；同时可能导致日后生活绝对贫困或相对贫困，将严重影响其日后正常的物质生活，从而对我国法制失去信心。当他们日后不时遭受生活贫困或肉体、精神痛苦折磨时，不管加害人是否遭受过惩罚，他们便仇恨加害人、仇恨社会，因而他们很可能因报复心理而成为社会不稳定分子，成为潜在的犯罪人。这些潜在的犯罪人在自认条件成熟时便会实施犯罪行为报复加害人或其他人，以泄心中恨意，追求自身心态的平衡。被害人因其求偿不能有效实现而产生的报复行为严重危害正常的社会秩序。其次，被害人因罪犯的犯罪行为而致使自身遭受的物质损失得不到有效弥补的凄惨境况，也时时告诫其周围的社会成员，不利于他们进行见义勇为行为，不利于他们与犯罪作斗争。因此，保障被害人赔偿权至关重要。

（一）完善我国现行刑事立法

我国1997年《刑法》规定将被告人对被害人物质损失的赔偿

态度作为判断被告人认罪、悔罪的态度考虑因素之一，作为法院对其从重、从轻、减轻或者免除处罚的酌定情节。如果被告人能够积极地赔偿被害人物质损失，司法机关可能对其从轻处罚，如果赔偿义务人在法院作出刑事判决前没有赔偿或没有全额赔偿被害人物质损失，有些法院通常依据被告人承认的赔偿能力或其已控制的被告人财产数额来确定赔偿义务人赔偿数额，将被害人未获赔偿但应由被告人赔偿的那部分物质损失作为对被告人从重或加重处刑的酌定情节。这种做法通常被称为“以刑代赔”。由于法院通常在作出刑事赔偿裁判（即刑事附带民事赔偿裁判）时对赔偿义务人真实赔偿能力缺乏必要调查或得不到准确的调查结果（通常偏小），从而导致刑事赔偿裁判确定的数额一般低于赔偿义务人应当承担的赔偿数额，因此这种“以刑代赔”做法很可能使被害人的物质损失根本得不到赔偿或仅得到一点象征性的赔偿。为避免审判人员在司法实践中对《刑法》第36条第1款“由于犯罪行为而使被害人遭受经济损失的，对犯罪分子除依法给予刑事处分外，并应根据情况判处赔偿经济损失”规定产生误解，建议我国立法机关对此条作出明确规定：“……并应根据被害人物质损失及其所负责任大小情况判处赔偿经济损失。”

（二）建立赔偿义务人足额赔偿制度

在司法实践中，犯罪人或其他赔偿义务人能积极足额赔偿被害人物质损失的情形较少。对大多数被害人来说，其所遭受的物质损失只能得到象征性弥补或根本得不到弥补。究其原因在于法院常依据赔偿义务人承认的赔偿能力或法院已控制的被告人财产额来确定被害人的获偿额。因此，有必要建立赔偿义务人足额赔偿制度，即法院通过裁判责令赔偿义务人对因加害人责任所造成的被害人财产损失进行全部赔偿的制度。因为按照传统的民法理论，损害赔偿可形成债。被害人是债权人，其合法债权依法应受我国法律保护。未经债权人同意，法院不得通过刑事司法程序擅自免除债务人的个人债务。我国1986年《民法通则》第108条规定：“债务应当清偿。暂时无力偿还的，经债权人同意，或者人民法院裁决，可由债务人分期偿还。”现实中法院“以刑代赔”的做法实质上是法院否认赔偿义务人将来可能再形成赔偿能力的客观事实，通过刑事附带民事诉讼程序在违背被害人意愿情形下强行剥夺被害人对自身所遭受物质损失的赔偿权。法院的这种行为既不合理也违背了“国家保护公民的合法收入、储蓄、房屋和其他合法财产所有权”的宪法精神。

为更好地保障被害人赔偿权能得以实现，法院可采取赔偿义务主体多元化来处理被害人求偿问题，即赔偿义务人应包括被告人（公民、法人和其他组织）、没有被追究刑事责任的其他共同被害人、未成年被告人的监护人（单位担任监护人的除外）、先已被执行死刑的罪犯遗产继承人或审结前已死亡的被告人的遗产继承人（在其继承的遗产份额内赔偿）和对被告人的犯罪行为依法应当承担民事赔偿责任的其他单位和个人。法院在司法实践中通过刑事附带民事诉讼程序具体处理被害人物质损失弥补问题时，对于被害人遭受的物质损失一时难以确定以及附带民事诉讼当事人因故不能到庭等案件，为了防止刑事审判过分迟延，法院可以先行处理刑事部分，再由同一审判组织继续处理被害人物质损失弥补问题。此外，法院经过追缴或者退赔仍不能弥补损失，被害人向法院民事审判庭另行提起民事诉讼的，法院应当受理。罪犯或应对其行为负责的第三方应视情况向被害人、他们的家属或受养人作出公平的赔偿。这种赔偿应包括归还财产、赔偿伤害或损失、偿还因受害情况产生的费用、提供服务和恢复权利。

（三）完善我国刑事赔偿裁判的执行制度

在司法实践中，法院通常采取以下形式执行刑事赔偿裁判：（1）冻结、提取、划拨赔偿义务人的现有存款；代位执行赔偿义务人的债权；以物抵债等。（2）如果罪犯在服刑期间进行劳动有劳务酬金则对其进行扣押、划拨；执行罚金、没收财产时优先赔偿被害人的物质损失等。上述执行措施的适用必须以法院知晓赔偿义务人现在或将来有一定的财产为前提。如赔偿义务人在司法机关对其财产采取限制措施之前秘密转移财产或赔偿义务人确实毫无财产、财产不足赔偿情形下，法院只能中止或终结刑事赔偿裁判的执行。在现实生活中，赔偿义务人虚假或真实赔偿不能情形经常发生，被害人的物质损失通常很难得到合理弥补。因此，有必要设立易服劳役执行措施来保证刑事赔偿裁判能得到顺利执行。所谓易服劳役，是指对不能在生效法律文书指定期限内履行赔偿义务但有提供劳务条件的赔偿义务人，法院应被害人申请责令其到国家提供的劳动单位进行强制劳动，扣除其必需生活开支后的剩余劳动所得由劳务单位直接扣留并转交法院用于偿还被害人物质损失的一种执行措施。易服劳役执行措施的适用具有现实可行性：（1）易服劳役执行措施是通过责令被执行人进行劳动并扣除其剩余劳动酬金方式来达到弥补被害人物质损失的目的。在执行程序中，双方当事人协商以债务人劳务或其他方式清偿债务，不违反法律规定，不损害社会利益和他人利益的法院应予准许。因此，易服劳役执行措施可视为劳务抵债执行措施的一种变通形式，法院在一定情形下应当可以适用易服劳役执行措施。（2）刑事赔偿裁判被执行时，被执行人无充分财产以赔偿被害人的物质损失并不意味着被执行人无履行能力，因为当他仍有劳动能力时，他可以在国家提供的劳动单位进行劳动，可以通过其劳务酬金来赔偿被害人的物质损失，况且在许多情况下赔偿义务人不能履行赔偿裁判所确定的赔偿义务现象是虚假的。因此，易服劳役执行措施的适用合乎情理。（3）我国处于经济发展时期，各方面建设仍需大量的劳动力，如沙漠改造工程、荒山荒地的开发仍需大量的简单劳动。国家有条件提供易服劳役人员的劳动场所，必要时可选择附近的劳改工厂、劳改农场作为其劳动场所。由于易服劳役执行措施的适用必将给赔偿义务人带来诸多不利，因此，为防止赔偿义务人逃避易服劳役执行措施，对其人身自由采取一定限制措施以保证易服劳役执行措施在司法实践中能得到有效实施具有十分重要的意义。在赔偿义务人不能按期执行刑事赔偿裁判又不能提供延期执行担保的情形下，不对其人身自由采取一定限制措施，极有可能直接导致赔偿义务人为躲避赔偿而逃匿。

（四）建立被害人国家补偿制度

在通常情形下，一部分被害人能通过要求法院对被执行人即赔偿义务人采取易服劳役等执行措施来保障自己的物质损失能得到最大限度的弥补。然而由于易服劳役等执行措施的适用对象仅限于有充分财产或有劳动能力的被执行人。当被执行人在刑事诉讼中或在刑事赔偿裁判的执行过程中永久性丧失劳动能力又无足够财产或死亡后又无遗产来充分赔偿被害人物质损失时，被害人的物质损失无法通过刑事司法赔偿程序得到合理弥补。而通过行政救济的被害人主要限于因保护国家利益或集体利益而致伤的被害人，由当地政府进行一定补偿，对因私遭受犯罪行为侵害从而导致生活贫困的被害人，尽管当地政府可向其发放适量的救济款，但因这种行政救济制度无法律明确规定，故其在社会实践中存在众多缺陷，被害人的物质损失通常很难得到合理弥补。因此，我们认为有必要建立被害人国家补偿制度。加大对被害人的求偿保障，能有力地促使被害人积极参与诉讼，积极协助司法机关对犯罪行为进行打击，同时也可最大限度地对被害人的物质损失进行弥补，维护社会稳定，实现“正义的社会秩序”。

二、保障被害人补偿权

［**邱兴华案**］2006年6月18日至7月2日被告人邱兴华因为怀疑其女儿不是其亲生，遂与其妻何冉凤两次到陕西省汉阴县铁瓦殿抽签求卦，并留宿殿内。在此期间，因邱兴华私自移动殿内两块石碑与殿内管理人员宋道成发生争执。且邱兴华怀疑殿内主持熊万成有调戏何冉凤的行为，遂对熊万成和铁瓦殿心怀怨恨，产生杀人灭殿之恶念。2006年7月14日，被告人邱兴华乘铁瓦殿内举行观音会，殿内的管理人员均留在殿内之机，于当晚赶到铁瓦殿。乘主持熊万成等五名殿内管理人员和吴大地等五名香客在火炉房烤火之机，从厨房柴堆处拿了一把砍柴用的弯刀，放在自己曾睡觉的男香客房床下。当日深夜，被告人邱兴华等10人熟睡后，持事先准备

的弯刀到各寝室，依次向管理人员熊万成、宋道成、王保堂、陈世秀、程仕斌和香客吴大地、熊辉寿、朝扬富、罗朝新、罗土生(12岁)的头部各砍数刀。随后，被告人邱兴华又找来斧头，再次向每人头部砍击，致十人全部死亡。而后，被告人邱兴华又将熊万成的器官眼球、心、肺、脚筋剜出，将心肺烹炒。次日天亮后，被告人邱兴华从熊万成的房内搜出一黑色帆布包，将里面的钱清点。在一笔记本的末页上写下署名为“邱金发”的借据，后将722.2元钱拿走。又将道观内一只白公鸡杀掉，用食指蘸鸡血在一硬纸板的两面分别写道：“古仙地，不淫乱，违者杀，公元06”、“圣不许，将奸夫淫婆以，〇六年六月二十晚”的字样，放在正殿门口。然后将牛毛毡和柴等易燃物抱进厨房旁边陈世秀的寝室，将杀人工具弯刀、斧头及小刀等物放在柴堆上，放火燃烧。被告人邱兴华于7月15日下午7时许逃离铁瓦殿。2006年7月30日晚11时许，在湖北省随州市曾都区万福店农场，武汉至安康铁路复线施工地一临时工棚内，被告人邱兴华持一把铁铲劈向照看工地材料的周建平，周建平见状躲避，背部被铁铲划伤。被告人邱兴华将棚内的一黑色旅行包抢走。因包内无钱，遂将包丢弃在路边棉花地里。2006年7月31日上午，被告人邱兴华逃至随州市万福店农场魏岗村二组村民魏义凯家，以帮魏义凯补盆和合伙做干鱼生意为名，骗得魏的信任。后在其家用餐时，发现魏家有钱。当日下午，被告人邱兴华再次来到魏家，吃完晚饭后趁魏义凯、徐开秀夫妇和女儿魏金梅休息之机，用斧头和弯刀向三人的头部连砍数下。将三人砍伤后，抢得现金1302元及雨伞、手提灯，后逃离现场。8月1日凌晨，被告人邱兴华乘K357次列车返回安康。2006年8月19日，被告人邱兴华潜逃回家时被公安机关抓获归案。魏义凯因医治无效，于2006年9月9日死亡，徐开秀、魏金梅的伤情经鉴定系重伤。法院认为，被告人邱兴华因移动陕西省汉阴县铁瓦殿内的石碑遭到殿内管理人员拒绝，心怀不满，后又无端怀疑殿内主持熊万成调戏其妻，竟持械将殿内的管理人员和无辜香客10人残忍杀死，并将熊万成的器官眼球、心、肺、脚筋剜出，将心肺烹炒，其行为已构成故意杀人罪。邱兴华杀人犯罪手段十分凶残，情节特别恶劣，罪行极其严重，依法应予从严惩处。被告人邱兴华杀人后在潜逃期间，以非法占有为目的，在采用暴力手段劫取他人财物未果后，又入户劫取他人钱财，并致一人死亡、二人重伤，其行为又构成抢劫罪，依法应予惩处，并与故意杀人罪数罪并罚。安康市人民检察院指控被告人邱兴华的犯罪事实清楚、正确，证据确实、充分，指控的罪名成立。关于被告人邱兴华提出的铁瓦殿管理不严是其犯罪诱因的辩解，经查，即便铁瓦殿的管理不严，也不能成为促使邱兴华实施杀死殿内五名管理人员和五名无辜香客的理由。故被告人邱兴华的此节辩解不能成立。关于被告人邱兴华辩解及其辩护人提出的邱兴华抢劫犯罪一节有自首情节，对抢劫犯罪的行为依法可以从轻处罚的意见，经查，被告人邱兴华在公安机关已经掌握了其抢劫犯罪的事实后，才向公安机关供述了其在湖北省随州市曾都区两次抢劫的犯罪事实，其行为不符合自首的成立条件，不构成自首。故被告人邱兴华的此节辩解不能成立，对辩护人的此节意见不予采纳。关于被告人邱兴华的辩护人提出的邱兴华对故意杀人罪有良好的认罪态度，具有酌定从轻处罚情节的意见，经查，被告人邱兴华虽承认其犯故意杀人的犯罪事实，但不悔罪。且邱兴华将10人残忍杀死，犯罪手段特别凶残、罪行极其严重。因此对邱兴华犯故意杀人罪依法不予从轻处罚。故辩护人的此节意见不予采纳。依照《刑法》第232条、第263条第（一）、（五）项、第69条、第64条、第57条一款之规定，判决如下：被告人邱兴华犯故意杀人罪，判处死刑，剥夺政治权利终身；犯抢劫罪，判处死刑，剥夺政治权利终身，并处没收财产人民币五千元。数罪并罚，决定执行死刑，剥夺政治权利终身，并处没收财产人民币五千元。①

2006年底，杀害11人的邱兴华得到法律严惩，让这起轰动全国的特大杀人案尘埃落定。在法庭上，邱兴华一句“我愿意赔，

---

①　参见陕西省安康市中级人民法院刑事判决书（2006）安中刑初字第43号。

但我没钱”，让神圣的法院判决书变为11个被害人家庭的“法律白条”，他们无法从邱兴华那里得到法院判决的刑事附带民事赔偿。被害人熊万成的妻子尹行巧在给媒体的信里说，“我家唯一的顶梁柱倒了……绝望得不知怎么办”，“希望能通过政府帮助，挽回我这个身弱无助女人对生活的信心”。这些现实中存在的问题，促使我们对保障被害人民事权利的单一化的司法模式提出质疑和反思：现行的刑事附带民事诉讼的合理性及其缺陷是什么？是不是有更好的制度、措施来实现对被害人权利的救济、保障被害人权利的恢复？建立被害人国家补偿制度，对受到犯罪侵害而又未能从犯罪人或其他渠道得到充分赔偿的被害人或其家属，通过法定程序给予一定补偿，是有关国家和地区解决此类问题的有效途径。

（一）建立国家补偿制度的理论分析

犯罪往往给被害人造成机体和精神上的严重损害、财产和物质上的惨重损失等一系列恶果，虽然通过运用的刑罚惩治罪犯，并附带民事赔偿，以安抚被害人所蒙受的痛苦，但是，没有足够的赔偿能力，被害人则不可能获得相应赔偿，甚至赔偿落空。在这种情况下，不仅无法还被害人公道，而且被害人的权益无力得到保障。刑事被害补偿制度系由国家补偿被害人损害的一种司法保护制度，这一制度不仅有利于维护社会安全，而且有利于提高民众对司法的信赖，该制度的确立是衡量一个国家是否充分保障人民权益的重要指标。世界各国通过立法确立被害人国家补偿制度，使被害人的权益得到有效的保障。刑事被害补偿的理论观点主要有：国家责任论、宿命论、社会福利论、社会契约论、政治利益论、社会防卫论、司法改革论、社会保险论、公共援助论、被期待论、平衡保护论、诉讼参与论、预防犯罪论等，[①] 各种观点并不矛盾，只是从不同视角展示了被害人国家补偿制度产生和发展的理由，如国家责任论强调主体、社会福利论强调内容等。

---

① 莫洪宪主编：《刑事被害救济理论与实务》，武汉大学出版社2004年版，第187～191页。

我们认为，应坚持国家责任和社会福利相结合的观点，一方面，被害人是犯罪行为的直接受害者，不仅在肉体上要遭受痛苦和折磨以及在财产上受到损失，而且给他们的精神损害和心理创伤也很难弥补。虽然刑法对犯罪人的惩罚能在某种程度上给被害人心灵带来一定的抚慰，但是通过犯罪人对被害人进行赔偿非常困难，不能解决被害人的实际损害问题。因此，国家对被害人一定的补偿就成为解决被害人生活困境的主要途径，体现国家对被害人生存的关怀，也体现国家对打击犯罪、保护人民所担负的责任。另一方面，被害人因遭遇犯罪侵害，不仅身心受创、财产受损、精神受挫，而且在刑事诉讼程序中又往往是检察官及被告论证下的牺牲品，是社会待保护的弱势群体，随着社会的进步和发展，人类文明程度的提高，社会福利事业更应发挥保护、援助弱者的作用。在现代社会，犯罪人即使被囚禁，也享受到人道的待遇；如果被害人虽有自由但连起码的生活保障也没有，两者相比就显得不公平了。当公民因遭受犯罪侵犯又无法获得有效赔偿而陷入困境时，国家理应通过社会福利机制予以救济。按照社会契约论的观点，国家与公民之间的关系是一种契约关系，国家有责任保护公民的人身财产权不受犯罪行为侵犯；如果国家没有尽到这种保护职责，国家理应承担相应的补偿责任。按照天赋人权的观点，在刑事诉讼中不仅要保障犯罪嫌疑人、被告人的人权，而且也要保障被害人的人权；当被害人遭受犯罪侵害，产生特别“损害”而又无法从“惩罚正义”中获得有效弥补时，由国家对其进行补偿，是现代国家保障人权的应有之义，也是社会文明进步的重要标志。此外，为了提高刑事侦查破案率应当鼓励被害人主动报案，揭露犯罪人，积极配合警察逮捕犯罪人，增进其对司法的认同感及向心力，形成强有力的社会防卫体系，增强社会防卫功能；如果漠视被害人的存在，疏于被害人权利的保护，在追诉犯罪人的刑事责任时势必失去被害人的配合。被害人为支付高额医疗费用，举债治伤；造成严重残疾、丧失劳动能力的，生活无着落；死亡的，使家庭生活失去生活支柱，境遇十分悲惨，国家在这种情况下理应在生活上予以扶助。我国宪法明确规定，公民有获得物质帮助的权利；当被害人遭受损失，得不到赔偿，生活陷入困境时，国家应给予帮助，建立补偿制度符合宪法要义。通过被害人补偿可在一定程度上抚平被害人心理，保障被害人的基本人权。当然，在我国建立被害人补偿制度必须与我国的经济、文化、社会发展水平相适应，正如马克思所说："权利永远不能超出社会的经济结构以及由经济结构所制约的社会的文化发展。"①

（二）建立国家补偿制度的必要性

1. 对被害人未获赔偿的物质损失进行补偿是国家应当承担的一种责任。人民是国家的主人，按照社会契约论的观点，作为国家便有义务保障每个公民在社会生活中能平等地享有人身、财产安全的权利。被害人的客观存在表明国家疏于履行保障每个公民人身财产安全的义务，违反义务的行为如无免责事由便应承担一定责任。如社会保险说、公共援助说、国家责任说等补偿理论对此进行了深入的分析。

2. 被害人享有对其未获赔偿的物质损失请求国家进行一定程度补偿的权利。被害人积极协助司法机关追究加害人的刑事责任，在为司法机关减少诉讼成本的同时，通过协助国家对加害人正确实施刑罚，帮助国家顺利达到预防犯罪的目的，也减少了其他社会成员受同一加害人再次犯罪侵害的可能性，替社会在犯罪预防和控制中承担了一种特殊劳务。

3. 联合国《被害人人权宣言》，呼吁世界各国积极保护被害人的各种合法权益。该《被害人人权宣言》第12条规定："当无法从犯罪人或其他来源得到充分补偿时，各国政府应设法向下列人员提供经济补偿：（1）因严重罪行而遭受重大身体伤害或身心健康损害的被害人；（2）由于这种受害导致被害人死亡或身心残疾的被害人家属特别是受其扶养的人。"第13条还规定，对于设立、加强和扩大被害人补偿的国家基金和其他基金，应予鼓励。迄今为止，上述规定在西方众多国家得到有效实施。英国《刑事伤害补

① 《马克思恩格斯选集》（第3卷），人民出版社1972年版，第12页。

偿法》(《2001年刑事伤害补偿方案》)、美国《联邦犯罪被害人法》、法国《刑事诉讼法》第14编规定“被害人国家补偿制度”、德国《暴力犯罪被害人补偿法》、日本《犯罪被害人等给付金支付办法》等众多国家通过制定出有关被害人国家补偿法律法规，先后建立起被害人国家补偿法律制度，这些被害人国家补偿法律制度，其有益经验亦可供我们借鉴。

(三) 建立国家补偿制度的可行性

1. 我国已经建立刑事附带民事诉讼制度。对于犯罪行为引起的损害赔偿问题，我国采用附带诉讼模式，即规定被害人可以在刑事程序中提起附带民事诉讼要求损害赔偿。此外，被害人有权单独提起民事诉讼，即有权提起附带民事诉讼的人在第一审判决宣告以前没有提起的，可以在刑事判决生效后另行提起民事诉讼。除由被害人提起赔偿之诉外，法院可以在被害人未提起诉讼的情况下，在刑事判决中直接判令被告人赔偿经济损失或者对违法所得予以退赔。2007年全国人大代表孙谦向第十届全国人大五次会议提交了“关于制定《中华人民共和国刑事被害人国家补偿法》的议案”。

2. 各地有实践经验。2004年山东省淄博市发布《关于建立刑事被害人经济困难救助制度的实施意见》，建立了被害人补偿救济制度；2006年湖北省高级人民法院设立了“司法救助基金”；2007年浙江省人民检察院制定《司法救助专项资金使用办法(试行)》等，许多地区也在探索各种形式的被害人补偿办法。

3. 补偿经费的来源能落实。(1) 国家财力已经显著增强，完全有条件建立此项制度。现在不是“羌笛何须怨杨柳，春风不度玉门关”的时代，而是“日出江花红胜火，春来江水绿如蓝”的局面。事实上，一些国家在建立国家补偿制度时，其国家财力并不比我国现时的国家财力强，况且建立一项意义重大的法律制度不能完全从经济角度考察，而要以具有前瞻性的战略眼光来全面审视。(2) 补偿经费可以通过多种方式和渠道来筹集，并不一定要完全依赖于国家的财政投入，在此方面，国外的一些具体操作方式可资借鉴。(3) 可以通过法律规定条件限定被害人的补偿额度。建立被害人国家补偿法律制度有利于维护良好社会秩序和保护被害人的合法权利，但可能导致国家财政开支过大，因此，有必要对补偿予以限定，即实行先赔后补和限定补偿原则。首先，被害人先行通过刑事司法程序要求赔偿义务人先行赔偿是被害人请求国家补偿的前提，只有当被害人无法通过刑事程序来得到合理弥补其所遭受的物质损失时，被害人才能就自己未获赔偿的那部分物质损失请求国家进行一定比例的补偿；其次，国家对无法通过刑事司法程序来获取赔偿的被害人进行补偿，按照被害人受害情况进行一定比例的补偿。

（四）国家补偿制度的建立

1. 确立基本原则。(1) 公正原则。既保护被害人的合法权利，使其损失缩小到最低限度，又保护国家和社会的整体秩序，弘扬法治，实现正义。(2) 有限补偿原则。设置相应条件限定被害人的补偿范围，在补偿对象上，限于被害人遭受犯罪行为的严重侵害、造成重伤或死亡的后果；在被害人主观上，应对犯罪行为的产生没有过错，且积极配合公安司法机关提供证据。(3) 赔偿为主、补偿为辅的原则。国家补偿只有在犯罪人对被害人的赔偿不能实现或者基本不能实现的情况下才能提起。

2. 限定补偿对象。根据联合国《被害人人权宣言》的规定，当无法从罪犯或其他来源得到充分的补偿时，下列被害人可获得补偿：(1) 遭受严重罪行造成的重大身体伤害或身心健康损害的被害人；(2) 由于这种受害情况致使被害人死亡或身心残障，其家属特别是受养人。当这些被害人生活难以维持、陷入极端困境之中，如果不进行援助，被害人就可能因重病缠身、贫困潦倒而自寻短见、同态复仇或者迁怒他人、反判社会而走上犯罪道路，及时补偿即可缓解他们所面临的绝境。补偿金分为伤害补偿金和死亡补偿金。

3. 界定补偿标准。根据国家责任和社会福利相结合的观点，参照《国家赔偿法》的规定，被害人部分丧失劳动能力的，伤害补偿金最高额不超过国家上年度职工年平均工资的 5 倍；被害人全部丧失劳动能力的，伤害补偿金最高额不超过国家上年度职工年平均工资的10倍；被害人死亡的，死亡补偿金最高额不超过国家上年度职工年平均工资的10倍。补偿金一次性支付，补偿方式采取金钱补偿。

4. 明确资金来源。世界各国关于被害人补偿资金来源主要有以下渠道：一是国家税收；二是罪犯的罚金、保释金及劳动所得；三是法院收取的诉讼费；四是社会捐助等。从我国现实国情和解决困难群众生活的实践来看，补偿资金来源完全可以实现多样化，采取“国家财政拨一点，民间捐赠集一点，罚没款项划一点，监狱盈利收一点”的办法，通过建立被害人补偿专项基金的方式来解决，即基金的渠道源自国家预算（中央财政投入、地方各级财政配套）、罚金、服刑者的劳动收入、诉讼费、社会捐助等。

5. 确定补偿机构。对于补偿决定机构，各国主要有三种模式：一是法院决定模式；二是检察机关模式；三是专门机构模式。从外国补偿审议的机关来看，或设于法院，如法国设于地方法院内的补偿委员会；或设于检察机关，如韩国设于地方检察厅内的犯罪被害救助审议会，我国台湾地区设于“地方法院”及其“分院检察署”的犯罪被害人补偿审议委员会和“高等法院”及“分院检察署”的犯罪被害人补偿复审委员会；或设于社会保险福利部门，如德国的劳工及社会福利部门；或由负责公共安全政策的机关兼办，如日本的公安委员会；或由专门的机关办理，如英国的刑事损害补偿局。在法院、检察院、公安机关、行政机关、专门委员会等诸多主体中，有些学者倾向于由法院行使补偿裁定权。被害人被侵害的犯罪案件在哪一个法院审理就由哪一个法院裁定，并且由审理该犯罪案件的审判组织裁定后，允许申请人提出上诉或检察院抗诉。理由包括：（1）法院是刑事案件的最终裁判机关，它使案件有了最终结果，已确定了被害人。案件在公、检机关时，因为没有最后结果，被害人的构成尚无定论。（2）审判人员熟悉案情便于确定补偿的数量。（3）审判机关有审级设置，可采取两审终审制，这样也有利于对裁定的监督。还有人认为，应由民政机关来行使国家补偿权。一方面，民政机关是我国管理此类补偿性质工作的行政机关，相对于其他机关来说它具有比较丰富的工作经验，在实践中也能较好地掌握补偿的范围和标准；另一方面，若补偿权由司法机关行使的话，由于司法程序较之行政程序更烦琐和复杂，被害人将要花费大量的时间和精力用于补偿的申请，这对于一个已经身心遭到严重伤害，有的是生活难以维系的被害人来说是一个相当长的周期。再者，在司法实践中，“执行难”的问题也使得被害人虽然得到法院的补偿裁定，但是却领不到分文。由民政机关直接对被害人的补偿作出裁定并当面兑付，有利于被害人尽早解决生活问题，也有利于被害人心灵创伤的尽快抚平。我们不赞同以上两种意见。第一种意见将补偿权的裁定权划归法院的前提是案件已审理终结，案件事实查清，罪犯被定罪，被害人的身份也被确定。现实中并不是所有案件都可达到这一步，很多可能因为无法破案而终结不了。并且，被害人的确定不一定要等到案情查清，罪犯落网才行，只要被害人能证明自己确实受到暴力犯罪活动的侵害而遭受损害，至于为何人所为，这是公安机关的职责。如果非要被害人等到诉讼结束后才能向法院提出申请，这显然不利于保护被害人的利益。因为刑事诉讼是一个烦琐复杂的长期过程，并且每个阶段的启动都有严格的条件限制。而第二种意见由民政机关来决定补偿金的拨付也不适宜。因为补偿的裁定需要补偿机关进行一定的调查取证，对案件事实、被害人损害的情况进行调查，这些需要有关调查取证的侦查手段和权力。民政机关显然不具备这些手段和权力，并且，民政机关决定社会救济金的拨付，如将国家补偿金的拨付归其所有，两种权力会发生混乱、冲突。在检察院内设立一个专门的补偿委员会相对来说比较可行，选择检察院作为补偿金的裁定机关的理由有：(1) 检察院有自行侦查犯罪案件的权力，因此，它必然拥有一定的调查取证手段，能对引起补偿金拨付的犯罪情况及被害人的损失进行调查。(2) 检察院作为公诉机关、法律监督机关，对刑事案件比较了解，能妥善处理被害人的申请与犯罪行为的关系。(3) 检察院的决定不具有最终裁决的性质，先予给付被害人补偿金并不意味着对案件的最终定性。具体机构：省辖市、自治州检察院内设被害人补偿委员会，负责办理本辖区内的被害人国家补偿案件；省、自治区、直辖市检察院内设被害人补偿复议委员会，负责办理本辖区内的被害人国家补偿复议案件。

6. 规范补偿程序。

（1）申请。在无法从加害人处获得足额赔偿的情况下，被害人（如果被害人死亡、丧失行为能力或者因受强制、威吓等原因无法申请，或者是限制行为能力人以及由于年老、患病、盲、聋、哑等原因不能亲自申请，由其法定代理人、近亲属代为申请。当然，这种情况下，代为申请人应当提供与被害人关系的证明和被害人不能亲自申请的原因证明）即可向补偿委员会提出国家补偿申请，要求补偿的申请应在犯罪行为发生之日起2年内提出，否则无效。当刑事责任已追究时，这个期间可以延长至生效判决作出后的1年内。但如果补偿委员会认为申请人主张的诉讼时效中止事由成立，则可参照我国《国家赔偿法》关于诉讼时效中止的相关规定处理。

（2）审查和调查。补偿委员会经形式审查认为申请成立予以受理后，应对下列事项进行调查，加以综合分析：①被害人的性别、年龄、职业状况、收入情况、有无抚养人及相应情况；②加害人的性别、年龄、职业状况、收入情况、有无抚养人及相应情况；③被害的程度、有无后遗症及其种类、治疗费的数额、被害人与加害人的关系、被害人有无过错及过错程度；④被害后的影响，即该犯罪引起的被害人的职业、收入、家庭生活及其他方面所发生的变化；⑤损害赔偿情况：是否受领过损害赔偿金、保险金、社会捐助及其金额；⑥加害人态度及相关情况。补偿委员会在调查过程中，可令申请人和其他有关人员到场，报告、提交文书、其他物件或接受医生诊断，还可以要求刑事侦查机关及其他政府机关或公私团体、金融、税务、保险方面的专业人员提供必要的帮助，报告相关的情况，后者应依法予以配合。

（3）裁定。补偿委员会应在以上程序结束后的合理期限内作出是否支付被害人补偿金的决定并且应当明确说明给付补偿金的依据。决定支付时，必须同时决定支付的具体金额。补偿委员会决定支付补偿金，那么申请人就取得受领补偿金的相应权利。

(4)“先行给付”。《日本被害人补偿法》规定：“如果地方公安委员会因对加害人或被害人的伤害程度等有关刑事被害事实不清，不能立即作出决定时，可按政令确定的数额先支付1/3的暂时补偿金（假给付金）。”即被害人的经济状况迫切需要这部分补偿资金，补偿委员会可以审查核实后决定先行支付。补偿委员会受理被害人申请后，当无法确知加害人或者被害人的伤害程度，因而不能迅速作出是否支付补偿金及其具体金额的决定时，如果被害人之生活状况已因其受害而极度恶化或被害人急需抢救而需治疗费用时，补偿委员会有权在审查核实后作出先行支付法定金额的决定，并可采取一次性或数次临时支付的方式先行支付。此后，如果补偿委员会作出正式补偿决定，则在先行支付的金额以内，国家不再有支付义务；最终决定的给付金额少于先行支付的金额时，领受人必须返还其差额；如果最终决定不予补偿，领受人则必须返还相当于先行支付的金额。

(5)救济。申请人不服补偿委员会决定的，可在5日内向补偿复议委员会申请复议，补偿复议委员会须在接到申请之日起10日内作出最终决定。

第六章　被害人的程序性权利保护

一、保障被害人知情权

作为一项基本人权，被害人知情权是指在刑事诉讼中，被害人享有知悉自己在诉讼过程中的权利义务内容、诉讼活动的进展及其结果和其他相关真实信息的权利；该权利具体体现为被害人在立案、侦查、起诉、审判和执行阶段中所依法享有的相关真实信息知悉权。

（一）国外有关被害人知情权保障的评介

1. 美国

美国保护被害人的法律众多，除了专门的《刑事被害人法》、《被害人权利保护法》以及各州的宪法修正案、被害人权利法案外，在一些特定的法律中如《性犯罪人登记法》、《矫正法》等为被害人知悉真情权设置了严密的法律保障制度。《1982 年被害人及证人保护法》规定，检察官在作出下列决定前，应当与重大犯罪的被害人及其家属（被害人为未成年人或被害人死亡）协商：撤销公诉、释放审判程序中的被告人、辩诉交易、审判前变更程序、不要求大陪审团起诉或者以其他方式起诉的决定等。在下列情况下，应及时告知重大犯罪的被害人以及一定范围的亲属：逮捕被告人、被告人初次在法官面前出场、审判程序中被告人的释放、对被告人的追诉程序等。检察官对联邦刑事案件的处理听取意见，应当与被害人及其亲属协商，答辩交易中检察官的量刑报告，要征求被害人的意见，要告知被害人在量刑时有向法官陈述意见的机会。对诉讼进展情况作详尽告知是美国被害人知情权的一大特色。

2. 英国

英国 1988 年《刑事程序法》规定法院应通知被害人出庭，1990 年《被害人宪章》明确了被害人获得信息的权利，1996 年修订的《被害人宪章》推行了被害人“一站式服务”计划，旨在改善刑事司法机构与被害人之间的联系与沟通，更好地维护被害人的知情权；1998 年斥资 1100 万英镑推行“与被害人直接沟通”计划，将与被害人沟通的职责由警察转移到了皇家检察院，由检察院通过信件方式向被害人提供详细的案情材料和解释有关决定的材料，必要时接受被害人的电话咨询。2002 年英国司法改革白皮书《所有人的公正》提出要建立一个以被害人和证人为中心的刑事司法制度，2003 年通过《刑事司法法》，确保被害人能够在网上查到他们案件处理过程的信息，以及制定明确、清楚的量刑体制，使被害人能够理解为什么对被告人处以那种刑罚。

3. 澳大利亚

澳大利亚刑事诉讼法规定了被害人有获知诉讼信息的权利，如是否保释被告人、是否监禁被告人、是否起诉被告人、是否接受被告人的认罪，检察官均要告知被害人，征求被害人的意见，被害人的意见要记录在案；案件进入诉讼程序后，检察官有义务告知被害人诉讼性质、程序、听证方式、听证内容、上诉及可能的审判结果。这些规定对被害人权利具有实质性意义。

4. 德国

德国宪法保障被害人有知悉相关真实信息的权利，《德国刑事诉讼法》第 406 条 d 至 h 规定了国家专门机关的告知义务，其中 d 规定，依申请，对被害人要通知涉及他的那部分法院程序结局情况，根据被害人所提供的地址不能够通知时，可以不予通知。被害人选任由律师作为辅助人，对他委派了这样的辅助人或者他由这样的辅佐人所代理的时候，可以送达给他的辅佐人。e 规定，只要说明正当理由，律师可以为被害人查阅送交法院的或者在提起公诉的情况中应当交法院的案卷，查看官方保管的证据。被害人作为附带诉讼原告人时，可以不必说明正当理由。

5. 法国

《法国刑事诉讼法》在序言中规定司法机关对被害人的告知义务贯穿于任何诉讼阶段，《法国刑事诉讼法典》规定，被害人有权知悉是否立案、正式侦查程序是否已经开始、重罪案件的侦查进展情况；可以上诉的裁判必须送达被害人；预审法官对被审查人的释放请求必须事先通知被害人并经过法定期限后才能作出裁定；在讯问前必须将通知书送达被害人的辩护人并且其辩护人可以阅览诉讼笔录等。

6. 日本

《日本刑事诉讼法》规定检察官要通知告诉人是否予以起诉，在告诉人提出要求时，还必须告知不起诉的理由。此外，公审原则上公开，被害人也可以查阅刑事诉讼记录。但是警察提供的信息，由于受检察官酌情、善意的限制，并不是所有的被害人都可以得知这样的信息。其次，由检察官负责的起诉、不起诉处置的范围也仅仅限于身为告诉人的被害人，不起诉的主要理由也一般限定为“起诉犹豫”、“无嫌疑”。日本《犯罪被害人保护法》施行后，被害人的知情权得到了进一步的保障。

7. 启示

（1）把被害人知情权当做一项基本人权看待。如德国将知情权作为基本权利在宪法中予以确认。

（2）有专门保护被害人权利的法律。如美国联邦《1984 年刑事被害人法》规定，被害人有获知有关对该犯罪的调查和检控的进展情况、法庭程序、被害人在法庭程序中的作用以及该诉讼的最终处理情况的权利；以及获知犯罪人的状况，包括释放日期、假释资格和缓刑期间等信息的权利。1986 年《联邦德国被害人保护法》规定，应被害人的要求，被害人必须被告知关于其权利和刑事司法程序的结果等。日本 1990 年法务省及地方检察院颁布的《被害人等通知制度》规定，通知被害人的内容包括案件处理结果、审判结果等。

（3）被害人知情权范围广泛。让被害人知道刑事诉讼的进程和诉讼中的重大事项是各国的通行做法。为此，不仅是被害人知道是否起诉及审判的结果，而且被害人还知道侦查和执行阶段的情况，特别是犯罪嫌疑人被采取强制措施或者是否被释放的情况。如美国联邦法律规定，在案件侦查中，联邦主管协助机关应该尽快告知被害人侦查的阶段；犯罪嫌疑人的捕获；是否起诉；预审程序出庭作证期日；释放或者羁押犯罪嫌疑人；辩诉交易的内容；判决日期及结果。法国被害人则有权知悉是否立案；检察机关与犯罪行为人之间的刑事和解是否有效；正式侦查程序是否已经开始；重罪案件的侦查进展情况；受审查人是否被释放；案件是否改变了管辖以及案件的裁判结果等。

(4) 被害人知情权保障的措施严密。《德国刑事诉讼法》规定，检察院拒绝查阅时，可以依法提请法院裁判；对法院审判长的裁判不得要求撤销。美国联邦及各州通过数量众多的被害人援助项目向被害人提供援助，使被害人可以根据自己案件的情况通过一般的或特定犯罪的被害人援助项目获得帮助，以利于最大限度地了解信息。

(二) 我国被害人知情权保障面临的困境

1. 缺乏明确的法律规定。我国知情权没有在宪法中予以确认，也没有在《刑事诉讼法》中明确规定，而是散见于刑事诉讼法及司法解释中，缺少相互配套与衔接，从而造成被害人知情权要么由于过于简单疏漏而流于形式，要么由于缺乏统一操作程序与标准而难以落实。如《刑事诉讼法》规定了被害人对于不立案的决定不服可以提起复议申请，但向谁复议、应当以什么形式、在多长时间内提出复议申请，对此法律没有明确规定，在实践中保障不力在所难免。

2. 知情权的内容不完整。

(1) 立案阶段。1996 年《刑事诉讼法》关于立案的规定，没有给被害人就其所报案、举报的事实是否纳入刑事诉讼的知情权；对控告的，也只有不立案的通知而没有立案的通知，这在实践中给司法机关拖延办案开了方便之门。被害人报案、控告后，公安、检察机关等不主动调查案情，当被害人追问时，就说在调查；调查的结果怎样、进展如何，被害人无从知晓，使被害人觉得通过司法手段解决纠纷遥遥无期，从而丧失对司法的信心和增强了对私力救济的选择，不利于国家的法制建设。

（2）侦查阶段。司法实践中，常有被害人不服不批准逮捕决定，通过申诉复查的程序来维护自己的合法权利的情形，但他们都是通过非法定程序知道有关不批捕情况的，因为现行《刑事诉讼法》没有规定将这方面的情况告知被害人。既然被害人对不批准逮捕决定有提出申诉的权利，那么被害人更应当有通过正当合法途径，知道对犯罪嫌疑人作出不批准逮捕的法律依据和事实理由。如果被害人身处异地或因其他原因无法获知检察机关对自己的加害人不批准逮捕，犯罪嫌疑人已被释放了，被害人还在那儿眼巴巴地盼着司法机关为其主持公道、惩罚犯罪，这显然不利于保护被害人利益。此外，对用做证据的鉴定结论未规定告知的方式，这样，部分公安司法人员把刑事信息公开看做是自主决定的权利而不是必须履行的义务，认为“只要把案件办好了，公不公开没有什么区别”。甚至有人抱怨“如果事事都要公开，我们还怎么办案?”

（3）起诉阶段。第一，不起诉决定书的送达范围有限。刑事诉讼法规定，不起诉决定书应当给被不起诉人及其所在单位、被害人、负责侦查的公安机关。不起诉决定书也应当送达被害人的法定代理人、诉讼代理人。第二，审查起诉阶段撤销或变更逮捕措施未告知被害人。刑事诉讼法规定，法院、检察院和公安机关如果发现对犯罪嫌疑人、被告人采取强制措施不当的，应当及时撤销或者变更。然而，刑事诉讼法及相关司法解释都没有规定撤销或者变更逮捕措施时，应告知被害人。被害人作为诉讼参与人之一，有权利知道案件的进展情况和办案中的重大事项；而变更甚至撤销逮捕措施，对被害人影响较大，属于办案中的重大事项，被害人应当有权得知。第三，被害人既无法了解起诉书内容，又无法向公诉人表达自己的意见。法院在对检察院提出公诉的案件进行审查后决定开庭审理的，起诉书的副本由法院送达，但法律没有要求送达人员就起诉书的内容向被害人进行解释；由于起诉书自身的简洁性，加之被害人自身法律知识的匮乏，大多不聘请律师为代理人，往往对起诉书不得要领，极易因主观猜测而误解起诉书的内容，继而产生对公诉方的不信任感。被害人若对起诉书的指控意见不满意、不清楚，或认为起诉书中认定的事实有误或指控的内容不当，但苦于无法定程序向检察院提出，距离开庭时间又短，导致被害人的不同意见无法向公诉人及时反映，使公诉人与被害人在对起诉书认识上的分歧得不到化解，最终导致双方在法庭上不协调和冲突，影响了公诉的实际效果。

（4）审判阶段。第一，起诉书在诉前不向被害人公开。刑事诉讼法未规定起诉书在诉前送达被害人，这直接影响到公诉人在法庭上宣读起诉书后，被告人和被害人对起诉书指控的犯罪进行陈述的对等性。虽然刑事诉讼法规定，检察院审查案件应当听取被害人及其委托人的意见，直接听取被害人和被害人委托人意见有困难的，可以向被害人及其委托人发出书面通知，由其提出书面意见，在规定期限内未提出书面意见的，应当记明笔录，但在实践中，公诉人这种听取是单向的，由于法无明文规定或案件情况保密需要，公诉人并不告知被害人及其委托人案件的其他情况，导致起诉书指控的内容不能反映被害人的真实意愿，以至于在庭审中被害人与公诉人因意见不一而产生矛盾。第二，被害人被排斥在判决过程之外。判决是法院的事情，一般与被害人无关，但被害人作为刑事诉讼主体之一，作为犯罪行为的被害人，有着寻求对被告人进行报复的心理，假若他们没有表达自己因犯罪行为所遭受到的困苦和对被告人以何种刑罚的合理途径，一旦对加害人的处刑不能满足自己复仇的欲望，他们很有可能在复仇这一原始的冲动下成为新的罪犯，如此循环，冤冤相报，将使人们失去安全感，于国于民于己不利。因此法律应该保障被害人知悉被告人处刑要求的途径。第三，判决书中没有告知被害人抗诉请求权。1996 年《刑事诉讼法》第 182 条规定：“被害人及其法定代理人不服地方各级人民法院第一审的判决的，自收到判决书后五日内，有权请求人民检察院提出抗诉。”司法实践中，法院往往忽视了告知被害人及其法定代理人的抗诉请求权。一方面，法院对此项工作往往片面地认为是当事人与检察机关之间的事，另一方面，法院对被害人的申请抗诉权重视不够。

(5) 执行阶段。1996 年《刑事诉讼法》第 221 条规定，被判处管制、拘役、有期徒刑或者无期徒刑的罪犯，在执行期间确有悔改表现或者立功表现，应当依法予以减刑、假释的时候，由执行机关提出建议书，报请法院审核裁定。据此，在减刑、假释程序中，被害人被完全隔绝开来。由于只有一个变量，即罪犯在监狱等场所的表现，在目前的司法环境下，只要不是判决死刑且立即执行，都能减刑、假释，这易使被害人对司法的公正性、严肃性产生怀疑。因此，《刑事诉讼法》对于被害人在执行阶段保护的规定严重不足。

3. 配套制度不完善。第一，刑事诉讼法缺乏对追诉机关告知义务的制约机制，公安司法机关违反告知义务并不会导致什么不利的法律后果，这就造成刑事诉讼法中仅有的几个保护被害人知情权的条文也处于一种虚置状态。第二，没有专门针对被害人的援助项目，这就使被害人在实现权利方面可能孤立无援，即使是法律规定的权利在实践中也很难得到充分行使。

(三) 我国被害人知情权保障的构建

1. 明确知情权的宪法地位

知情权为《公民权利与政治权利国际公约》等国际人权法所确认，是一项基本权利，基本权利由宪法加以规定，这已是宪法文化经过多年的沉淀形成的常识。各国普遍将知情权上升为宪法权利，如《德意志联邦共和国基本法》第 5 条规定：“人人有权以口头、书面和图画自由地表达和传播自己的意见，以及自由地从一般可允许的来源获得信息的权利。”《尼泊尔宪法》第 16 条、《泰国宪法》第 58 条以及俄罗斯、瑞典、葡萄牙等国的宪法均予明确规定。我国已加入《经济、社会、文化权利国际公约》和《公民权利与政治权利国际公约》等国际人权公约，宪法是联结国内法和国际法关系的纽带。将知情权作为一项重要的基本权利确认到宪法基本权利之中去，是解决被害人知情权问题的关键环节。就我国具体情况来看，可分两步来明确知情权的宪法权利地位：第一步，修改 1982 年《宪法》第 2 条第 3 款，将“人民依照法律规定，通过各种途径和形式，管理国家事务，管理经济和文化事业，管理社会事务”修改为“人民依照法律的规定，通过各种途径和形式，了解和知悉国家的重要决策、重要事务以及与公民切身利益密切相关的重大事件，参与国家、社会事务各方面的管理”。为制定保护公民知情权的具体法律提供宪法依据。第二步，待条件成熟之后，对现行宪法的内容体系作出必要的调整，特别是在公民的基本权利和义务方面，适当地对宪法所规定的基本权利和义务进行分类，将包括知悉真情权在内的一些公民权利写入宪法中公民的基本权利与义务一章。同时，明确各类权利义务的性质、详细规定各种基本权利义务的内容以及所受到的保障和必要的限制，以突出其宪法地位。另外，还应将国家机关有保障公民知情权的义务写入宪法对国家机关的职权规定中，以体现知情权的实现有赖于国家机关履行相应的职责。

2. 知情权保障的具体措施

（1）立案阶段。被害人可能限于法律知识的贫乏和心理上的压力，对有关信息的获取更多要依赖于公安司法机关的主动告知，这样刑事诉讼法应该规定公安司法机关的主动告知义务，主要包括：告知被害人在立案阶段享有知情权、对犯罪行为的控告权或者举报权、立案通知权、安全请求权、保守秘密请求权、申请复议权、申请回避权、对公安机关不立案向检察机关的提出权、请求赔偿权、国家补偿权等。其中立案通知权还应详细规定：被害人对公安机关不立案向检察机关反映后，检察机关应当要求公安机关提交不立案理由说明书，在收到不立案理由说明书后，检察机关应当在 3 日内将该理由及其决定通知被害人；立案机关在作出立案决定后，应该在 3 日内通知被害人；接受被害人控告或举报的机关如果将案件移送其他机关，应当将移送情况告知被害人，被害人如果因为移送机关的失误遭受损失的，有权要求该机关赔偿。

（2）侦查阶段。①被害人主动获知侦查信息。被害人有权向侦查机关了解犯罪嫌疑人涉嫌的罪名；对犯罪嫌疑人采取的强制措施；了解案件的进展程度；在侦查机关对被害人询问时律师可以在场，从而及时有效地维护被害人的合法权益。被害人还有权了解在侦查阶段将用做证据的鉴定结论及鉴定结论所依据的证据。②被害人被动获知侦查信息，即主要由公安司法机关履行告知义务。第一，申请回避权的告知，即应提前告知被害人申请回避的权利与有关办案人员的简要情况。第二，用做证据的鉴定意见的告知，即鉴定人在作出鉴定报告后，应立即移送委托机关，委托机关应在 3 日内将用做证据的鉴定意见抄送被害人或其法定代理人、近亲属或其委托的人，以征求他们对鉴定意见的意见。第三，公安机关撤销检察机关的批捕案件的告知，即检察院同意撤销案件的决定或撤销案件的决定作出后，公安机关应当将同意撤案决定书或者撤案决定书送达被害人；被害人如果不服，可以自收到上述决定书后 7 日内向上一级检察院申诉，请求作出指令侦查机关继续侦查的决定；检察院应当在 10 日内将复查决定告知被害人。第四，不批准逮捕决定的告知，即检察院应当将不批准逮捕犯罪嫌疑人的时间、理由用书面形式告知被害人及其申诉途径。第五，强制措施变更的告知，即检察院决定撤销或者变更逮捕措施的，应告知被害人；公安机关释放被逮捕的人或变更逮捕措施的，检察院在收到公安机关的通知后，应告知被害人；等等。

（3）起诉阶段。①被害人主动获知起诉信息。被害人有权了解案件进展；有权了解检察机关对案件法律适用方面的意见；有权查阅案件主要证据等。②被害人被动获知起诉信息。对于没有遭受物质损失的被害人，告知其享有的发表意见权、委托代理权等；对于遭受物质损失的被害人，除上述权利外，还应告知其合理的救济方式，如可以提起附带民事诉讼，对于经济困难无力委托诉讼代理人的，可以向当地法律援助机构申请法律援助。检察机关可以实行“审查逮捕阶段被害人权利告知书”制度，以当面或邮寄的形式，告知被害人及其法定代理人在审查逮捕阶段的权利，在检察环节最大限度地保障被害人的知情权。对于诉前起诉书向被害人公开的程序：公诉人员在制作起诉书前，应事先将起诉的内容有选择性和针对性地告知被害人，让他了解与自己有关的具体案情和拟处意见，听取被害人及其代理人的意见，解释被害人提出的相关问题和疑惑，并记录在案。对被害人提出的意见，以实事求是的态度，从法律上予以分析，对合理的意见在随后制作的起诉书中予以吸纳，加以体现，并及时纠正不足，避免起诉书在认定事实上与被害人意见的不一致；对不合理的，则向被害人作法律政策的宣传、解释，引导被害人依法办事，帮助被害人树立正确的诉讼观念，将认识上的分歧尽量化解在庭审前。

（4）审判阶段。①被害人主动获知审判信息。对于认定案件事实的主要证据、有关被告人的情况等信息，被害人向审判机关查询的，审判机关应当予以答复。②被害人被动获知审判信息。关于附带民事诉讼的告知，公安机关、检察院、法院受理刑事案件，应当告知被害人及其他权利人，有权提起附带民事诉讼。关于抗诉请求权的告知，法院在宣告一审刑事判决时，除要对被害人及其法定代理人的抗诉请求权予以口头告知外，还要在刑事判决书中予以明确告知。

（5）执行阶段。①被害人主动获知执行信息。被害人有权从执行机关知道执行阶段其所享有的权利的内容，如犯罪的执行情况、执行变更等事项。②被害人被动获知执行信息。关于执行情况的告知，执行机关应将罪犯的执行情况，如执行程序的开始时间、结束时间、执行机关、执行地点等情况告知被害人。关于执行变更事项的告知，为了加强对执行变更的监督与制约，在决定的作出环节应当允许被害人的参与，甚至可以借鉴行政程序中的听证程序由批准机关组织听证，经听取被害人和其他方面的意见，审查有关书面材料，允许个人提出抗辩，在此基础上作出减刑、假释、暂予监外执行的决定；这一听证程序应当有检察机关的代表参加并发表意见，这样，既完善了程序的公开化问题，也解决了检察机关法律监督的途径和效率问题。

3. 公安司法机关的告知义务

（1）侦查机关的告知内容。第一，权利告知。要完善刑事侦查机关的告知义务，应拓宽当事人的权利范围，增设一些需要被告知的权利，这些权利主要包括聘请律师提供法律帮助的权利、申请回避的权利、申诉控告的权利等。第二，鉴定结论的告知。鉴定结论的告知范围应包括鉴定人的基本情况、鉴定过程以及鉴定人对鉴定结论之论证等多方面内容。

（2）检察机关的告知内容。现行《刑事诉讼法》第139条规定，人民检察院审查案件时应当听取被害人及其委托的人的意见。检察机关对被害人的告知应包括：第一，案件的基本情况，包括被告人的基本情况，办案人员的身份情况，案件的性质、涉及的罪名，若不起诉告知不起诉的原因和救济途径等；第二，告知被害人其享有的各项诉讼权利如委托诉讼代理人的权利，申请回避复议的权利，可以提起附带民事诉讼的权利，对不起诉决定不服有申诉的权利，要求赔偿的权利等。

（3）审判机关的告知内容。法院的告知，一方面，体现在送达起诉书副本上，告知被害人开庭的时间、地点及不到庭的后果等事项。另一方面，表现在开庭后法院口头上的告知。在庭审过程中，法官根据我国相关刑事法规，应当主动告知被害人有申请回避、提出证据、申请新的证人到庭、调取新的证据、重新鉴定或者勘验、检查的权利；在决定适用简易程序审理案件的场合，法官应当在向被害人送达起诉书副本的同时，一并告知其该案适用简易程序的决定。法院在受理自诉案件时，除了依法告知自诉人及其法定代理人、有权委托诉讼代理人以外，还应当主动详细地告知自诉人应承担的诉讼责任与义务，比如自诉人对于自己的指控和主张应当承担举证责任和亲自出庭参加法庭审理的义务，并且还要一并告知如果自诉人违反该义务或责任就要面临驳回起诉或撤诉的法律后果。

（4）告知的方式。从保证被害人知情权的实现以及督促公权机关告知义务的履行的角度考虑，告知的实现方式应当以书面形式为主，如各公权机关可以事先制定告知书，根据诉讼阶段的不同在上面分别详细记载当事人及其他诉讼参与人享有的权利、行使权利的途径、获得救济的方式、所需承担的义务、法律后果和其他与案件有关的事项等，并由被害人签字确认。以法律文书的形式履行告知义务具有规范性和可操作性的特点，能够有效地避免操作上的随意性，但由于刑事案件的复杂多样，刑事当事人的个人素质，法律涵养也存在着个体差异，用统一的规范性的语言生硬地适用于所有被害人，告知的效果必然会大打折扣，尤其在我国被害人的法律素养普遍不高的情形下，如果仅仅只依靠书面形式来完成告知义务，被害人很有可能还是不能完全清楚地明白自己在诉讼中的地位及各项权利义务。告知方式的适用必须在效果上达到确保被害人准确明白了解自己的法律处境和权利义务内容，坚决杜绝公权机关仅在形式上完成告知，所以，告知规则的实现方式除了书面告知以外，应该适当地引入口头告知的方式，形成以书面告知为主，口头告知为辅的机制，两者相结合来进行。无论是书面告知还是口头告知，目的都是确保被害人能准确、清晰地了解自己的权利和义务，更好地保护自己的合法权益。

（5）建立刑事告知的责任机制。一是程序性制裁机制。程序性制裁的方式主要有：①非法证据排除。法院将那些不具有可采性或证明能力的证据排除于法庭之外，它所针对的不是一般的不具有可采性的证据，而是那种在取证手段和收集程序上违反法律的证据。②终止诉讼。在刑事诉讼进程中，当出现警察或者检察官滥用诉讼程序、侵犯被害人权利的行为时，法官可以决定终止诉讼程序，使某一业已启动的起诉不再继续进行。③撤销原判。撤销原判针对的是法院在审判程序中存在的违法行为，即在上诉审或者申诉审时，上级法院如果发现原审裁判有严重违反法定程序的情形，有权撤销原判，发回重审或另行审理。④刑事诉讼行为无效。诉讼行为无效又分为绝对无效和相对无效两种情况，所谓“绝对无效”又称为“不可补正的无效”，这种无效是指在任何情况下都不能补救而必然带来的无效后果，所针对的也都是最严重地损害公正审判原则的程序错误，除了效力不可补正以外，还包括不仅利害关系人可以提出宣告无效的申请，法院也可依职权宣告诉讼行为无效，并且没有诉讼阶段和时间的限制。而诉讼行为“相对无效”又可称“可补正的无效”，是指诉讼行为虽然不符合法定的构成要件，但在一定条件下可认为其瑕疵已经获得补救，因而能够产生预期法律效力的无效。与诉讼行为绝对无效相比，相对无效的行为可以补救，只要行为人及时弥补违法行为在构成要件上的瑕疵，诉讼行为之无效一旦获得补正，该诉讼行为就与合法行为一样，能够产生既定的法律效果。并且相对无效的诉讼行为必须经利害关系人在法定期间内提出申请，法院才能认定其无效，而不能主动宣告。诉讼行为无效制度不仅能够对以收集证据为目标的行为进行制裁，而且能够对其他与收集证据无关的行为进行制裁，从而更有效地惩治刑事诉讼活动中公安司法机关不遵守告知程序的行为。二是实体性制裁机制。当公安司法机关未履行告知义务造成被害人人身伤害或财产损失时，应当承担相应的法律责任，包括追究刑事责任、行政责任、民事责任等。目前存在追究责任主体不明确、自己做自己法官的现象，建议由同级人大法工委作为追诉主体为妥。

4. 知情权保障的配套措施

（1）建立专门针对被害人的援助项目。在美国，从联邦到各州，均有众多的专门援助被害人的项目，如美国司法部成立的犯罪被害人办公室，帮助被害人获得有关案件的各种信息，在保障被害人权利方面发挥着重要的作用。法国1986年成立的“国立被害人援助调解中心”，办理有关被害人的援助和保护事项，以及相关的研究工作。日本在东京成立了强奸救援中心，专门帮助强奸犯罪的被害人。一般来说，被害人保护机构提供的服务包括：提供信息、电话热线、陪同被害人出庭、面对面咨询、被害人自助小组、被害人代理服务等。在我国，一种较为有效的方法就是增加法律援助主体的数量，调动社会力量参与法律援助工作以弥补法律援助资源的不足。在参与法律援助工作的众多社会力量中，尤其要以大学法学院师生为中坚力量，将法律援助与教学科研结合起来，极大地丰富了法律援助的资源，缓解了社会对法律援助的供需矛盾，并且为法律院校的学生提供了实践的窗口，促进了法学教育的改革；也有利于形成全社会关注被害人、帮助被害人的氛围。

（2）设置侵犯被害人知情权行为的制裁机制。为了保障被害人知情权的规定得以遵守和实施，应建立责任追究制度，如规定侦控机关如违背告知义务，对责任人员依法给予降级、撤职、开除等行政处分；构成犯罪的，依法追究刑事责任。

二、保障被害人参与权

被害人的参与权，是指被害人有充分的机会富有意义地参与刑事诉讼过程，并对诉讼结果的形成发挥作用所享有的一系列诉讼权利。被害人应该以积极的姿态自主地参加到诉讼之中发挥其相应的作用，因为被害人作为诉讼当事人，案件的诉讼结果与其有直接的利害关系，其参与性是毋庸置疑的，只有让被害人充分参与诉讼活动，切身感受公正的实现过程，才能让其感受到自身利益得到了应有的保障，尊重了被害人的主体地位。我国刑事诉讼法赋予被害人当事人地位，被害人控诉职能的行使在一定程度上受到公诉权的制约，在某种意义上只是对公诉权的强化，对诉讼结构的影响是有限的，只有让被害人充分参与诉讼活动，才有利于被害人权利的保护。

（一）明确刑事自诉案件范围

[梁丽案] 2008 年 12 月 9 日 8 时许，东莞金龙珠宝首饰有限公司的员工王某在深圳机场办理行李托运手续时，被值机人员指示到另一个柜台办理。王某于是离开柜台，并将一个装有一只小纸箱的行李手推车留在柜台前 1 米的黄线处。当时没有人知道，小纸箱装有 14555 克黄金首饰，估价约 300 万元。现场监控视频显示，王某离开 33 秒后，被清洁公司委派到深圳机场打扫卫生的梁丽出现在这个纸箱旁。大约半分钟后，梁丽将纸箱搬进了机场一间厕所。王某 4 分钟后返回，发现纸箱不见了，随即向公安机关报警。当日

9时40分许，梁丽吃早餐时告诉同事，捡到一个比较重的纸箱。随后，两名同事经梁丽同意，将纸箱打开并取走两包黄金首饰。梁丽从同事那里得知纸箱内是黄金首饰后，将纸箱放到自己的清洁手推车底层后离开，并从纸箱内取出一件首饰交由同事到黄金首饰店鉴别，证实是黄金首饰。当日14时许，梁丽下班后将纸箱带回住处，从纸箱取出一部分黄金首饰放入其丈夫放在床边的衣服口袋内，纸箱就放置于床底下。16时许，同事找到梁丽，告知机场有旅客丢失黄金并已报警。当日18时许，民警到梁丽家中询问其是否从机场带回物品，梁丽否认。民警遂对其进行劝说，直到床下存放的纸箱被民警发现，梁丽才承认该纸箱就是从机场带回的。当民警继续追问是否还有首饰未交出，梁丽仍予否认。民警随后从梁丽丈夫的衣服口袋内查获另一部分黄金首饰。最终民警将大部分黄金首饰追回，但尚有136克黄金首饰去向不明。随即，深圳警方以涉嫌盗窃罪将梁丽逮捕。2009年9月25日，检察机关认为梁丽的行为构成侵占罪，由于侵占罪不是公诉案件，检察机关决定不对此案提起公诉，同时解除对梁丽的取保候审，并将此案退回公安机关，且建议公安机关将相关证据材料转交自诉人。2009年10月10日，两名公安干警将“撤案决定书”交到梁丽手上，案件终于画上了句号。当检方不起诉之后，东莞金龙珠宝首饰有限公司的意见成了梁丽命运的关键点，公司董事长刘先生说，“对我们来说，最重要的是东西找回来了，其他的我们都不想管；我们从来也没有想过追究谁的责任。”梁丽的律师称，这就意味着梁丽已经没有被追究侵占罪的风险，梁丽彻底自由了。①

刑事自诉案件范围即何种刑事案件适用自诉程序。它是指法律规定的法院直接受理被害人告诉的刑事案件的范围，是法院受理被害人自诉案件与检察机关公诉案件的界限。对被害人来说，它意味着对哪些犯罪行为行使自诉权，直接向法院提起刑事自诉以维护自己的权利。对法院而言，刑事自诉范围的规定意味着法院行使自诉

① 参见《法制日报》2009年10月17日第3版。

案件审判权的范围，即法院在多大的案件范围内可以直接受理或审判被害人提起的告诉。1996 年《刑事诉讼法》界定了三类案件为自诉案件：一是告诉才处理案件。具体包括侮辱、诽谤案、虐待案、暴力干涉婚姻自由案、侵占案。二是被害人有证据证明的轻微刑事案件，具体包括故意伤害案、重婚案、遗弃案、妨害通讯自由案、生产、销售伪劣商品案、侵犯知识产权案以及属于刑法分则第四章、第五章规定的，对被告人判处 3 年有期徒刑以下刑罚的其他轻微刑事案件。三是被害人有证据证明的对被告人侵犯自己人身权利、财产权利的行为依法应当追究刑事责任，而公安机关、人民检察院不予追究被告人刑事责任的案件。

1. 刑事自诉案件范围合理确立的必要性

（1）充分保护被害人合法权益。马克思指出：“应该认为，不承认私人对自己私人案件的起诉权的法律，是违背社会最起码的基本原则。”否则，“起诉权由独立的私人的理所当然的权利变成了国家通过它的司法官员所赋予的特权，在每次法律争论中，国家就站在私人和把它当做自己的私产的法院门之前，并随心所欲地把门打开或关上”，[①] 结果是公民的个人权益得不到保护。自诉案件特别是一些告诉才处理的案件，主要涉及被害人个人权益，或发生在家庭成员之间，或者牵涉被害人的名誉、隐私。而加害人往往是被害人的近亲属，出于亲情考虑，被害人可能不愿意将亲人告上法庭，更倾向于私下和解。对于侮辱、诽谤案，被害人权衡利弊后，不愿意使名誉再度受损或是张扬隐私，自愿放弃诉讼。在这些情况下倘若国家机关强行干预，提起公诉，将会有违被害人的意志，不利于保障其合法权利。

（2）维护社会整体利益。合理地确定自诉案件的范围，能够协调国家利益和被害人个人利益，对社会秩序的稳定和社会整体利益的维护发挥着积极作用。倘若国家只允许国家机关公诉，使得国

---

① 《马克思恩格斯全集》（第 12 卷），人民出版社 1961 年版，第 485 页。

家利益掩盖个人利益，则不利于社会秩序的保护，反之，如果完全尊重被害人个人意志，由其自主决定对犯罪的追究，使国家对待犯罪完全处于被动状态，更易造成社会秩序的混乱，而自诉案件范围正是为了协调二者利益关系而设，在维护国家利益的同时兼顾被害人的个人利益。

（3）弥补公诉权的不足。检察官作为国家的代表追诉犯罪时，由于其自身与案件并无直接利害关系，在缺乏利益驱动机制的情况下可能怠于行使公诉权，或由于其所处地位，多从社会公益与统治秩序的角度考虑追究犯罪人的刑事责任，对被害人的具体要求和所处状况则甚少顾及。在这些情况下，被害人的自身利益都会受到不同程度的损害，为了对公诉权的行使给予必要的监督、制约，在符合一定条件时允许被害人直接向审判机关进行告发就成为最好的选择之一。同时，公诉权从本质上讲是一种官僚权力，天性具有僵硬、机械、保守和形式主义的特点，允许行使方式较为灵活的自诉权作为其补充而存在更能符合千姿百态的客观实际的需要。从这个角度看，被害人对一定范围内自诉案件享有自诉权，可以对公诉权起到弥补其不足、监督其行使的作用。

（4）有效配置司法资源实现诉讼效益。自诉制度的设置简化了诉讼程序，不需经过公诉案件所必经的侦查、审查起诉、提起公诉等环节，只要被害人向法院提起诉讼，只要其起诉符合法定条件，法院就应受理，并随之进行审判。而多数自诉案件的审判都可采用简易程序，即使适用普通程序审判，也不需检察机关出庭，自诉人即可充当控诉一方。因此，合理地确定自诉案件范围，将那些危害小、情节简单、与被害人个人权益紧密相关不需要专门侦查的案件交由被害人决定是否控诉，符合诉讼经济的原则，有利于司法资源的充分利用和效益的最大化。

2. 刑事自诉案件范围的确立依据

（1）刑事自诉案件范围确立的理论依据

①马克思主义唯物辩证法是确立刑事自诉案件范围的哲学基础。根据马克思主义关于不同性质的矛盾要用不同的方法解决以及

抓住主要矛盾的基本原理，司法机关作为与犯罪作斗争的专门机关，应该抓住主要矛盾，将那些案情重大、事实复杂、社会危害性较大的犯罪案件列为公诉案件。而涉及侵犯公民个人权益犯罪的人民内部矛盾就可以将其列为自诉的范围，将其交给公民个人去处分，公民个人自主决定起诉或不起诉，在案件的审理过程中也能接受调查、自行和解、化解纠纷，更有利于该类矛盾的合理解决。如果国家公诉机关对属于人民内部矛盾的案件强行干预，不考虑被害人的主观愿望与客观现实情况，很有可能会使矛盾激化，不利于纠纷的顺利解决。

②中国历史文化传统和道德观是确立刑事自诉案件范围的观念基础。以儒家伦理道德为核心内容的“礼、仁”学说成为支配我国百姓的强大心理支柱，制约着人们的品行举止。儒家的传统道德学说培养了中国人的宽厚、忍耐的“以和为贵、以让为贤”的民族性格，这种民族性格强调息事宁人，调解止纷。一旦民间发生纠纷与冲突特别是家庭、家族内部的讼争，主张双方本着“亲亲尊尊”的原则互谅互让，协商解决，以维护社会的稳定与和谐，不到万不得已不会诉诸诉讼，官府对于家庭、家族的内部纠纷也不主动干预，在这种思想的影响下，中华民族形成了自己独特的诉讼意识与司法观念。现行自诉制度中有关“告诉才处理”案件的规定以及和解、调解等处理方式的规定，正是中国人这种根深蒂固的思想表现，因此，合理地确立自诉案件范围，允许公民对某些犯罪性质、情节轻微的刑事案件（主要是涉及个人权利和家庭内部纠纷的案件）权衡后决定是否提请追究刑事责任，既是对悠久历史传统的继续与发扬，又符合社会公众的心理习惯与道德规范。

③当事人权利保护理念是确定自诉案件范围的直接理论依据。合理地确立刑事自诉案件的范围，有利于维护被害人的合法权利和正当要求。被害人遭受犯罪行为的直接侵害，他与案件的处理结果有切身利害关系，有着不同于国家和社会的独立利益和要求，其诉讼权利具有独立性。尤其在实行利益主体多元化的市场经济条件下，这种诉讼利益和要求更为突出和强烈。国家将部分犯罪的追诉

权交给被害人行使，尤其是被害人和犯罪嫌疑人有着某种特殊关系的刑事案件，允许被害人对其遭受的加害人提起诉讼，是法律制度对自然人主体性的尊重和正当欲求的合理满足。刑事自诉案件一般是侵犯公民个人权益的案件，自诉案件范围的确立，使被害人充分享有对于侵害其个人合法权益而追诉机关怠于追诉的犯罪直接向法院提起诉讼，要求法院对案件进行处理的权利。避免因为立法上自诉案件范围的不明确，造成司法机关对于案件处理上的相互推诿，由此造成被害人的身心与合法权益遭受第二次侵害，从而确保被害人合法权益的实现。

(2) 刑事自诉案件范围确立的事实依据

①自诉案件所涉犯罪的性质、情节与后果必须轻微。只有这样，对于这部分的犯罪，国家不会因将起诉权赋予被害人行使而导致放纵犯罪，危及自身统治和阶级利益。

②自诉案件必须案件事实清楚、因果关系明确，有明确的原、被告。在自诉案件中，被害人在提起自诉和庭审过程中都需承担举证责任，否则将因为举证不足、举证不力而承担起诉不被受理或是败诉的风险。如果案件复杂，或是被告人不明确，需要运用专门的侦查手段才能查明犯罪事实或犯罪人，而被害人没有能力查清案情或者无力承担收集证据的责任，即对案件的追诉不是被害人个人能力所能承担，就不宜规定为自诉案件。即使规定了，在司法实践中也难以履行而最终沦为形式，反而不利于保护被害人的利益。

③自诉案件的对象主要是侵犯公民个人权益的犯罪。国家之所以将某些犯罪规定为自诉案件，将犯罪的追诉权交由被害人行使，就是基于该犯罪行为直接侵害的主要是个人方面的权益。一般情况下，出于原始的报复情感和对犯罪的痛恨，被害人往往会积极主动的行使自诉权，即使被害人疏于自诉，一般也不会对国家、社会利益造成损害。如果将侵犯国家、社会利益的犯罪规定为自诉案件，则与设立自诉制度的目的不符。同时，正因为是直接侵害公民个人权益方面的犯罪，法律授权被害人决定是否起诉，并在审判程序上与公诉案件有所区别，才有可能发挥自诉的长处，取得比公诉更好

的效果。

3. 我国刑事自诉案件范围的现行规定

1996年《刑事诉讼法》规定的自诉案件包括三类：（1）第一类自诉案件。第一类自诉案件即告诉才处理的案件，是指人民法院根据自诉人告诉、依法直接受理的案件。这类案件专指刑法分则有关条文明确规定为告诉才处理的犯罪案件，即侮辱、诽谤案（《刑法》第246条，但是严重危害社会秩序和国家利益的除外）、暴力干涉婚姻自由案（《刑法》第257条）、虐待案（《刑法》第260条第1款）、侵占案（《刑法》第270条）。（2）第二类自诉案件。第二类自诉案件即被害人有证据证明的轻微刑事案件。是指被害人掌握有证据，犯罪行为给被害人造成的损害不是很大，依法可能判出3年以下有期徒刑、拘役、管制或者单处罚金刑的犯罪案件。此类案件具体包括：故意伤害案（轻伤）（《刑法》第234条第1款）、重婚案（《刑法》第258条）、遗弃案（《刑法》第261条）、妨害通信自由案（《刑法》第252条）、非法侵入住宅案（《刑法》第245条）、生产、销售伪劣商品案（《刑法》分则第三章第一节规定的但严重危害社会秩序和国家利益的除外）、侵犯知识产权案件（《刑法》分则第三章第七节规定的但严重危害社会秩序和国家利益的除外）、属于《刑法》分则第四章、第五章规定的对被告人可以判处3年有期徒刑以下刑罚的其他轻微刑事案件。（3）第三类自诉案件。第三类自诉案件即被害人有证据证明的对被告人侵犯自己人身权利、财产权利的行为依法应当追究刑事责任，而公安机关、检察院不予追究被告人刑事责任的案件。包括《刑法》第四章侵犯公民人身权利、第五章侵犯公民财产权利的犯罪行为，以及《刑法》分则其他章节规定的某些犯罪，这些犯罪侵害的直接客体并非公民的人身权利和财产权利，但是这些犯罪同样会造成公民人身权利和财产权利的损害。

4. 我国刑事自诉案件范围存在的缺陷

（1）自诉案件的界定存在不合理之处。自诉案件的存在使是否追究特定犯罪人的刑事责任取决于被害人意志。在刑事法这一公法领域保留一定意思自治，主要是因为这类犯罪的社会影响不大，对被害人的侵犯较小并在很大程度上涉及个人名誉和家庭关系，可能会出现由于犯罪人与被害人的诸种关系，国家权力强行介入反而不利于案件处理，甚至产生负面影响。同时自诉案件范围还应该与被害人追究犯罪的能力、举证责任密切相关，从国外立法例看主要为家庭纠纷的轻微案件、轻微侮辱案件、轻伤案件和损坏财产的轻微案件等，结合以上来看，我国的自诉案件的规定存在不足。例如，告诉才处理案件中的侵占案。有些侵占无法确定被害人，有些能够确定被害人的侵占罪由于其为“一对一”案件，公民个人难以承担举证责任，需要侦查机关介入。因此，不宜不加区分具体情况，一概列入告诉才处理类；侵犯民主权利的案件不宜规定为自诉，如煽动民族仇恨、民族歧视罪、破坏选举罪等，因为这类案件社会影响大，关系民主进程，不能由公民自由决定；犯罪性质严重的恶性案件不宜列入自诉。根据最高人民法院司法解释，目前我国第二类自诉案件的确立主要以刑罚轻重为标准——有期徒刑3年以下犯罪。但这样把抢夺罪、诈骗罪、敲诈勒索罪等一些恶性案件包含进来，这明显是不合理的。

（2）自诉案件与公诉案件的范围界限模糊不清。从1996年《刑事诉讼法》规定来看，第一类自诉案件——告诉才处理的案件无疑是最为明确的，但法律规定了侮辱诽谤罪的例外情形即“严重危害社会秩序和国家利益的除外”。这是自诉案件的起诉权相对保留在国家手中，从而注重了被害人个人利益与国家、社会利益的平衡。此立法目的无可厚非，但立法和司法均未对“严重危害社会秩序和国家利益”作出明确规定，同种情形也在第二类自诉案件中存在。第二类自诉案件为“被害人有证据证明的轻微刑事案件”，在司法实践中对于轻微的理解是不尽相同的。这类自诉案件是允许公诉与自诉并行存在的，但这类案件是否一概属于自诉案件从而不能进入公诉案件，何时能转为公诉程序，当被害人消极不行使自诉权的时候，公诉机关能否积极地干预？这些都是法律没有明确规定，但是在司法实践中会遇到的问题，需要立法予以明确。对于法律的这种模糊规定是粗疏化立法风格的体现，它使国家机关掌握了区分公诉与自诉的自由裁量权，但却使非法律专业人士的被害人无法把握，存有国家机关凭借权力干涉本属个人事务的自诉案件的可能，导致对被害人利益保护不周；并且也易造成司法机关彼此职责不清、相互推诿、摩擦不断，对有限的司法资源造成不必要的损耗。

（3）自诉案件范围过于宽泛。世界范围内的刑事起诉制度呈现出公诉日益占据刑事起诉方式的主体地位，公诉案件范围扩大与自诉案件范围相应缩小的发展趋势。而我国《刑事诉讼法》的修改，新增加第三类自诉案件，使自诉案件范围无限扩大，明显违背了这一发展趋势，不利于与国际刑事司法接轨。同时，过于泛化的自诉案件范围易引发其他一系列不利影响。具体表现为：①为解决“告状难”而泛化自诉案件范围，反而产生了更多的“告状难”问题。公诉案件的被害人在人身、财产等遭到不法侵害（即使不知道侵害人是谁）之后，可直接口头向公安机关控告，由公安机关进行侦查，收集证据。但是，若适用自诉程序，被害人应当：向法院提交起诉书及副本；明确指认被告人，提供被告人的基本情况；向法庭举证。而一般情况下，由于受自身条件的限制，被告人获取证据难度较大，举证相当困难，导致追诉不能有效地进行，因而不可避免地产生大量上访、申诉、缠诉现象，不利于国家机关开展工作，导致在某一司法机关节省的资源消耗在其他机关之上，立法意图无法实现。②容易产生刑事案件民事化处理倾向。自诉案件的泛化，导致原本应该由侦控机关承担的举证责任转到被害人身上。而一些被害人由于举证能力的缺陷或怕麻烦或惧于犯罪人淫威往往最终以“私了”方式解决纠纷；有的法院为减轻工作压力对自诉案件判决较轻或不做处理，只让被告人赔钱了事，甚至强行调解结案，这些民事化的处理方式有损我国法制的尊严。③容易引发社会治安的恶化。自诉案件范围的扩大，使很多案件因为被害人控诉不利导致犯罪人得不到应有制裁而助长其犯罪气焰；部分被害人因自身控诉不力，认为自身的合法权益得不到法律的保护，最终为寻求公道而私自以暴力方式解决纠纷，从而导致重大刑事案件的发生。

5. 我国刑事自诉案件范围的调整

(1) 第一类自诉案件范围的重新界定

①对侮辱罪与诽谤罪规定的细化。第一类自诉案件也就是告诉才处理的案件，范围通常都随刑法的修订而有所变化，目前明确规定为侮辱、诽谤罪，暴力干涉婚姻自由罪，虐待罪，侵占罪四类。同时又规定侮辱、诽谤案严重危害社会秩序和国家利益的应由公安机关立案侦查，由检察院提起公诉，依公诉程序处理。可见该犯罪在某些情形下也可能是公诉案件。法律对于侮辱、诽谤罪使用公诉程序的标准——严重危害社会秩序和国家利益——规定得过于笼统，容易在司法实践中出现适用法律混乱的局面。司法实践中，被害人是否有侮辱、诽谤等危害自己合法权益的违法行为的发生能够较好地把握，但对于该行为是否严重危害社会秩序和国家利益，则很难下结论。要求通常情况下并不具备丰富法律知识的被害人首先来履行这种审查义务，是不切实际的。我们建议立法对此案加以详细解释："严重危害社会秩序和国家利益"是指犯罪性质严重，导致被害人死亡或精神失常等严重后果；社会影响恶劣，激起当地民愤；政治影响恶劣，严重损害国家形象等。通过以上规定，使得该类自诉案件的范围得以准确界定。

②侵占罪问题。1997 年《刑法》第 270 条规定了侵占罪，即以非法占有为目的，将代为保管的数额较大的他人财物或者遗忘物、埋藏物占为己有、拒不交还的行为，并将其规定为告诉才处理的犯罪。由刑法的规定我们可以看出，侵占罪实际上包括了三方面的内容，侵占保管物、侵占遗忘物与侵占埋藏物。将侵占罪笼统作为告诉才处理的自诉案件存在以下问题：第一，侵占罪有时无法确定自诉人。侵占罪的犯罪对象一般是公民个人拥有的合法财产，但是公共财产也可以成为侵占罪的犯罪对象，此时，自诉人则无法确定。例如侵占埋藏物的情况，埋藏物也可能是国家、集体的财产，如果罪犯侵占该埋藏物而拒不交出的，也构成侵占罪。但是侵占埋藏物案件在实践中难以提出自诉，因为埋藏物是埋藏于地下的所有

人不明的财物，这些财物依照1982年《民法通则》第79条规定归国家所有。在此情况下，直接被害人是国家，行使的自诉权的主体如何确定呢？由有关负有领受财物之权利的国家单位或国家机关起诉，于法无据；由检察机关起诉又与法相悖，因此该规定陷入了进退两难的尴尬境地。并且当侵占罪的犯罪对象是公共财产时，还有可能出现有起诉权的主体因为不知道其财产受侵占导致不能行使起诉权，或者起诉权主体不积极行使起诉权的情况，最终使案件无法进入诉讼程序，犯罪也不能受到处理。第二，侵占罪调查取证难。侵占罪一般来说情节比较简单，但是由于它通常有隐蔽性的特点，有时候不经公安机关的侦查难以收集到有力证据，而被害人又难以承担收集证据、提供证据的责任，行使自诉权的能力将受限，尤其是侵占遗忘物的犯罪，当遗忘物被侵占时，被害人很难举出证据向法庭证明自己的起诉请求。构成侵占罪的条件之一是行为人“拒不交出”所侵占的他人财物，既然“拒不交出”，就不能指望被告人承认侵占、供认事实，被害人也就难以证明被告人有侵占行为；没有实物，被害人同样也难以证明被侵占了多少财物。而自诉案件的证明责任在自诉人一方，如果被害人没有确实充分的证据证明，对侵占罪的追究显然力不从心，其合法权益也得不到有力的保护。针对以上情况，将侵占埋藏物的犯罪列为公诉案件，将侵占遗忘物的犯罪列为第二类自诉案件，由被害人选择使用自诉或者是公诉程序处理。而侵占保管物的犯罪可以继续作为告诉才处理的犯罪。

（2）对第二类自诉案件范围的进一步规定

第二类自诉案件是指被害人有证据证明的轻微的刑事案件，这类自诉案件并非纯粹的自诉案件，是公诉案件与自诉案件的交叉与结合，公诉与自诉并行存在。一般情况下，由被害人为自诉人时，案件为自诉的性质，特殊情况下由检察院提起公诉时，案件就转化为公诉的性质。但是立法对于此类案件进行公诉与自诉的具体程序适用与转化并没有作出明确的规定，在司法实践中容易引起疑问，造成混乱。

由于法律对于“轻微”并没有作出明确的解释，导致在司法实践中因如何理解和界定“轻微”刑事案件缺乏统一标准而容易产生争议，应该确定“双轻”标准。“轻微刑事案件”是指犯罪情节轻微还是指犯罪情节和犯罪性质二者均为轻微，可以判处3年以下有期徒刑的案件？对此，法律缺乏明确的解释。我们认为，应该通过司法解释确立犯罪性质和犯罪情节轻微双重标准而不能仅以能否对被告人判处3年有期徒刑以下刑罚作为轻微刑事案件的标准，据此，即使是犯罪性质轻微的轻伤害案件，如果行为人是在缓刑考验期、假释考验期内犯罪、结伙犯罪或具有累犯等法定从重情节，其社会危害较大的，一般情况下，不允许被害人自由处分其诉讼权利，即使被害人有证据证明，也应公诉而不宜自诉。

关于自诉向公诉转化的情形，1996年《刑事诉讼法》第171条规定，法院对于自诉案件进行审查后，缺乏罪证的自诉案件，如果自诉人提不出补充证据，应当说服自诉人撤回自诉或者裁定驳回。司法实践中被害人对于此类自诉案件如果证据不足则自诉权很难实现。我们认为，第二类自诉案件本质上应该属于公诉案件。立法之所以赋予被害人对此类案件的自诉权，是基于保障被害人利益及诉讼效率等因素的考虑，将被害人有能力追诉的一部分案件交由被害人自己去处理，剩下的（或许是大部分）轻微案件则仍作为公诉案件由公安、检察机关处理。如果被害人向法院起诉后，由于其自身能力的局限而无法承担收集充分证据的责任，导致因“证据不足”而达不到追究犯罪的目的，将无法实现保护被害人的立法意图，为了切实保障被害人诉权的实现，应当将这种案件转由公诉程序处理。因此，法院在审查该类自诉案件的起诉条件时，对于“证据不足”的不能立即裁定驳回起诉，可以由公安机关受理的，应当移送公安机关立案侦查，将自诉程序转化为公诉程序，使被害人权益得到保障，正确惩罚犯罪。

关于被害人撤诉后，国家机关能否再行追诉，我们认为，被害人撤诉后，国家机关不得再行追诉。被害人与被告人自行和解或撤回自诉，说明被害人认为不追诉比追诉更能维护自己的利益。追诉机关再行追诉，被告人与被害人达成的和解就没有任何意义，实际上是否定了被告人“趋利避害”的选择，有悖于被害人意志，与设立自诉制度的初衷相违背。作为被告人来说，之所以与被害人和解，是相信通过和解能摆脱讼累，通常情况下没有利益驱动的被告人不会与被害人和解的，在不损害国家利益和社会公共利益的前提下，这种和解应该得到承认。如果被害人撤回自诉后，被告人仍处于被追诉状态，被告人将不会主动或同意与被害人和解了。

(3) 取消第三类自诉案件，建立被害人申请司法审查制度

①第三类自诉案件存在重大缺陷应予取消。第三类自诉案件出现的原因是为解决司法实践大量存在的“告状难”现象。很多犯罪行为发生后侦查机关却漠然视之不予处理，或者检察机关用起诉裁量权不予起诉，导致被告人控告无门，合法权益得不到保护，只好通过上访、申诉等程序外手段解决，导致社会秩序严重破坏，法律的权威也受到质疑。客观地说，设置该类自诉案件的立法意图旨在强调对被害人权利的保护，并借此加强对侦查、公诉机关的监督和制约，具有积极意义。但是，“公诉转自诉”能不能有效地解决被害人“告状难”的问题值得我们深思。立法者增设此类案件的立法意图很难实现，同时会给诉讼理论和司法实践带来不可克服的弊端，具体分析如下：首先，破坏了国家机关依法行使职权原则。自犯罪被视为危害统治阶级利益的行为以来，追究和惩罚犯罪一直是国家的重要职能。我国法律规定检察院依法独立行使职权，不受任何行政机关、社会团体和个人的干涉。我国的《刑事诉讼法》还对公、检、法三机关的职责作了明确分工：“提起公诉由检察院负责”，凡是要提起公诉的案件，一律由检察院审查决定，这表明，在我国，除法院直接受理的案件即告诉才处理的案件以及被害人有证据证明的轻微刑事案件以外，所有案件的侦查、起诉均由公安机关、检察院进行。这是宪法和法律赋予他们的权力，也是宪法和法律赋予他们的义务。对这里的提起公诉，应理解为检察机关享有的专属公诉权，而公诉权不仅仅理解为起诉权，还应包括起诉裁量权等。如果被害人在检察机关作出不起诉决定后，就同一案件向

法院再提起诉讼，变公诉案件为自诉案件，无疑给检察机关的起诉裁量权以巨大的冲击，从某种意义上说这一规定使检察院的起诉裁量权形同虚设。同时，由于此类案件适用的自诉程序，由被害人承担了追究犯罪的职责，作为行使法律职权的公安、检察机关则被完全排除在诉讼之外，即使在法院受理该类自诉案件的情况下，有关机关也不参与诉讼，从某种意义上说，这不仅是对其法定权利的侵犯，也是对其职责的不当免除，因为这一规定有可能导致检察院将某些本应提起公诉的案件转移到被害人，为被害人进行私立救济大开方便之门，不利于加强检察院应承担的起诉责任。显然违背了国家机关依法行使职权原则。其次，使自诉案件失去了其固有属性，造成自诉制度的混乱。自诉案件就其自身特点而言应该是情节简单、因果关系明确的。这类案件一般不需要动用专门的侦查手段，由法院直接受理后，进行一般性的调查或不需要进行庭外调查即可查清案件事实。而公诉案件转化过来的自诉案件往往都是案件情节比较复杂、疑难和重大，非动用侦查机关的侦查手段不能查清案件事实的案件。将这类案件划为自诉案件范围将导致自诉案件本身不再具有自己的特点。从自诉案件处理机制来说，法院在对自诉案件的审理过程中，可以进行调解，被害人与被告人之间也可以在互相谅解的基础上，通过自行和解使纠纷获得解决；被害人的指控在缺乏罪证的情况下，法院应当说服其撤回自诉或裁定驳回自诉。这些都呈现出自诉案件自身在结案上的简便处理方式。而如果在诉讼中将公诉变为自诉，必然造成自诉案件处理机制的破坏。公诉案件由于其社会危害性较大，通过调解和自行和解结案与社会政治目的不符，也会导致刑事诉讼功能在控制犯罪上的紊乱。最后，第三类自诉案件的存在，既不利于惩罚犯罪，也不利于保护人权，与我国刑事诉讼的目的相悖。根据刑事诉讼法的规定，我们可以推断出该类自诉案件应该是非轻微刑事案件。这类案件在侦查和控诉方面均有相当难度，由不具有侦查权又不具备相当法律知识的被害人依其自身能力来承担追究犯罪的职责是很难胜任的。法律规定，对于此类自诉案件被害人在起诉时需承担严格的举证责任，但现行法并没有赋予被害人调查取证权，被害人证明能力的不足，并且即便对检察机关已掌握的材料，立法也没规定可由被害人获取，因此实践中，被害人的起诉能被法院受理的可能性很小。即便法院受理了，由于案件的复杂，在庭审中缺乏相当法律知识的被害人也难以控诉成功。虽然被害人可以委托律师代理，但并不是每个被害人都有此经济能力，而且缺乏相应权利的代理律师与享有广泛权力的检察人员的控诉力度和效果也无法相比。因此，从这一方面看，第三类自诉案件的存在，不可能达到惩罚犯罪的目的。第三类自诉案件的规定不能有效地实现惩罚犯罪，自然也就很难实现对人权的保障。对被害人而言，充其量只是获得了形式上的起诉权，其实体权益并没有得到切实的保障。由于被害人承担了国家机关应当承担而未承担的追究犯罪的职能，反而给被害人的工作、生活，特别是经济上带来沉重负担，造成被害人财力、物力的极大损失。对犯罪嫌疑人而言，对其权利保障并未受到足够的重视。第三类自诉案件规定使得公诉程序中已经终结的案件随时有可能又转入自诉程序。对于作出撤销案件或不起诉决定的案件中的犯罪嫌疑人来说，其地位仍旧不确定，有随时被提起刑事诉讼的可能，实际上要承担国家和被害人的两次追究的压力，其精神上、思想上都将承受着巨大的压力。此外，被害人极有可能滥诉，这更给被告人的人身、财产和名誉造成极大的损失。

②建立被害人申请司法审查制度。不能否认，“公诉转自诉”制度的设计旨在强调对被害人权利的保护并借此加强对侦查、检察机关的监督和制约，其积极意义值得肯定。但是由于其制度设计的不合理，立法意图无法实现。鉴于此，我们建议取消第三类自诉案件。但是取消第三类自诉案件并不意味着对侦查、检察机关过滤掉不予追究的案件不需要加以监督和制约，根据加强人权保障和对司法机关监督的要求，还应该强化我国侦查、起诉职能，并设立被害人司法审查申请制度。该制度的具体设计如下：第一，公安机关和检察机关对于其认为可以不予追究刑事责任并作出不立案、撤销案件或不起诉决定的案件，如果有被害人的，应当将该决定以及作出

该决定的理由及时通知被害人，而不是如《刑事诉讼法》第145条规定的仅仅将不起诉决定书送达被害人。第二，对于公安机关不立案、撤销案件和检察机关不起诉的案件，被害人认为所作决定错误，应追究有关人员刑事责任的，应当先行向作出决定的上一级机关申诉，上一级机关应该在一定的期间内进行复查并作出决定。只有对申诉决定不服，被害人才能在法定的期间内向法院提出书面的公诉审查申请，详细说明理由和根据。第三，为防止被害人滥用诉权，被害人在向法院提出申请的时候，必须预交一定数量的押金（押金数量可根据本地区经济发展情况和本人经济能力确定），对该程序所需费用及可能给所涉犯罪嫌疑人带来的损失提供担保。第四，法院接到被害人的公诉审查申请后，应该在一定的期间内要求作出不追究决定的机关与被害人到场举行听证程序，法院在听证程序中，主要审查不予追究决定的合法性，而无须针对全部案件事实和证据进行审查。由追诉机关对此负说明责任，但被害人有证据线索的，应当提供。如果被害人认为追诉机关有怠于行使职权的行为或存在滥用权力嫌疑的，应向法院提出，并提供一定证据。第五，法院审查完毕，根据下列情形，分别处理：被害人申请有理，作出继续追究刑事责任的决定，移交公安机关、检察院执行；被害人申请无理，作出驳回申请的决定。对于继续追究刑事责任的决定，公安机关、检察院应该执行，并且先前对该案处理的人员在继续追究时应该予以回避。我们认为，设立被害人申请司法审查制度，赋予被害人对其认为公安机关或检察机关作出不予追究刑事责任决定错误的案件经申诉后向法院提出公诉审查申请的权利，由法院举行听证程序，对部分确有错误的不追究刑事责任的案件，裁定公安机关或检察机关继续进行公诉，并引入对被害人滥用权利的防范机制，以期全面维护被害人、被告人和社会的利益具有重要的理论和实践意义，原因在于：首先，该制度在不妨碍国家机关依法行使职权的基础上，实现了国家权力之间的有效制约。在被害人司法审查申请制度中，法院作出的继续追究刑事责任的决定，仍由公安机关、检察院执行，其法定职权没有受到剥夺和限制，案件仍适用公诉程序追究。程序前后一致，不会再发生实践操作上的混乱。同时，该制度赋予被害人申请权，以启动法院司法审查程序，实现了国家权力之间的有效制约。“第三类自诉案件”意图以被害人的“私权利”来制约国家的“公权力”，其有效性是值得怀疑的。法院通过对公安机关、检察院作出的不予追究刑事责任的决定进行审查，突破了以往公安机关、检察机关系统内部监督的“自律机制”，使得监督力度大大加强，凸显了法治国家中法院的主体性地位，还促进了刑事诉讼审前程序的司法公正和司法民主，尤其在当前执法环境尚欠令人满意的情况下，它对于制约个别的公安司法人员徇私枉法、有意包庇和放纵犯罪无疑具有重要意义。其次，有利于正确地惩罚犯罪、有效地保障人权、维护社会稳定。在惩罚犯罪方面，由被害人申请法院对公安机关、检察院所作的不予追究刑事责任的决定进行审查，可以及时发现公安机关、检察院因主客观原因而作出的错误决定，并予以更正，使得犯罪分子难逃法网。同时，追究、控诉犯罪的职能仍由国家机关行使，无疑更具有效性。而在保障人权方面，对于犯罪嫌疑人而言在法院依法作出继续追究刑事责任的决定以前，司法审查申请程序对其没有任何实质性影响，其地位也不因被害人申请或法院审查而有所改变。为防止被害人滥诉，要求被害人对可能造成所涉犯罪嫌疑人的损失进行担保的规定，都大大增强了对犯罪嫌疑人权利的相应保障。对被害人而言，赋予其司法审查请求权为其保障自身合法权益提供了新的救济途径。在审查过程中设立听证程序不仅保证了法院最后决定的科学性，而且使被害人经过正当程序了解了情况，其主体性地位和程序性权利得到尊重，即使最终未能引起公诉程序，也能安其不满情绪，减少上访、申诉次数，并能最终化解被害人与被告人、司法机关以及社会矛盾，有利于社会秩序的稳定。

（二）创设被害人刑事管辖异议制度

刑事诉讼管辖权被害人异议是在刑事诉讼中被害人认为公安司法机关无权管辖受理的案件，而提出的管辖异议。被害人由于自身权益受到犯罪行为的侵害，在侦、控、审三机关代表国家对犯罪追诉的过程中，作为当事人的被害人有自身独特的利益需要，被害人这种独特的利益需求不能简单地将其化约为国家和社会公共利益的一部分，所以在刑事诉讼中对公安司法机关错误的或不适当的管辖，被害人有权提出异议，掌握一种有效控制力，使得管辖程序能体现被害人的意志和要求，防止公安司法机关不顾被害人的利益而强行决定管辖问题。刑事诉讼管辖权被害人异议作为其不服公安司法机关管辖时的一种表达途径，使其切实有效地参与到诉讼程序中，从而达到保护被害人诉讼权利的目的；公安司法机关应该认真对待被害人提出的管辖权异议的请求，并纳入规范的诉讼程序并作出公正的裁决。

1. 国外有关刑事诉讼管辖权被害人异议制度评析

《英国联邦刑事诉讼规则》、《美国联邦刑事诉讼规则》、《德国刑事诉讼法》等均没有关于刑事诉讼管辖权被害人异议的规定；《法国刑事诉讼法典》第 82 条规定："各诉讼方可以在侦查过程中向预审法官提出书面和附理由的请求，要求法官听取他的陈述……或改变管辖……"第 658 条规定："属于同一上诉法院管辖的两个轻罪法庭，两名预审法官或者两个违警法庭，如果同时受理同一罪案，应当作出指定管辖的决定。刑事审查庭应当根据检察官或者当事人的要求作出裁决，对此裁决可以表示不服并提出上诉。"第 659 条规定："所有的其他关于管辖权争议均由检察院或者当事人提交最高法院刑事审判庭处理。"第 662 条规定："（案件）移送的申请，可以由最高法院总检察长或者附设于受理案件的法院的检察院或者是当事人提出。"根据《法国刑事诉讼法》的规定，刑事诉讼管辖权当事人异议机制包括：（1）方式。各诉讼方可以在侦查过程中向预审法官提出书面和附理由改变管辖的请求，如果当事人在一审中未提出管辖权异议，在上诉审中仍可以提出此种异议；如果当事人在上诉审中未提出无管辖权的问题，甚至可以第一次在最高法院提出这种异议。（2）理由。主要限于审判法院对案件没有管辖权，如法国的轻罪法院受理了本应当由重罪法院管辖的案件，非军事法庭受理了本该由军事法庭审理的有关军人的犯罪等。

(3) 受理。所有的审判法院都可以应检察机关或一方当事人的请求或依职权对本院是否具有对该案的管辖权进行审查，如认为本院不具有对该案的管辖权，审判法院可作出无管辖权判决，从而停止对案件的管辖。(4) 效力。管辖权异议主体一旦提出管辖权异议，正在进行的诉讼程序暂时中止；刑事诉讼管辖权异议成立时已经进行的诉讼行为无效以及刑事法院所作裁决无效。(5) 救济。对于法院或上诉法院宣告无管辖权的决定，可以立即按照普通法的规定向上诉法院或最高法院提出上诉，对于驳回管辖权异议的“中间判决”，在中间判决与实体上的判决分开并且会终止诉讼的情况下，可以就此判决向上诉法院提出上诉。

由上所知，在英美法系和大陆法系有代表性国家的刑事诉讼法中都没有规定刑事诉讼管辖权被害人异议制度，在法国也仅以当事人的形式包含被害人，这说明被害人在这段时间的刑事司法领域中被边缘化，被害人成为被遗忘的人；程序公正更多地与被告人获得公正审判联系在一起、更多地考虑的是被告人的合法权利，正如有学者所言，近年来，为刑事被告做了那么多工作，在每一个可想到的有援助和支持作用的方面，都给予了被告人。赋予被告人提出刑事诉讼管辖权异议是大多数国家一致的做法，被害人作为当事人之一能否提出刑事诉讼管辖权异议呢？我们认为，被害人与案件有着切身的利害关系，往往又是弱势的一方，理应享有提出刑事诉讼管辖权异议的权利。

2. 构建刑事诉讼管辖权被害人异议制度的价值

(1) 司法公正。一个有瑕疵的或错误的管辖，不仅打破了公安司法机关的合理分工，而且还会动摇公众对司法权威的信任；提出管辖权异议，使不当的管辖得以及时纠正，保证诉讼程序的规范性，最终实现诉讼程序的公正。因此，如果不给予被害人管辖权异议的机会，对他们是一种不公正的待遇，势必影响到法律的有效实施，反之，如果赋予被害人管辖权异议的机会，则能更好地维护被害人的利益，使法律维护公正的价值得到充分的发挥。

(2) 保障人权。刑事诉讼管辖权被害人能异议，可保障其合法权益，特别在公诉案件中，被害人只是处于一种协助控诉的地位，如果存在瑕疵管辖或错误管辖，使犯罪嫌疑人、被告人获得不正当的权益，势必侵犯到被害人的利益，使其再次受到伤害。所以，刑事诉讼管辖权被害人异议能保障其诉讼权利，并使对被害人和被告人的保护向着平衡方向发展。

(3) 司法效率。在司法资源有限的情况下，刑事诉讼管辖权被害人能异议，可以防止因管辖错误或管辖不当带来的司法成本的不当增加，从而使有限的司法资源得到有效的利用；另外有助于被害人息诉服判，接受法院的裁判。如果被害人对司法机关的管辖有异议而无救济途径，那么很有可能导致被害人无休止地上诉和申诉，反复地申请再审，这就变相地浪费了司法资源，提高了司法成本。因此，及时地纠正错误的或不当的管辖，避免不必要的司法资源的浪费，能有效地提高司法效率。

3. 刑事诉讼管辖权被害人异议的机制

(1) 提起刑事诉讼管辖权被害人异议的客体

①刑事立案管辖权被害人异议的客体。

第一，公安机关与法院之间的立案管辖冲突。该种立案管辖冲突主要表现为公诉案件与自诉案件立案管辖的冲突，因为在我国，公安机关承担了绝大多数刑事案件的侦查任务，因此，在发生一些自诉案件的时候，被害人如果不懂得向法院提起自诉，通常会选择向公安机关报案，从而导致实践中在立案阶段公安机关和法院之间的管辖冲突。这里主要有两种情形：其一，本应由法院直接受理的自诉案件而由公安机关侦查终结并移送起诉，如根据《刑事诉讼法》的规定，《刑法》第270条规定的侵占罪属于自诉案件范围，直接由法院受理，不存在转化为公诉案件的可能；但在司法中，有的公安机关出于某种利益对侵占罪立案侦查，出现了公安机关和法院立案管辖的冲突。其二，本应由公安机关侦查的案件由被害人（自诉人）向法院提出自诉，如某人犯故意伤害罪，根据《刑事诉讼法》的规定，轻伤害案件属于自诉案件，由法院直接受理；重伤害案件严重侵犯了公民的人身权利，社会危害性较大，这类案件由公安机关立案管辖。因此，对于故意伤害案件，只要认定了伤害的性质，就能解决案件归哪个机关立案管辖的问题。然而，在实践中，该类案件的管辖问题却难以解决，经常出现公安机关受理以后发现应该属于轻伤害而移送给法院，而法院受理以后又认为应当属于重伤害而移送给公安机关，或者公安机关和法院在立案过程中虽然发现因为伤害程度变化而不属于自己管辖，但是为了减少程序上的麻烦而不愿移送案件。这些都会导致法院和公安机关之间管辖的冲突。

第二，检察院与法院之间的立案管辖冲突。在实践中检察院与法院之间的立案管辖冲突并不多见，二者之间产生冲突的情形主要表现在群众举报或者控告中，如国家工作人员非法拘禁案，被害人认为自己的人身自由受到了侵害，但由于对法律的不了解，而向法院提起自诉，此时可能导致法院管辖本属于检察院管辖的案件。

②刑事审判管辖权被害人异议的客体。

a. 级别管辖。刑事诉讼法是根据案件的性质、复杂程度、量刑轻重以及影响大小来划分级别管辖的，大多数普通刑事案件规定由基层法院管辖，而将犯罪性质较为严重、量刑较重和影响较大的刑事案件规定由中级法院、高级法院或者最高法院管辖，目的在于保证案件的审判质量。级别管辖的合法与否与案件被害人的审级利益密切相关，因此被害人有权根据案件情况，获得一定级别的法院审理案件。如果根据法律规定应该由较高等级的法院管辖的案件违法地被较低等级的法院审理了，则很有可能该案件的审判质量由于审判力量相对较弱、案件复杂等客观原因而大大地降低，进而直接影响到被害人的合法权益，也妨碍了司法正义的实现。因此，被害人应当有权对级别管辖提出异议。

b. 地域管辖。不同地方的法院管辖同一刑事案件，不仅会因为审判水平的差异等原因对同一被告作出不同的定罪判决，而且即使在定罪相同的情况下也可能因为地区差异而作出不同的量刑处罚；而且在刑事诉讼中，同一个案件可能因为犯罪地而产生两个或者两个以上的管辖法院，形成管辖竞合，而我国刑事诉讼法对管辖竞合的规定体现出较强的行政职权色彩。因此，无论是从有效保护被害人的合法权益、提高诉讼效率还是从提高诉讼民主性的角度出发，法律都应该允许被害人对地域管辖提出异议。

c. 裁定管辖。裁定管辖在刑事诉讼中包括指定管辖和移转管辖，前者用以解决案件无法院管辖或者管辖不明的情况，后者则是原本有管辖权的法院在特殊情况下“不能”或“不宜”行使审判，而将案件转移至原本无管辖权的法院审判。移转管辖针对的是极个别案件的特殊情况，为确保司法公正，案件由本有管辖权的法院转移到无管辖权的法院管辖。但法院的指定管辖和移转管辖，是一种带有行政职权色彩的决定行为，不举行听证，不考虑被害人的意见，完全是法院的单方面职权行为，被害人没有发言权。这种情况下，法院难免因利益等原因的驱使作出错误的或不适当的裁定管辖，侵害被害人的合法权益。因此，必须赋予被害人针对这种错误或不适当的裁定管辖提出异议的权利，以制约法院的任意指定或移转，防止法院恣意专断。

(2) 提起刑事诉讼管辖权被害人异议的理由

①管辖错误。刑事诉讼管辖错误主要表现为立案管辖错误和审判管辖错误。前者是指公安机关、检察院和法院违反刑事诉讼法中关于职能分工的规定，没有各司其职、各负其责，超越自己的职权范围对刑事案件实施管辖的情形；后者是指法院违反刑事诉讼法中关于级别管辖、地域管辖以及裁定管辖的规定，受案法院对该案没有审判管辖权而管辖该案件的情形。由于各种原因，公安机关、检察院和法院之间争夺立案管辖权或者互相推诿立案管辖权的现象确实存在，公、检、法之间的立案管辖冲突可能影响到刑事案件的定性及犯罪嫌疑人、被告人将要受到的刑罚，同时也直接影响到被害人的利益。此外，在自诉案件中，被害人（自诉人）能否提出管辖权异议呢？实践中，向哪个法院起诉是由被害人来作出判断的，照理来说被害人不会在后面的诉讼中提出管辖权的异议。但是，囿于有限的法律知识，被害人最初的判断有可能是不合法的，尤其在一些“公诉转自诉”案件中，被害人无法对有管辖权的法院作出

正确判断，尽管法院在受理自诉案件时会审查自己对案件是否有管辖权，但由于种种原因出现法院管辖错误的情况仍然在所难免。在一些共同自诉案件中，部分被害人可能并不同意其他被害人向某法院提起诉讼。因此，在法院管辖确有错误的情况下，被害人（自诉人）有权提起管辖权异议。

②管辖不适当。引起管辖不适当的主要原因有：其一，受理案件的公安司法机关工作人员有应当回避情形的，被害人可依法申请回避；但在公安司法机关的负责人需要回避时，被害人申请回避的功效似乎就很有限了，因此在申请回避权无法起到保护被害人合法利益时，被害人可以进行刑事诉讼管辖权异议，保证诉讼程序的公正，弥补申请回避权的缺陷。其二，媒体和舆论偏见的影响，许多国家都对媒体、舆论对司法活动的干预进行了合理的限制，因为媒体和舆论偏见经常会使办案人员产生错误的倾向和心理上的压力，进而影响办案人员作出正确的判断；有些报道对被害人产生新的伤害，如强奸案件，从而导致诉讼活动对被害人不合理。所以，面对深受媒体、舆论影响的情形，被害人进行刑事诉讼管辖权异议是维护被害人合法权益的一个重要途径。

(3) 提起刑事诉讼管辖权被害人异议的期间

①提出立案管辖权异议的期间。这类期间应当在侦查终结前或一审开庭审理前的任何阶段提出，即如果被害人对公诉案件的立案管辖不服，应当在侦查机关侦查终结之前提出立案管辖异议；如果被害人对自诉案件的立案管辖不服，则应该在法院一审开庭审理之前提出立案管辖异议。

②提出审判管辖权异议的期间。在公诉案件中，被害人应当在一审法院法庭调查开始之前提出。在自诉案件中提出管辖权异议的期间包括两种：一是共同自诉案件中有的被害人（自诉人）不同意其他被害人向某法院起诉的，提出管辖权异议的期间应当在一审法院法庭调查开始之前；二是被害人（自诉人）认为指定管辖、移转管辖存在错误或不适当的，提出管辖权异议的期间应当在指定管辖、移转管辖的裁定送达之后，承受审理的法院法庭调查开始

之前。

（4）提起刑事诉讼管辖权被害人异议的举证

在刑事诉讼中，被害人如果申请刑事诉讼管辖权异议的，应当由被害人承担举证责任。首先，既然被害人主张管辖错误或者不适当，就应该对自己的主张承担举证责任，即坚持“谁主张，谁举证”的原则，提供证据证明其主张存在的可能性大于不存在的可能性，而且举出的证据要达到优势证据的程度，使裁决机关对管辖的正当性产生合理的怀疑，否则该异议将会被驳回。其次，管辖权问题属于程序性问题，往往不是很复杂，而且管辖方面的证据也易获得，所以被害人一般有能力承担起举证责任。最后，被害人承担申请管辖权异议的举证责任可以防止被害人滥用提起管辖权异议的权利，可以对被害人异议进行一定程度的限制，促使被害人只有出于合法或合理目的时才会提出管辖权异议。

（5）提起刑事诉讼管辖权被害人异议的裁决

①受理机关。a. 刑事立案管辖权异议的受理机关。被害人对公诉案件的立案管辖不服时，应当向受理该公诉案件的公安机关或者检察院的上一级机关提出异议；被害人不服法院对自诉案件的立案管辖，可以在一定期限内向受理该案件的上一级法院提出管辖权异议。上一级机关收到被害人的立案管辖权异议申请之后，应当进行审查。b. 刑事审判管辖权异议的受理机关。对审判管辖权异议进行审查的机关应归审理法院的上一级法院，如果由原受理的法院审查，该法院可能出于利益驱动、地方保护主义以及其他的原因，往往会找种种借口驳回被害人的请求，这样会使被害人对法院产生对立情绪，有损于法院的公正形象，而且使诉讼时间人为地延长，不利于诉讼效率的提高。将审判管辖权异议的审查机关赋予受理该案件法院的上一级法院，可以较好地解决以上存在的问题，有利于诉讼顺利、及时地进行。

②审查和裁决。a. 对被害人提起立案管辖权异议的，对于公诉案件的立案管辖异议成立的，应当由正在进行管辖的立案、侦查机关将此异议移交上一级相应的机关审查。如果异议成立，上一级

机关应当裁定将该案件移送至有管辖权的立案、侦查机关；如果异议不成立的，应当裁定驳回被害人的异议申请。在上一级机关审查的期间里，原侦查机关不应当停止相应的侦查活动，在异议成立前的侦查行为和强制措施，特别在紧急状态下实施的，并不因异议成立而失效，但接受移送的侦查机关有权依法审查异议成立前的侦查行为和强制措施的合法性与合理性，有权变更、解除、撤销或维持异议成立前的侦查行为或强制措施，这是由侦查活动的及时性所决定的。对于侦查活动而言，犯罪发生后，越尽早地介入侦查，对于案件的侦破就越有利；如果犯罪发生后不及时进行侦查，犯罪嫌疑人就可能有充分的时间潜逃，或者对犯罪现场实施伪装，或者转移、消灭犯罪证据。因此，即使被害人对立案管辖提出异议，相应机关已受理，也不能停止原侦查机关对该案件的侦查活动。b. 对被害人提起审判管辖权异议的，上一级法院经过审查后，应当以裁定书的形式认可管辖权异议成立并作出移送案件的裁定，或以裁定书形式驳回被害人的异议。在审查期间，除特别紧急的情形外，已管辖法院的审判活动应当中止；在异议成立前相应的审判行为是否有效，由接受移送或指定管辖的法院依法审查异议成立前的审判行为是否合法、合理，有权变更、解除、撤销或维持异议成立前的审判行为。

③管辖错误及不适的法律后果。在刑事诉讼中，必须建立因管辖错误及不适当而导致的法律后果，即将管辖权错误和不适当管辖列为程序性违法行为之一，必须受到程序性的制裁。因为程序性违法行为不仅是警察、检察官、法官技术意义上的程序性违法行为，更重要的是它侵犯了被害人的诉讼权利。如果不规定管辖错误、不适当管辖的法律后果，被害人申请管辖权异议的权利就难以得到真正的保障。参照法国的做法，管辖错误、不适当管辖而导致程序性制裁的主要有：一是应当排除管辖错误、不适当管辖的公安司法机关的管辖权；二是如果没有管辖权的法院或者具有不适当管辖情形的法院审判了该案件，那么该法院已经进行的诉讼行为或已经形成的审判结果可以被有管辖权的法院予以撤销，被害人也可向有关法

院提起上诉。二审法院应当以一审法院违反程序为由撤销原判决，并将案件指定到有管辖权的法院重新审理。对作出错误管辖决定的司法人员给予行政纪律处分，使其谨慎地行使权力。

（三）完善被害人追诉制度

1. 被害人追诉制度的法理

（1）体现被害人的主体地位。国际刑法协会第15届代表大会通过《关于刑事诉讼中的人权问题的决议》第25条规定："声称自己财产受毁损者，应当有机会充当控告方……如属于公诉案件，受损方还有权影响刑事追诉的进行。"在公诉案件中，被害人充分参与诉讼过程，是满足其伸张正义的主渠道，通过参与诉讼，充分表达自己的情感与意愿，宣泄心中愤懑，期望获得公正；在被害人认为公诉机关行使追诉权不足以体现其利益时，应享有相应的追诉途径。

（2）适应"锥形诉讼模式"的需要。被害人作为与刑事案件处理有直接利害关系的当事人，在刑事诉讼中有其独立的地位和利益价值观，其并不是完全附属于传统的"三角结构"中的任何一方；被害人侧重于个人利益、健康、财产、人格以及对犯罪嫌疑人、被告人的报复心理的满足等方面，刑事诉讼中对被害人利益的保护，就是要确保被害人能够充分地参加到诉讼活动中来，实行"锥形诉讼模式"能比较充分地保障被害人的参与。从被害人作为当事人行使追诉权的角度而言，"锥形诉讼模式"能保障被害人在公诉案件中追诉犯罪，以维护被害人的利益。

（3）监督公诉权的行使。检察机关对控诉享有自由裁量权，这一自由裁量权存在损害被害人利益的倾向和可能性，也为公诉机关滥用自由裁量权拓展了空间。对于公诉机关作出的不起诉决定而言，权力的不作为同样会侵害到被害人的利益，被害人要加强对公诉机关的监督，就需要享有相应的追诉权利。

2. 被害人追诉制度的比较法考察

（1）英美法系国家，被害人在刑事诉讼过程中不享有当事人的地位，而只享有证人的地位，法律亦没有赋予其独立的追诉权，包括起诉权和上诉权。因此，被害人通过在公诉案件中行使追诉权的救济来体现自身利益的机会很小。但是被害人对国家公诉机关的权利并不是毫无限制的，法律亦赋予被害人在参加刑事诉讼过程中不同于证人的权利。

（2）大陆法系国家，有代表性的是德国的强制起诉程序。《德国刑事诉讼法》第172条第2项第1段规定："不服检察长拒绝的裁定时，得于二个月内申请法院裁判之。"这一法律依据在德国法中解释为"当检察机关对一应依法定原则起诉之案件，却错误地适用便宜原则，则亦可进行法院的强制起诉程序"。所谓强制起诉，并不是被害人可以强迫公诉机关提起公诉，而只是对于公诉机关所作出的中止追诉程序而向法院申请救济的程序；并且这种法院的强制起诉程序，只适用于依法必须进行公诉的犯罪案件；对被害人可以提起自诉的案件，则强制程序一般不适用。对于强制程序的启动和终结，检察机关均没有决定权；这种由被害人申请的程序实际上是对检察机关的不起诉决定权进行了限制并对被害人提供了诉权上的救济。在法院裁定要求检察机关提起公诉时，由检察机关来执行向法院提起公诉，亦即所谓的"强制起诉"。

3. 我国被害人追诉制度的现状

（1）被害人不能直接追究犯罪，也不能对公诉机关的自由裁量权形成有效监督和制约。尽管在刑事诉讼法典中确立了被害人作为当事人的诉讼地位，但被害人在公诉案件中没有独立的追诉权，其追诉的主要权利主要局限于控告权、申请复议权和申诉权等一些补救性权利，即被害人如果认为检察院不追究被告人的刑事责任不当，虽然可以依照"公诉转自诉程序"，自行提供证据，向法院直接提起刑事起诉，但实际是将本来属于公诉性质的案件转为自诉案件来处理，由被害人以自诉的方式承担公诉的后果。被害人受自身诉讼能力的局限获得有效的证据比较困难，更无法进行对犯罪有效的侦查，显然是不利于追诉犯罪。

（2）公诉案件被害人无上诉权。传统的刑事诉讼中存在的一个弊端是公、检、法三家共同作为国家机关来惩罚和追究犯罪，被告人作为被追诉的对象，而被害人仅仅只是作为刑事诉讼的一个参与者，甚至只是证人的角色，对刑事诉讼并没有实际的控制权，往往容易导致被害人的权利被忽视。在公诉案件中，公诉机关行使公诉权如果不能体现被害人的追诉权，那么被害人就可能采用私力救济。在现代刑事诉讼理论研究和司法实践中保护被告人诉讼权利的呼声越来越高，但是正义并不是被告人的专利，被害人也有请求公平司法，保护人权的权利，司法制度的建立不应只顾及一方当事人，司法公正的真谛在于兼顾各方当事人的利益并使之保持在一种相对平衡的状态。

4. 我国被害人追诉制度的完善

(1) 建立司法审查下的被害人强制追诉制度。具体程序为：公诉机关已经作出了不起诉的决定书并且已经送达了当事人；被害人对公诉机关的决定不服，依据一定的事实和理由向法院直接提出申请，要求检察机关提供侦查终结后作出不起诉决定的材料依据进行审查；法院对被害人提供的材料进行审查，必要时自行调查取证，并可以调阅公诉机关的审查起诉材料，如果认为不符合刑事公诉的证据标准的，则依法驳回被害人的申请，形成最终的司法决定，如果认为被告人的行为已经符合公诉的标准，则应要求检察机关提起公诉。被害人仍作为当事人参加诉讼，这种诉讼虽然仍是由检察机关作为公诉机关，但这一诉讼实质是由被害人对自身利益获得程序上的救济，又可以对检察机关的不起诉权进行一定的限制和监督，同时也可以通过公诉的方式代替自诉，更好地追究犯罪。

(2) 赋予公诉案件被害人上诉权。赋予被害人上诉权，一是保护当事人的诉讼权利，是当代刑事诉讼发展的趋势。况且我国最高人民法院在 1958 年 3 月 31 日研字 40 号复函中指出，公诉案件的被害人不服一审判决的，被害人可以直接提起上诉。检察院代表国家依法行使检察权，不是被害人的代表，在司法实践中，由于种种主客观因素，公诉案件的公诉方未能维护被害人合法权益的现象是存在的。二是被害人作为当事人所享有的一项固有必要的诉讼权利，不可取消或剥夺。取消上诉权，就会破坏被害人诉讼权利的完整性。三是程序公正和诉讼民主的要求，被害人同被告人都是当事人，上诉权不能只由一方享有。四是可以减少刑事终审裁判后申诉现象。权衡利弊，为了既避免赋予被害人上诉权可能产生的弊端，又加强对被害人作为诉讼当事人的诉讼权利的保障，因此公诉案件被害人上诉权应由刑事诉讼法进行具体规定。上诉权行使的主体范围包括被害人及其法定代理人、近亲属；上诉程序坚持“抗诉为主，上诉为辅”的原则，被害人及其法定代理人、近亲属首先应请求检察院提出抗诉，检察院收到请求书后必须在10天内决定是否抗诉，并且通知被害人；只有在检察院不抗诉时，被害人才能上诉。检察院无论是否抗诉，都必须支持被害人及其法定代理人、近亲属的上诉，帮助被害人移送案件材料和证据。二审法院应充分听取被害人对一审裁判的意见，了解被害人的反映、心理恢复状况等，及时作出二审裁判。

(3) 完善申请再审。依据我国1996年《刑事诉讼法》的规定，对于被害人提出申请的材料中，如果有以下情况的，应予以再审：①有新的证据证明原判决、裁定确有错误的；②证据之间存在矛盾或者事实矛盾的；③适用法律确有错误的；④审判人员有渎职行为的。对于程序违法，但实体结果没有问题的案件，被害人提出申诉的，是否应启动再审程序加以纠正。考虑程序公正对于实体公正的影响，纠正我国长期存在的重实体轻程序的观念，对被害人提起再审申请，经审查，能够证明存在程序不合法的情况，足以影响案件公正情况时，应当按审判监督程序启动再审。拓宽被害人申请再审的渠道，因为：一方面，保障被害人的再审申请权没有违反司法裁决的终局性，更有利于维护司法的公信力和公定力。为了维护生效判决、裁定的统一性和权威性，不能随意改变，但是赋予当事人包括被害人申请启动再审程序的权利，有利于对生效判决进行监督，为司法机关发现判决、裁定中可能存在的错误提供资料来源；并且，即使启动再审程序，改变或者撤销了生效判决，确立了正确的司法裁判，这本身也是一种司法公信力和公定力的确认过程，因为赋予一项错误的司法裁判以终局效力绝对是有害于司法公信力确立的。另一方面，放宽被害人申请启动再审的权利只是提供更宽松的救济途径，不会丧失诉讼效率。被害人在通过合法的诉讼途径不能实现自己利益时，往往采取申诉、上访甚至采用暴力的自救手段来实现自己的主张。诉讼效率被认为是引导和体现司法公正的一个基本司法目标，是刑事司法体制应然的独立品格；但是，诉讼效率是与整个社会的效率联系在一起的，不能因为怕再审案件多而将被害人的矛盾推向社会。赋予被害人更宽松的申请启动再审的权利有利于被害人通过合法的途径解决矛盾和纠纷，提高了整个社会机制和国家机构体系的运行效率，更何况，被害人提出再审的申请还要经过严格的法律程序审查，也有次数和时间的限制，不会使法院的生效裁判受到无止境的审查和挑战。当然，在强调被害人的追诉权对于生效裁判的救济时，也需要说明的是再审的特殊性在于是对已生效判决的一种特别救济程序，不是可以轻易启动的程序。任何权利都是有限制的，都只能在法定的范围内行使。在保障被害人合法权益的前提下，对其行使追诉权的条件作严格而科学的限制，有利于防止追诉权的滥用，提高诉讼效率和保护被不起诉人的合法权益。所以，被害人追诉权的救济只能在一定限度内行使，被害人可以拥有申请再审的救济权，但启动再审的决定权应由法律的监督机关即检察机关行使。

（四）规范被害人代理制度

［王伟坚案］ 王伟坚、屠金安系浙江温州乐清市富商，在京经商多年，与老乡周祖豹在共同筹办毛皮市场过程中发生债务纠纷。为讨债合法化，王伟坚、屠金安与杨金富签订了一份股权“转让”协议；为逃避法律责任，他们又与杨金富签了一份补充协议，如果讨回投资款，支付杨金富酬金57万元，讨债过程中的一切后果全部由杨金富承担。1999年11月10日凌晨6点左右，杨金富带领12名犯罪嫌疑人，携带凶器闯入祖豹市场，试图强行控制市场，逼迫周祖豹交出投资款。周祖豹的侄子、市场副总经理周建波匆匆赶来阻拦，杨金富手下的赵坚立即用鱼叉刺中周建波胸膛，周建波应声倒地，因被刺穿心脏而抢救无效死亡。周祖豹频频到北京市政

法机关上告，要求警方追究故意伤害致周建波死亡犯罪嫌疑人的刑事责任，抓捕主谋杨金富，查明杨金富杀害周建波一案的幕后指使者。周祖豹的执著迫使杨金富不得不畏罪潜逃。杨金富说，只要屠金安与王伟坚肯拿出50万元，余下杀人的事由他来组织实施。王伟坚和屠金安也害怕伤害周建波致死的事深究下去会牵扯出他们俩，一番商议后同意了杨金富的杀人建议，此后王伟坚交给了杨金富现金10万元。2003年2月12日，杨金富等人分别携带凶器来到乐清市蒲岐镇北门村周祖豹的老家。当时，周祖豹正准备到虹桥镇上酒店结算两个儿子婚礼的酒宴款，已坐进白色宝马轿车的他发现轿车坐垫脏，遂重新迈下车，叫大儿子将坐垫抖一抖。这时，杨金富一伙蜂拥而上，将周祖豹乱刺乱捅致其死亡。被害人近亲属委托律师代理此案。2004年7月22日，温州市中级人民法院对此案作出一审判决，王伟坚和屠金安均被判处无期徒刑。此判决作出后，周祖豹的4个儿子不服。承办律师寻求多方面的支持，还将《刑事抗诉请求书》抄送浙江省人民检察院、《关于纠正温州中院错误判决、严惩杀人主犯王伟坚的请求书》寄送浙江省人大常委会领导、《关于严惩雇凶杀人主犯王伟坚的请求》寄送浙江省高院领导。2004年7月31日，周祖豹的4个儿子通过提起附带民事诉讼的上诉，间接地启动二审法院对刑事部分的审查，达到重审目的。2005年5月31日，浙江省高级人民法院认为原判决认定的部分事实不清，裁定撤销原判决，发回温州市中级人民法院重审。2005年8月12日，浙江省温州市中级人民法院宣判：王伟坚犯故意杀人罪、故意伤害罪，判处其死刑，剥夺政治权利终身。凶手杨金富犯故意杀人罪、故意伤害罪，判处死刑，剥夺政治权利终身；屠金安犯故意杀人罪、故意伤害罪，判处死刑，缓期二年执行，剥夺政治权利终身；其他5名被告人也分别被判处死缓、有期徒刑三年不等。法院还判决杨金富、王伟坚等7名被告人赔偿附带民事诉讼原告周祖豹的4个儿子经济损失共计274526.50元人民币。①

1. 刑事代理制度的法理

（1）人权保障。首先，由于法律越来越烦琐，大多数被害人又缺乏法律知识，很难运用法律赋予的权利去控诉被指控人，维护自身的合法权益；其次，由于被害人直接遭受犯罪行为的侵害，往往其权利会受到严重侵害，处于弱者地位，在保护自身权益方面存在一定的困难，导致无法有效行使法律赋予的权利；再次，被害人亲自参加诉讼，可能在刑事诉讼过程中存在被害人再度受害的问题。一方面，由于警察、检察官、法官、被告人的辩护律师的诉讼活动，被害人为维护自身的权益必须被动地回忆、叙述所遭受的痛苦经历，其中有些经历属于被害人的隐私，从而使被害人再次经受心理上的伤害；另一方面，由于公安司法机关不当态度和方式，被害人也可能会因此在司法活动中受到心理伤害，甚至可能由于专门机关对案件的错误处理，使被害人对刑事司法制度产生不信任感，有时作出过激的行动甚至采取犯罪的方式来对付犯罪人。因此，委托律师代理刑事诉讼能够有效保障人权。

（2）实体正义。刑事代理在诉讼中承担协助、促进控诉的职能，在刑事诉讼中，控辩双方可能从不同甚至完全相反的角度提出证据，并进行相应的论证，控辩双方参与刑事诉讼活动均旨在实现自己一方的活动目标和实体利益，追求对自己一方有利的诉讼结局。从收集证据方面来看，一方面，代理人通过自己的代理活动，可以自行收集证据，也可以提供证据线索，使公诉机关补充收集相关的证据，对公诉机关全面收集证据起到监督作用；另一方面，通过刑事代理，可以有效地防止辩护方以威胁、恐吓、欺骗的手段向被害人收集证据，保障证据收集的真实、合法，在侦查机关询问被害人时，代理人在场，可以防止侦查机关采用引诱、欺骗的方法非法获取被害人陈述。从审查判断证据方面来看，通过代理人有效的

---

① 参见浙江省温州市中级人民法院刑事附带民事判决书（2005）温刑初字第131号。

代理，可以确保法官同时接触对案件事实的两种不同甚至完全对立的描述和论证，从而避免偏见、主观臆断和片面性等主观方面的缺陷，使得被代理人的合法权益得以维护。

（3）程序正义。首先，刑事代理制度可以保障被害人充分而有效地参与刑事诉讼活动，保障受刑事裁判直接影响的人充分而有效地参与裁判的制作过程。被害人与案件结果有直接的利害关系，对犯罪者有着强烈的复仇愿望，强烈希望能够参与到刑事追诉活动中来，但由于被害人的自身条件的限制，可能使其诉讼权利的充分行使具有一定的困难，没有足够的参与诉讼的能力，很难通过自己的诉讼行为影响整个诉讼活动的进行，成为真正的诉讼主体，被害人参与刑事诉讼很可能被抛在一旁，成为可有可无的旁观者，而通过刑事代理可有效地避免这一点，保障被害人的诉讼权利。其次，刑事代理可以对国家权力予以有效的监督和制约，促使国家机关正确行使权力。一方面，国家追诉不能使被害人所遭受的非物质利益得到完全的弥补；另一方面，在司法实践中，不排除公诉人员、审判人员由于业务素质较低，或者接受被指控人的好处，或者受到不正当的干预，出现不能正确控诉犯罪或者轻纵犯罪，损害被害人的合法权益，使被害人再度受害的情况，诉讼代理人利用熟练的法律专业知识，积极行使法律赋予的诉讼权利，依法通过一系列的诉讼活动，可以有效地监督和制约司法机关，从而正确控诉犯罪，维护被害人的合法权益。

（4）诉讼效率。如果由于不适当地追求高效率的处罚，而忽视程序的有序性和公正性，结果造成冤狱或处罚不公而积怨甚多，导致了更深刻的社会矛盾和更多的新的犯罪，为此又要投入大量资源，非但损害了秩序和公正，而且也没有真正实现效益。通过刑事代理人有效的活动，可以迅速、有效地收集证据，加速刑事诉讼运作的效率，可以有效地防止和减少冤假错案发生，避免再审程序等的发生，从而提高单位时间内的有用工作量；由于案件得以迅速、公正审理，被害人的权益得到维护，有效地化解被害人与被告人之间的矛盾，防止矛盾激化，有利于稳定社会秩序，在更大程度上提高刑事诉讼的效益。

2. 我国被害人代理制度存在的缺陷

（1）法律规定不具体。被害人代理制度在1996年《刑事诉讼法》有规定，但相对于整个刑事诉讼理论来说，公诉案件的被害人代理制度的研究非常薄弱；在法律规定上过于原则，缺乏操作性，与相关制度配套不齐，这样使得被害人代理制度在实施方面缺乏保障。

（2）诉讼地位不独立。长期以来被害人参与诉讼的诉讼地位以及诉讼职能并没有得到广泛重视，一方面，在罪犯本位观的刑事司法政策影响下，犯罪嫌疑人的权利得到人们的重视和保障，诉讼主体地位不断提升，从单纯的证据来源和刑讯对象演变为当下诉讼权利保障最核心的群体；另一方面，被害人在国家检察官的代位追诉和程序挤压下主体地位不断下降，逐渐沦为对犯罪分子加以定罪的一个工具。综观世界主要国家，被害人在刑事诉讼中主要具有这样的诉讼地位，即证人、民事当事人和当事人。在英国、美国以及深受美国影响的日本，被害人在刑事公诉案件中具有证人地位。传统刑事诉讼程序中，被害人仅仅是作为一名证人参加诉讼，他出庭仅限于回答公诉人或辩护律师的提问，他是作为一名旁观者被置于法庭之外。在法国，被害人在刑事诉讼中居于民事当事人的诉讼地位，除此，被害人还可以成为证人，或者具有民事当事人、证人的双重诉讼地位，而在德国、前苏联和我国，被害人在刑事公诉案件中处于当事人的地位。在很多国家被害人并没有当事人的法律地位，在我国被害人被法律赋予当事人的诉讼地位，但是其诉讼地位和诉讼职能还依附于公诉机关，不具有“独立性”。因此，代理人在行使诉讼权利、参与诉讼过程中，其法律地位也不具有相对的“独立性”。这种诉讼辅助和补充的地位，极大地抹杀了被害人及其代理人的积极性。

（3）主体保障不平等。在我国刑事诉讼中律师向犯罪嫌疑人、被告人提供法律服务的时间为侦查阶段，并且规定了辩护律师会见犯罪嫌疑人以及向犯罪嫌疑人了解案情的权利；而刑事代理人向被害人提供法律服务则是在审查起诉阶段，在侦查阶段没有任何关于代理人向被害人提供法律服务的规定。这样使侦查阶段的被害人代理出现了空白，造成了被害人与犯罪嫌疑人在接受代理服务时出现不平等的现象，使得被害人无法主动、全面参与诉讼程序的全过程，被害人在侦查阶段的诉讼权利无法得到切实保护。

3. 刑事代理人参与诉讼的功能

（1）维护合法权益。有人认为，在公诉案件中已有检察机关行使控诉权追诉犯罪，被害人再以当事人身份参与诉讼追诉犯罪是多余的。实际上，在公诉案件中，检察机关与被害人行使控诉权追诉犯罪，其诉讼方向是基本一致的，但两者指控犯罪的出发点是不同的，检察机关从宏观的国家利益出发追诉犯罪，被害人则从具体的个人利益出发，虽然检察机关派员出庭支持公诉，在代表国家利益的同时也维护了被害人的意志和利益，但其重点在于维护国家的利益，并不能完全代表和包容被害人的意志和利益，因此，由被害人的诉讼代理人从被害人的角度出发提出主张和行使权利，才能维护被害人的合法权益。诉讼代理人的参与不仅是为了实现被害人的权利，而且，通过参与发问、质证、辩论等诉讼活动，对公诉在客观上也具有支持作用，一般而言，检察机关在正常情况下能准确认定犯罪事实和正确确定被告人的刑事责任，然而，由于部分检察人员业务素质较低，或者受到某些部门、某些官员的干预，有时出现一些检察机关不能正确控诉犯罪而是轻纵犯罪的情况，在这种情况下，刑事代理人（律师）善于利用熟练的专业知识，积极行使法律赋予的诉讼权利，依法通过一系列的诉讼活动，有效制约检察机关，从而正确控诉犯罪，维护被害人的合法权益，那么，刑事代理的重要意义便得到了最为充分的体现。

（2）保障诉讼权利。公诉案件一般比自诉案件性质要严重，案情也更复杂，被害人作为遭受犯罪行为直接侵害的人，与案件结局有着直接的利害关系，他不仅具有获得经济赔偿或补偿的愿望，还具有使对其实施侵害的犯罪人受到法律上谴责和制裁的强烈要求。虽然法律赋予了被害人一系列诉讼权利，但由于被害人直接遭受到犯罪行为的侵害，往往在人身权利、财产权利和其他权利方面受到严重侵犯，处于弱者的地位，在保护自身权益和行使诉讼权利方面存在一定的障碍，同时被害人大多不具备法律常识，缺乏诉讼经验，例如，由于被害人死亡，或者强奸或其他性犯罪的女性被害人不愿出庭或不便出庭，或者被害人由于生理或心理伤害不能出庭，导致不能正确行使宪法和法律赋予的权利，等等。因此，由律师代理被害人参与诉讼活动，才能充分行使诉讼权利，保护被害人的权益。

（3）避免再次被害。被害人不仅会受到犯罪行为的侵害，在刑事诉讼过程中还存在再度受害的问题。一方面，由于警察、检察官、法官、被告人的辩护律师的诉讼活动，被害人为维护自身的权益必须被动地回忆、叙述所遭受的痛苦经历，其中有些经历属于被害人的隐私或有辱被害人的人格，从而使被害人再次经受心理上的伤害；另一方面，由于国家的专门机关官员不当的态度和方式，被害人也可能会因此在司法活动中受到心理伤害，更为严重的是，由于专门机关对案件的错误处理使被害人对刑事司法制度产生不信任感，有时作出过激的举动甚至采取犯罪的方式来对付犯罪人。因此，委托律师代理被害人参与诉讼活动的重要意义还在于尽可能地避免被害人受到进一步的伤害，尽可能地缓解被害人的激愤心理，防止过激和意外事件发生。

4. 被害人代理的规制

（1）明确诉讼地位。刑事代理人（律师）的诉讼地位问题，如同辩护人的诉讼地位是辩护制度的核心一样，也是刑事代理制度的核心。关于公诉案件代理人（律师）的诉讼地位问题，在我国理论界和实务界一直存在争议，大致有以下三种观点：①独立性说，认为律师担任公诉案件被害人的代理人，是依据事实和法律参与诉讼，不受被害人意志的约束，也不受检察院起诉书或公诉词的影响，因而刑事代理人具有独立的诉讼地位。②依附性说，认为刑事代理人在刑事诉讼中不具有独立的地位，而是依附于被代理人，只能在委托人依法授予的诉讼权利范围内活动。③依附和独立双重性说，认为公诉代理人的诉讼地位具有双重性，刑事代理人参与诉讼，是受人之托，依法代人行事，维护被害人的合法权益，这是依附性；同时只有代理人依法自主行事，才能有效地维护被害人的合法权益，这又体现了代理活动的自主性。我们认为，作为协助被害人行使控诉职能的代理律师，首先，从代理人享有的权利来看，代理人主要的诉讼权利都是法律所赋予的，并非来自于委托人的授权。其次，从代理人的职责来看，代理人承担的是控诉职能，他是独立于作为国家刑事追诉官员的检察官的，因为检察机关代表国家追诉犯罪人，着重维护的是国家利益和社会整体利益，虽然国家利益与社会利益同被害人的利益在本质上具有一致性，但是，控诉方有时不可能对被害人的合法权益考虑得周全，而代理律师是受委托来维护被害方的利益的，因此代理律师根据自己对案件的认识，独立于检察官发表意见，不受公诉词、起诉书的限制。再次，从代理人的活动名义来看，代理人进行阅卷、调查取证、获得开庭的通知书、提交代理词以及参加法庭调查和法庭辩论等一系列活动时，使用的都是代理人自己的名义，并非被害人的名义，在这一点上代理人与辩护人是相同的。最后，从代理律师与委托人的关系看，在公诉案件中，被害人委托了律师代理诉讼，就表明被害人愿意代理律师代理其行使控诉职能，就应当独立地开展工作，这一点同辩护律师接受委托开始独立辩护一样，此时代理律师并不是被害人的“传声筒”、仅依被害人的意志行事，虽然他是要维护被害人的利益的。他有自己的独立的意志，不能完全按照被害人的要求实施代理活动，而只能根据国家的法律和案件事实发表意见，独立地提出见解而不受委托人意志的约束，当然，代理律师不能行使与其承担职能相悖的诉讼职能——辩护，而仍是要揭露犯罪、控诉犯罪，维护被害人的合法权益。所以我们认为公诉案件的代理律师同辩护律师一样，具有独立的诉讼地位。在刑事诉讼中独立于检察官、法官。一旦受被害人委托参加诉讼，也独立于委托人的意志而控诉犯罪，维护的是委托人的合法权益而不是一切利益。

（2）拓展参与范围。1996 年《刑事诉讼法》第 40 条规定：

“公诉案件的被害人及其法定代理人或者近亲属、附带民事诉讼的当事人及其法定代理人，自案件移送审查之日起，有权委托诉讼代理人。”“人民检察院自收到移送审查起诉的案件材料之日起三日以内，应当告知被害人及其法定代理人有权委托诉讼代理人。”据此，公诉案件刑事代理人只能在案件审查起诉之日起才能介入诉讼，我们认为，刑事代理人应该有权参与诉讼的全过程，理由：①刑事代理人在立案、侦查阶段接受委托介入刑事诉讼，符合国际通行惯例。如《俄罗斯刑事诉讼法》第42条第2款规定，被害人有权经侦查人员或调查人员许可参加根据他的请求或他的代理人的请求进行的侦查行为；第45条第3款规定，被害人、民事原告人和自诉人的法定代理人或代理人享有与他们的被代理人相同的诉讼权利。据此，在俄罗斯刑事诉讼中，公诉案件被害人的代理人不仅有权在侦查阶段介入刑事诉讼，而且有权参与部分侦查行为。另外，根据联合国《被害人人权宣言》第6条第c项的规定，国家有义务确保便利的司法和行政程序以满足被害人，在整个法律过程中向被害人提供适当的援助。也就意味着被害人在刑事诉讼的各个阶段有权获得律师的帮助。② 刑事代理人从立案、侦查阶段接受委托介入刑事诉讼有利于被害人权利的保护。尽管被害人在立案、侦查阶段享有诸多的权利，但被害人由于受到犯罪侵害以后，心理、精神往往受到极大的刺激，而且一般缺乏法律知识，被害人自己行使这些权利的效果往往非常有限，因而完全有必要获得刑事代理人的法律服务。不仅如此，刑事代理人在立案、侦查阶段的介入，有助于代理人尽快了解案件事实本身，掌握案件的具体情况，从而为审查起诉、审判阶段的代理工作奠定基础，达到有效维护被害人合法权益的目的。③刑事代理人从立案、侦查阶段接受委托介入刑事诉讼不仅不会妨碍侦查行为，而且有助于证据的及时收集、事实真相的查明。被害人向公安司法机关的控告能否被受理，公安司法机关能否正确追诉犯罪，都直接关系到被害人的切身利益，而被害人委托诉讼代理人代理参加诉讼，其关键就在于为被害人提供法律帮助，使被害人正确、有效地行使法定权利。为充分保护被害人的权利，建议将诉讼代理人介入诉讼活动的起点向前延伸到立案阶段。在此阶段，代理人主要的任务是向被害人提供必要的法律帮助和咨询，帮助被害人向侦查机关了解案件的处理情况。代理人一经接受被害人的委托后，首先应与被害人进行广泛的沟通，对案件基本情况有大概的了解，帮助被害人分析案情，向被害人提供法律咨询。当被害人接受侦查机关的询问时，被害人可以委托代理人与其共同在场（除涉及国家秘密外），有代理人在场可以缓解被害人的思想压力，使被害人更好地配合侦查机关调查案件情况，也能防止侦查人员在询问时采取逼供、诱供等行为，减少被害人受到二次伤害的可能性。代理人除了为被害人提供必要的法律咨询外，还应当成为被害人同侦查机关联系的媒介。代理人应当与侦查机关取得积极主动的联系，帮助被害人及时了解案件的侦查进展情况，这样可以使被害人对案件的处理情况和进程有具体的了解，弥补法律在侦查阶段对被害人告知义务的空白，使被害人在侦查阶段也处于主动地位。同时，代理人的参与还可以督促侦查机关及时行使侦查权，也是对侦查机关行使侦查权的一种监督。

（3）建立协商机制。尽管刑事诉讼法赋予了被害人当事人地位，但司法机关并未切实重视被害人的权益，未能履行告知义务，被害人的知情权、参与权等权益还没有得到充分保障。检察院替被害人作了所有的决定，如果在起诉的罪名或罪数上存在分歧，检察院与被害人之间缺乏沟通和协商机制，由此发展下去直至整个诉讼程序结束，被害人不服检察院起诉罪名的认定，又导致了申诉、上访，并且使再审程序不堪重负。检察院与被害人两者在控诉的方向上本来就应当是一致的，所以应当将两者的关系从现在的“冲突”变成“和谐”，让两者的分歧经过一个协调程序加以解决，这样才能理顺两者的关系，并使其在刑事审判中发挥各自应有的职能。我们建议建立起一个检察院与被害人的协商程序，这个协商程序分为审前协商程序和审中协商程序两种。审前协商程序主要解决的是检察院行使控诉权，而被害人因不能有效参与造成的权益侵犯问题，主要涉及的是关于公诉书中对犯罪嫌疑人被诉此罪或彼罪、一罪或数罪、重罪或轻罪、诉何人或不诉何人的分歧，还包括对不起诉的处理。审中协商程序主要解决的是关于撤诉、变更和补充起诉等问题。从立法目的上来说，它保障了被害人在关涉自身利益时的参与权，而从制度设计上来说，它是一种差异协调机制，它在矛盾尚未发生或者发展时即对问题进行解决，而且采取了和缓的协商机制，具有构建检察院与被害人和谐关系的深远意义。

（4）独立调查取证。首先，代理律师的调查取证权是代理律师维护被代理人合法权益的一项重要权利，也是律师执业活动中的基本权利，因而有必要在《刑事诉讼法》中赋予代理律师独立的调查取证权。其次，关于被害人的代理人调查取证权是否需要法院和检察院许可。被害人的代理律师参与诉讼，其向被害人一方收集证据不仅不会侵犯被害人的利益，而且还会有效地维护被害人的利益，因此要求代理人向被害人及其近亲属收集证据需要法院和检察院的许可显得不合情理；《刑事诉讼法》规定辩护律师向被害人及其近亲属、被害人提供的证人收集与本案有关的材料的，需要经法院或检察院许可，其立法目的主要是为了保护被害人一方的合法权益免受辩护方的侵犯。

（5）有效查阅案卷。刑事代理律师在刑事诉讼中的阅卷权，是代理律师履行代理职责和维护被代理人权益的一项基本权利，许多国家都对此作出了规定。如《德国刑事诉讼法典》第406条规定：“（一）只要说明正当理由，律师可以为被害人查阅递交法院的或者在提起公诉的情况下应当递交法院的案卷，查看官方保管的证据。”《俄罗斯刑事诉讼法》第42条第2款规定，被害人有权在审前调查结束时了解刑事案件的全部材料、摘抄其中的任何材料的任何部分，复制包括使用技术手段复制刑事案件材料。如果有几名被害人参加刑事案件，则每个被害人均有权了解涉及与该被害人所造成损害有关的案件材料。联合国《被害人人权宣言》第6条规定，各国政府有义务便利司法和行政程序让被害人了解他们的作用以及诉讼的范围、时间、进度和对他们案件的处理情况，在涉及严重罪行和他们要求此种资料时尤其如此。关于代理律师在刑事诉讼中的阅卷权，我国1996年《刑事诉讼法》没有规定，存在严重不足：首先，从立法层次上讲，阅卷权作为代理律师了解案情、维护被代理人合法权益的一项基本权利，《刑事诉讼法》没有作出规定，显然显得不够，应该在《刑事诉讼法》中明确规定代理律师的阅卷权。其次，对代理律师的阅卷权不应限制。在审查起诉阶段，检察院如只允许代理律师查阅本案的诉讼文书和技术性材料，而不是全部案卷材料，检察院对代理律师阅卷范围的如此限制，体现了检察机关对被害人及其代理律师追诉犯罪的不信任的态度，也与国际通行的做法不一致。只要案件侦查终结，代理律师就有权查阅侦查取得的全部案卷材料。作为被害人的代理人，了解案件基本情况是帮助被害人正确主张诉讼权利的基本要求，通过对公诉机关所掌握的案件材料的分析，也可以帮助被害人及其代理人更好地同公诉机关交换意见，为公诉机关更好地行使公诉权提供帮助。同时被害人与犯罪嫌疑人同是案件的当事人，在诉讼过程中应当具有平等的诉讼地位，犯罪嫌疑人及其辩护人行使辩护权，同被害人及其代理人行使诉讼权利应当是对等、平衡的。因此，相对于犯罪嫌疑人的辩护人，被害人的律师代理人在审查起诉阶段应当有权获得顺畅的参与途径，保障其知悉案件情况、收集案件材料的权利。

（6）设置独立席位。当前一些法院对被害人及其诉讼代理人在法庭上的席位安排，大多是将两种不同身份的控方合二为一，让其同公诉人联席而坐，这一席位的安排，反映出对被害人及其诉讼代理人的诉讼地位在认识上出现了违背立法本意的偏差，将被害人视为附属于公诉人一方的当事人，也无视诉讼代理人的独立地位，更有甚者，有些法院竟将被害人及其诉讼代理人安排在证人席位上。为突出被害人的当事人地位和诉讼代理人的独立的诉讼参与人地位，体现“锥形诉讼模式”中被害人的作用，建议法庭对被害人及其诉讼代理人的席位设置，应将公诉人作为控辩双方两大阵营对垒的一方，但不是联席而坐，而是分席而坐。

（7）肯定法庭辩论。公诉案件被害人的代理人为了维护被害人的合法权益而介入刑事诉讼，属于控诉一方。一般来说，公诉案件的被害人及代理人与履行公诉职能的公诉一方在目标上是一致的，行使的都是控诉职能。但是，公诉方主要是站在国家利益和公共利益的角度控诉犯罪，而被害人及其代理人主要是站在被害人的立场上控诉犯罪，公诉人与被害人及其代理人的立场不同，这也就决定了两者对案件事实的认定和对被告人的定罪量刑问题不可避免地会存在分歧。在被害人及其代理人与公诉人就被告人的定罪量刑问题发生分歧的情况下，公诉案件被害人的代理人能否在法庭上与公诉人辩论呢？是否允许被害人及其代理人与公诉人在法庭上辩论，对这一问题的回答，可以从应然和实然两个层面来分析。从实然的层面来看，1996 年《刑事诉讼法》第 160 条规定："公诉人、当事人和辩护人、诉讼代理人可以对证据和案件情况发表意见并且可以互相辩论。"据此，被害人的代理律师在法庭上与公诉人相互辩论是有法律依据的。从应然的角度来讲：首先，允许代理人在法庭上与公诉人相互辩论符合联合国刑事司法准则文件的基本精神，根据联合国《被害人人权宣言》第 6 条第 b 项的规定，各国有义务确保便利的司法和行政程序来满足被害人需求；让被害人在涉及其利益的适当诉讼阶段出庭申诉其观点和关切事项以供考虑，而不提及被告并符合有关国家刑事司法制度。显然，如果不允许被害人的代理人发表与公诉人不同意见的观点，就根本谈不上被害人有权"出庭申诉其观点和关切事项"供法庭考虑。其次，刑事代理人与检察官庭前事先交换意见并不能从根本上维护被害人的合法权益。最后，允许代理律师与公诉人在法庭上辩论，有助于监督公诉人依法指控犯罪。况且司法实践中个别公诉人存在违法指控，在这种情况下，如果不允许被害人的代理人提出不同意见，则既不利于监督公诉人的违法行为，也不利于法院依法裁判。所以在法庭审判阶段，被害人的当事人地位应当在庭审阶段通过被害人独立行使陈述权来体现，对案件的事实和情况发表独立的意见，并通过诉讼法律行为影响到案件的最终结果；加强代理人在公诉中的作用，才能使代理人实质地参与到公诉程序中，使代理人在公诉程序中能够真正维护被害人的利益，这样刑事代理人的工作才可以具有实质的作用，并实现刑事诉讼对实体正义和程序正义的价值追求。

（8）参与刑事审理。刑事代理人应当有权参与刑事部分的审理，因为只有在参与刑事诉讼的审理之后，才能够根据刑事审理的过程及结果来了解附带民事诉讼是否成立，与被代理人一起合理地确定民事赔偿数额等。司法实践中，有的法院不允许代理律师参与案件刑事部分的审理，这种做法是违反刑事诉讼基本原则的。

（9）获得诉讼文书。司法实践中，法院在刑事判决书中对被害人及其诉讼代理人的列名，做法不一，有的将被害人及其诉讼代理人列在公诉机关之后，有的虽然不列名，但在判决书首部的叙述部分说明被害人及其诉讼代理人参加了庭审，还有的既不列名，也不说明其参加审理；最好的方式是，在判决书首部将被害人及其诉讼代理人列于公诉机关之后，同时在叙述部分中对其参加庭审加以说明。另外几乎所有的辩护人都能得到判决书，然而法院却很少将判决书送达被害人的诉讼代理人；被害人的诉讼代理人完全有权得到判决书，法院不应当在送达判决书的问题上再对辩护人和诉讼代理人区别对待。应该满足诉讼代理人在判决书中的列名及送达。

（五）优化被害人法律援助

1. 被害人法律援助概述

联合国《被害人人权宣言》关于被害人援助的规定包括：（1）应当在整个法律过程中向被害人提供适当的援助。（2）被害人应从政府、志愿机构、社区方面及地方途径获得必要的物质、医疗、心理及社会援助。应使被害人知道可供使用的医疗和社会服务及其他有关的援助，并且能够利用这些服务和援助。（3）应对警察、司法、医疗保健、社会服务及其他有关人员进行培训，使他们认识到被害人的需要，并使他们对准则有所认识以确保适当和迅速的援助。（4）向被害人提供服务和援助时，应注意那些由于受伤害的性质或由于种族、肤色、性别、年龄、语言、宗教、国籍、政治或其他见解、文化信仰或经历、财产、出生或家世地位、民族本源或社会出身以及伤残等种种因素而具有特殊需要的被害人。联合国《公民权利与政治权利国际公约》第14条第3款丁规定：“各国政府应特别注意对穷人和其他处境不利的人给予帮助，使他得以维护自己的权利并在必要时请求律师协助。政府应确保拨出向穷人并在必要时向其他处境不利的人提供法律服务所需要的资金和其他资源。律师专业组织应在安排和提供服务、便利和其他资源方面进行合作。”因此，刑事法律援助是指在刑事诉讼中，国家对某些经济困难或特殊案件的当事人给予减免费用提供法律帮助的一项法律制度，目的是保障当事人依法享有的诉讼权利，使控、辩双方力度趋于平衡，以实现司法公正。它是世界许多国家所普遍采用的实现公民基本权利的一种司法救济制度。从受援人来说，虽然接受援助的公民得到了切实有效的法律帮助，但他们无须承担任何与此相关的义务，充分体现了接受援助的无偿性；从援助人来说，刑事法律援助主要是通过律师依照法定程序为受援人提供法律帮助，他们熟知法律，有丰富的办案经验，其职责是在刑事诉讼中为受援人提供法律咨询、为他们进行诉讼等，充分体现了律师提供帮助的法律专业性；从援助资金来源方面说，世界各国都是由国家划拨专款支付、或由社会捐资、或从律师管理费中提成，形成一种“国家出资、社会捐助、行业奉献”的法律援助资金筹措机制，体现了国家、社会承担援助资金的公助性。

2. 刑事法律援助的法理

首先，“法律面前人人平等原则”之体现。我国宪法确立了该原则，其基本含义是指法律对于全体公民，不分民族、种族、性别、职业、家庭出身、宗教信仰、教育程度、财产状况等都是统一适用的，任何公民依法都享有同等的权利和承担同等的义务。而现实中，公民占有经济资源多少，与其能否顺利进入司法程序以及在司法程序中是否处于有利的地位具有重要关系。经济条件优越者，当自己有诉讼请求时，能够支付法律服务费得到优质的律师服务，从而在诉讼中处于维护自身权益的有利地位；相反，经济地位较低的，特别是被害人，由于经济条件、健康等因素的限制，在诉讼中往往因无力支付法律服务费而无法得到法律服务。如果国家不设立一种司法救济机制，以弥补贫弱者在享有司法保护权利事实上的不平等，“法律面前人人平等原则”就无疑成为空洞的口号，司法审判也会失去其存在的公正价值。因此刑事法律援助作为一种弥补刑事司法缺陷、实现平等原则的救济性制度，其产生和发展就有着历史必然性，成为现代法治国家的必然选择。

其次，完善社会保障之要求。在刑事诉讼中，被害人无法获得有效的法律服务，从而在诉讼中处于极为被动的地位。刑事法律援助通过为处于不利地位又缺乏相应能力的被害人提供援助，能够在一定程度上改善他们在刑事诉讼中所处的劣势地位。将刑事法律援助纳入社会保障体系之中，不仅有助于反映刑事法律援助所蕴涵的社会保障价值，有助于唤起社会对刑事法律援助的重视，而且在一定程度上弥补了传统社会保障体系的功能欠缺。

3. 优化被害人法律援助的建议

（1）加快刑事法律援助立法。关于刑事法律援助，2007 年《律师法》第 42 条规定：“律师、律师事务所应当按照国家规定履行法律援助义务，为受援人提供符合标准的法律服务，维护受援人的合法权益。”1996 年《刑事诉讼法》仅规定被告人享有法律援助，对被害人法律援助没有规定。2003 年国务院颁布的《法律援助条例》第 11 条规定：“刑事诉讼中有下列情形之一的，公民可以向法律援助机构申请法律援助：……（二）公诉案件中的被害人及其法定代理人或者近亲属，自案件移送审查起诉之日起，因经济困难没有委托诉讼代理人的；（三）自诉案件的自诉人及其法定代理人，自案件被人民法院受理之日起，因经济困难没有委托诉讼代理人的。”为了规范刑事法律援助，应尽快制定《中华人民共和国法律援助法》。如英国的 1967 年《法律援助法》、美国的 1974 年《法律服务公司法》、加拿大安大略省的 1966 年《法律援助法》、瑞典的 1973 年《法律援助法》等都规定，有适当理由进行诉讼但又支付不起诉讼费用的人有权获得免费诉讼。在美国，设立一个非营利性的法律服务公司，其经费由国会拨款，安排和协调私人律师参与法律援助；在加拿大实行由律师协会管理、由省资助的综合性收费服务法律援助计划；瑞典实行国家公共法律服务机构与私人律师执业者共同提供服务的“双轨制”。制定《法律援助法》能有力地保证法律援助制度的通行，同时也能使法律援助活动能够在法律规定的范围内运行。

（2）受援对象应有广泛性。在我国刑事诉讼中，受到刑事法律援助的对象只有被告人。随着现代被害人学的兴起和保障被害人权益呼声的高涨，刑事法律援助对象应扩大到被害人。《被害人人权宣言》规定“在整个法律过程中向被害人提供适当的援助”，并且要求警察、司法、社会服务及其他有关人员进行培训，使他们认识到被害人的需要，使他们对准则有所认识以确保适当和迅速的援助。此外，如奥地利1973年《法律援助法》规定，有权享受免费法律帮助者，包括所有那些如果他承担诉讼费用就有可能严重危害他的生计或他抚养的家庭成员的生计的人。刑事法律援助的对象是一个特定的阶层，即因经济困难而难以通过法律救济手段保障自身基本社会权利者阶层，包括有正当理由进行诉讼、确需律师帮助而又经济困难的自然人，如加拿大各省须向任何经济上合乎条件的人提供法律援助。这些规定，使受援对象具有广泛性，值得借鉴。

（3）援助主体和援助形式应有多样性。在我国刑事诉讼中，实施法律援助的主体是承担法律援助义务的律师而非其他公民；法律援助的形式是律师提供代理、出庭代理，而非一般的法律咨询、法律帮助。大多数国家的刑事法律援助由公设律师或私人律师承担。在美国的大部分地方法律服务站还聘用一些不具有律师资格的法律人员，以便最大限度地利用人才资源，这些助理人员在专职律师指导下，协助律师办案。各国刑事法律援助形式包括提供法律咨询、制作法律文书、刑事诉讼辩护、刑事诉讼代理等法律服务。为了保证律师尽法律援助义务，律师享有调查取证、得到法律专家协助、获得合理补偿资料和图书资料等权利。在韩国1972年设立了一个政府授权的法律援助组织，即由司法部官员、律师、法学教授和国会议员组成的法律援助协会，在全国设有分支机构。各机构在其管辖范围内接受法律援助申请、调查有关事宜、提供法律咨询以及对具体案件提供法律援助的执行情况进行监督。在非洲一些国家如安哥拉、布隆迪、赞比亚、尼日尔等，在刑事诉讼中提供广泛的法律援助，包括诉前的准备阶段、诉讼中代理、在专门法院提起上诉等。挪威的刑事法律援助包括对法院外法律问题的免费法律咨询和免费诉讼两部分。我国法律援助主体应包括：法律援助机构的公职律师和合作、合伙、个人开业的执业律师，这种主体多元化不仅可以较大程度地减轻公职律师的压力，也可拓宽援助范围，形成广泛的社会基础，并且对执业律师援助实行职业责任化，即凡是执业律师，必须承担一定数量的法律援助工作。同时大力开展以大学法学院（系）为基础的“临床法律援助计划”，从人力资源上解决法律援助供需矛盾。如加拿大法学院的法律援助实验所，学生在有经验的律师指导下向社会提供法律援助。他们在参加工作的同时，也加强了个人责任感。提供法律援助的形式应包括：解答法律咨询、代拟法律文书、参与刑事辩护和刑事代理、其他形式的法律帮助等。

（4）受援阶段应有无限性。1996 年《刑事诉讼法》没有规定被害人获得刑事法律援助，联合国刑事司法准则确认对被害人实行刑事法律援助活动集中体现在法院庭审阶段，但并不仅仅局限于审判，侦查、起诉、上诉阶段也可进行援助。英国 2006 年《被害人权利实施细则》第 5.2 条规定，在犯罪行为被告发后，警察必须确保每个被害人尽可能早地获得当地被害人援助服务，至迟不得超过 5 个工作日。被害人享有律师免费的法律援助，一方面，便于被害人尽快获得所需要的法律帮助，另一方面，由于律师提前介入刑事诉讼，可以及时发现收集有利于被害人的证据，切实保障被害人的合法权益。

（5）主体审定应有多样性。根据 1996 年《刑事诉讼法》第 34 条的规定，实施法律援助的方式是由法院指定，即是否指定律师，法院拥有审定权，法律援助机构只负有指派律师提供刑事法律援助的义务。各国刑事诉讼法对实行刑事法律援助的审定权一般由法院行使，但警察、检察官、律师组织也有部分审定权。在瑞典，由法律援助委员会决定是否给予申请人法律援助。在加拿大的安大略省，法律援助计划由律师协会通过法律援助委员会管理和执行，即拥有决定权。相关规定，值得借鉴。

（6）律师提供援助应有相应援助费。依据我国《律师法》的规定，律师提供刑事法律援助具有义务性，即法院指定律师无偿提供诉讼上的帮助。《联合国刑事司法准则》规定："各国政府应确保拨出向穷人并在必要时向其他处境不利的人提供法律服务所需资金和其他资源。律师专业组织应安排和提供服务、便利和其他资源方面进行合作。"即承担刑事法律援助的律师可从政府得到相应援助费。在法国，律师提供刑事法律援助，在案件终结后，可向预审法官申请工作的证明，按规定请求国家支付报酬。在日本，国选援助律师的费用由国家通过法院从国库中支付，值班律师的报酬由所在的律师协会发给。在加拿大，设有专门的法律援助服务机构，其经费主要由政府（联邦、省）提供。为维持刑事法律援助的良性运转，国家有义务提供经费支付指定律师的援助费，这样援助律师有相应经济保证，使得律师办案更有成效。从另一个角度说，律师不是公务员，没有履行政府职责的义务，因此，不能单纯指责律师缺乏职业道德，律师事务所要通过收费才能维持自身的存在和发展，虽然司法机关可要求他们义务性办理若干法律援助案件，但毕竟不可能让他们过多地无偿提供法律援助。

（7）加强培训力度。《联合国刑事司法准则》要求对警察、司法、医疗保健社会服务及其他有关人员进行培训，以便使他们能够为被害人提供有效的帮助。在一些发达国家，早已开始这方面的工作，尤其是对强奸案件、被害人是未成年人的案件的办案人员，十分注重对其进行专门培训，在这方面，我国尚有待在立法上予以明确，以便在实务中开展有关工作。

刑事法律援助是为贫弱者提供法律帮助，是世界许多国家所普遍采用的实现公民基本权利的一种司法救济制度。我们应当积极制定法律援助法，肯定法律援助保障基本人权的社会福利性质，明确法律援助的机构设置、运行机制与组织管理办法，从而使法律援助更为合理有效；同时积极拓宽资金来源渠道，拓展法律援助的业务范围，提高对律师的援助义务的要求，实现被害人法律援助制度的正当化。

（六）提起附带民事诉讼

被害人遭受的损害往往是多种多样的，有的是人身权利遭受侵害，有的是民主权利遭受侵害，有的是财产权利受到侵害，还有的是人格、名誉权利受到损害等。各国现行立法都赋予了被害人一定的诉讼权利，但被害人更关注的是他们因罪犯的犯罪行为所遭受的物质损失能否顺利通过司法程序得到弥补。给予被害人不同形式和不同来源的民事救济，是刑事诉讼的一个发展趋势。

1. 刑事附带民事诉讼的价值

（1）诉讼的经济性。将民事诉讼附带于刑事诉讼中一并加以解决，可以避免法院的重复审判，同时也可以减轻当事人的讼累，因此，附带民事诉讼的良好运行可以达到节约司法资源，提高诉讼效益的目的。例如，在德国，一旦法官认为有关民事诉讼的申请不适用在刑事诉讼程序中处理，特别是如果审查申请将会拖延程序或者申请为不准许的时候，可以在程序上的任何阶段裁定免予对申请作出裁判。《奥地利刑事诉讼法典》第4条也作出了类似的规定。此外，有些国家基于诉讼效率的考虑，规定在刑事诉讼不足认定的情况下，对民事请求的全部、部分或其中的数量问题转交或通知民庭来处理。例如，《俄罗斯刑事诉讼法典》第309条规定："如果因需要延期进行法庭审理的民事诉讼还必须发生额外的开支，法院可以认定民事原告人有权胜诉，并将关于民事诉讼的赔偿数额问题移交按民事诉讼程序解决。"

（2）制度的整合性。表现在程序上优先适用刑事诉讼程序，附带适用民事诉讼法的规定，即具有相对的依附性；在实体上应当适用刑事与民事实体法的规定，即具有复合性；各国有关刑事附带民事诉讼的具体规定也都不同程度地体现了保持民事诉讼本质特征这一原则，在其刑事附带民事诉讼损害赔偿请求的主体范围、客体范围、财产保全、举证责任、证明标准以及辩论原则等方面，一般会兼顾民事诉讼法的特别规定，即具有和谐性，例如，《意大利刑法典》第185条规定："根据民法，任何犯罪将导致赔偿之债。如果犯罪引起了物质的或非物质的损害，不法行为者应根据民法的规定由对其行为负责的人予损害赔偿。"

(3) 权益的保障性。包括：第一，在证据收集方面对被害人予以支持。因为侦查机关、检察机关和法院在收集证据、调查、核实证据中往往会对被害人遭受犯罪行为侵害的事实材料一并加以收集和举证，因此，在附带民事诉讼中，被害人在证据方面的负担相对于在民事诉讼中得到了很大的减轻。例如，《俄罗斯刑事诉讼法典》第44条第4款规定，民事原告人有权在调查结束时了解刑事案件中与他所提出的民事诉讼有关的材料，并有权摘抄其中任何材料的任何部分。第二，确立赔偿优先原则。为了通过附带民事诉讼对被害人给予有效的救济，不少国家确立了对被害人民事赔偿的优先原则。例如，《德国刑事诉讼法典》第495条a第1项规定，在同时判处罚金和命令赔偿时若不减缓罚金支付会使损害赔偿难以实现时，可以减缓支付罚金。第三，诉讼费用上的救济。因为附带民事诉讼的原告人往往在经济上处于贫困状态，各国在诉讼费用的规定上虽然较多采取有偿主义，但也设置了相应的救济措施。例如，在法国，附带民事诉讼的费用不预先缴纳，而是一律先由国家支出，等到获得胜诉判决以后，再向被告征收。《德国刑事诉讼法典》第172条a规定，由被告人承担附带民事诉讼的特别费用和被害人的必要开支；对于要求参加人承担不公正的那部分法院开支可以由国库承担。俄罗斯刑事诉讼法典则规定附带民事诉讼中的原告不需要缴纳诉讼费用。

2. 国外被害人求偿模式考察

各国被害人求偿模式各有不同，主要分为两类：附带式与平行式。附带式即允许被害人在刑事诉讼中提起附带民事诉讼的模式；平行式即被害人因犯罪行为引起的损害赔偿之诉只能在刑事诉讼终结后另行提起民事诉讼的模式，不允许在刑事诉讼中附带民事诉讼，民事诉讼与刑事诉讼是平行的关系，相互独立。

(1) 附带求偿模式。①法国模式。《法国刑事诉讼法典》第2

条规定："对重罪、轻罪或违警罪造成的损害请求赔偿的民事诉讼，由本人遭受犯罪直接造成的损害的人提起。"第3条规定："民事诉讼可以与刑事诉讼同时进行，并由同一管辖法院审判。"第4条规定："民事诉讼也可以与公诉分别进行。"被害人有选择权，附带民事诉讼既可以与公诉同时向同一法院提起，也可以与公诉分开、向有管辖权的民事法庭单独提起；但被害人一旦在民事法院与刑事法院之间作出选择，这一选择便是一种最终确定的不可撤销的选择。②德国模式。《德国刑事诉讼法》第403条规定："刑事被害人或者他的继承人，在刑事诉讼程序中可以对被指控人提起对犯罪行为产生的、属于普通法院管辖并且尚未向其他法院提出的财产权方面的请求权。"第404条规定："提出申请具有如同在民事纠纷中提起诉讼的同样效力。"但在德国的司法实践中，被害人往往是通过在刑事诉讼结束后独立提起民事诉讼来提起请求赔偿之诉。

（2）平行求偿模式。①美国模式。在美国的刑事诉讼中，被害人具有证人的诉讼地位。犯罪行为的损害赔偿由民事诉讼程序予以解决，并且被害人只能在刑事诉讼案件审理终结后，才能提起追偿损失的民事赔偿之诉。如20世纪90年代的"辛普森"案，刑事判决宣告被指控犯故意杀人罪的辛普森无罪，而接下来的民事审判却裁判辛普森对被害人之死负有责任，并判决其作出巨额赔偿。②英国模式。在英国，被害人没有特别固定的地位。在轻微刑事案件中，如果被害人同意，法院可以对犯罪人发出赔偿令；如果不同意，则以民事当事人的身份进入民事诉讼程序。公诉案件的被害人一般是以证人的身份参加诉讼的，但是在检察官决定是否提起公诉时要充分考虑到被害人的利益。法院可以职权在受理刑事案件时一并责令加害人赔偿。被害人在保障民事权益上有选择权，既可选择民事诉讼，也可在刑事诉讼中一并提起民事诉讼。③日本模式。在日本刑事诉讼中，被害人是以证人身份参加刑事诉讼。在裁判中可以宣告发还赃物给被害人，刑事诉讼法没有规定刑事损害赔偿的诉讼，而是由独立的民事诉讼来解决赔偿问题。

3. 我国被害人民事权利保障机制的现状

（1）被害人有权提起刑事附带民事诉讼。1996 年《刑事诉讼法》第 77 条规定："被害人由于被告人的犯罪行为而遭受物质损失的，在刑事诉讼过程中，有权提起附带民事诉讼。"第 78 条规定："附带民事诉讼应当同刑事案件一并审判，只有为了防止刑事案件审判的过分延迟，才可以在刑事案件审判后，由同一审判组织继续审理附带民事诉讼。"2000 年最高人民法院《关于刑事附带民事诉讼范围问题的规定》中明确附带民事诉讼的范围是"因人身权利受到犯罪侵犯而遭受物质损失或者财物被犯罪分子毁坏而遭受物质损失的可以提起附带民事诉讼。对于被害人因犯罪行为遭受精神损失而提起附带民事诉讼的，人民法院不予受理"。

（2）被害人有权单独提起民事诉讼。1998 年最高人民法院《关于执行〈中华人民共和国刑事诉讼法〉若干问题的解释》第 89 条规定："附带民事诉讼应当在刑事案件立案以后第一审判决宣告以前提起。有权提起附带民事诉讼的人在第一审判决宣告以前没有提起的，不得再提起附带民事诉讼。但可以在刑事判决生效后另行提起民事诉讼。"2000 年最高人民法院《关于刑事附带民事诉讼范围问题的规定》第 5 条规定："犯罪分子非法占有、处置被害人财产而使其遭受物质损失的，人民法院应当依法予以追缴或者责令退赔。被追缴、退赔的情况，人民法院可以作为量刑情节予以考虑。经过追缴或者退赔仍不能弥补损失，被害人向人民法院民事审判庭另行提起民事诉讼的，人民法院可以受理。"在刑事判决生效前被害人不能单独提起民事诉讼，被害人在刑事判决生效后可以单独提起民事诉讼。

（3）在刑事判决中直接判令被告人予以退赔。《刑法》第 36 条规定："由于犯罪行为而使被害人遭受经济损失的，对犯罪分子除依法给予刑事处罚外，并应根据情况判处赔偿经济损失。承担民事赔偿责任的犯罪分子，同时被判处罚金，其财产不足以全部支付的，或者被判处没收财产的，应当先承担对被害人的民事赔偿。"第 37 条规定："对于犯罪情节轻微，不需要判处刑罚的，可以免予刑事处罚，但是可以根据案件不同情况，予以训诫或者责令具结悔过、赔礼道歉、赔偿损失，或者由主管部门予以行政处罚或者行政处分。”第64条规定：“犯罪分子违法所得的一切财物，应当予以追缴或者责令退赔；对被害人的合法财产，应当及时返还。”除由被害人提起赔偿之诉外，法院可以在被害人未提起诉讼的情况下，在刑事判决中直接判令被告人赔偿经济损失或者对违法所得予以退赔。

4. 现行刑事附带民事诉讼的困惑

（1）受案赔偿范围混乱。根据1996年《刑事诉讼法》第77条规定，被害人由于被告人的犯罪行为遭受物质损失的都可以提起附带民事诉讼，1997年《刑法》第36条则将犯罪分子应当承担赔偿责任的损失范围界定为犯罪行为引起的经济损失。这些规定上的混乱也造成了司法实践的无所适从，有的法院将附带民事诉讼的案件范围限制为伤害案件，有的扩展到侵犯财产的案件，有的法院及审判人员则认为其他案件比如强奸案件也可以适用附带民事诉讼。

（2）权利救济存在冲突。对于被害人民事权利的救济，通过附带民事诉讼，由法院在解决被告人刑事责任的同时一并予以解决。但是1997年《刑法》第64条规定，法院并不需要通过附带民事诉讼的方式，而是可以采取追缴或责令退赔的方式来解决民事损害问题。根据我国1986年《民法通则》第117条关于侵权民事责任的规定，追缴和责令退赔并不是承担民事责任的方式。因此，法院以判决的形式作出追缴或责令退赔的决定，事实上是没有民事法律根据的，也不具备执行的效力。上述规定间的相互冲突，不仅造成被害人在众多法律救济途径面前难以适从，而且也容易导致国家机关侵害被害人合法权利的现象。

（3）民刑立法严重失调。刑事诉讼法和刑法都规定附带民事诉讼的赔偿范围限于“物质（经济）损失”，但是1986年《民法通则》第120条规定，公民的姓名权、肖像权、名誉权、荣誉权受到侵害的，可以要求赔偿损失。因此，民事法律和刑事法律在精神损害赔偿问题上存在着严重的冲突，附带民事诉讼和一般民事诉讼的赔偿范围不一致，导致针对同一侵权事实产生不同实体处理结果的不合理现象，这不仅造成了审判实践的不协调，也不利于公民合法权益的公平保护。

（4）诉讼费用交纳不公。根据《民事诉讼法》的规定，提起民事诉讼要交纳诉讼费用，在刑事诉讼中提起附带民事诉讼是否收取诉讼费，《刑事诉讼法》未作明确规定，1998 年最高人民法院《关于执行〈中华人民共和国刑事诉讼法〉若干问题的解释》规定："人民法院审理公诉刑事附带民事诉讼案件，不收取诉讼费用。人民法院审理自诉刑事附带民事诉讼案件，对侵犯被害人财产权利的，人民法院应当依法收取诉讼费；但对侵犯被害人人身权利的，人民法院不收取诉讼费。"由此可见，在收取诉讼费用上存在以下冲突：民事诉讼要交纳诉讼费与附带民事诉讼不一定收取诉讼费冲突、公诉附带民事诉讼不收取诉讼费与自诉附带民事诉讼部分收取诉讼费冲突、自诉附带民事诉讼中侵犯被害人人身权利案件不收取诉讼费与对侵犯被害人财产权利案件要收取诉讼费冲突。同样是利用法院的司法资源对私权利的接济，为什么在诉讼费用的交纳上如此不公正地区别对待？这种立法上的偏袒必然引起民众对法律公正的质疑。

除了上述冲突外，我国附带民事诉讼在具体审判方式、执行、检察机关在附带民事诉讼中的定位等问题上都存在一定的困扰。由于我国司法理论过于强调国家利益而将刑事诉讼置于绝对优先地位，审判者在附带民事诉讼中保护民事诉讼权利的意识较为薄弱，因此，当事人在刑事附带民事诉讼中的民事权利经常被忽视，刑事附带民事诉讼的应有价值往往难以得到发挥，由此导致被害人及一般民众对司法裁判产生严重的不信任感。

5. 我国刑事附带民事诉讼制度的完善

（1）完善我国刑事附带民事诉讼制度的理念。首先，应该强调附带民事诉讼的本质是民事诉讼，不能因为其程序上的"附带性"而忽视其实质特征和相应的独立性，同时，也不能因为这种"附带性"而回到"重刑轻民"的老路上去。在司法实践中，法官往往对附带民事诉讼重视不够，不愿意将精力放到附带民事审理中去。同时，由于对附带民事诉讼的独立性缺乏认识，法官经常用审理刑事案件的方式来审理附带民事诉讼，被告人进行辩解以及和被害人进行和解的权利难以得到保证，附带民事诉讼的审理往往缺乏亲和力和调解的氛围。我们应当正视过分强调实现国家权力而忽视个体利益的现实，在观念上应当树立起对附带民事诉讼独立性的正确认识，不能一味强调刑事诉讼的优先地位而无视附带民事诉讼应当具有的本质特征。其次，附带民事诉讼设立的主要目的是要加强被害人权益的保护，因此，对其改革、完善应紧紧围绕该目的来进行。附带民事诉讼的设立，在一定程度上正是顺应被害人这种"独特的利益要求"的产物，体现了在公权力的实施过程中对被害人权利加以保障的思想。但是，我国刑事附带民事诉讼制度并不能很好地满足这一要求。在司法实践中，司法机关在案件处理时无视被害人诉讼请求的现象也相当普遍，法院常常不通知被害人出庭，或者即使被害人出庭也只把其当做一般的证人加以询问。刑事附带民事诉讼在保障被害人权益方面的不足，不仅会引起被害人对犯罪和社会的极大不满，进而产生报复情绪，同时也违背了该制度设立的初衷，不利于维护司法机关的威信，也不利于社会秩序的恢复和稳定。再次，设立刑事附带民事诉讼同时也是基于诉讼经济的考虑。在构建附带民事诉讼的过程中，不能因为附带解决民事诉讼使原本的刑事诉讼程序有了一定的延长就否定其设立的价值。况且，诉讼的效率价值并不处于绝对优先的地位，附带民事诉讼的设立更多是基于保障被害人权益以及查明案件事实的考虑。我们也应当强调诉讼程序的科学设计，力求以最经济、最合理的方式实现两种诉讼程序的结合。最后，应当重新认识赔偿与刑罚之间的关系。在刑事附带民事诉讼中，被告人在犯罪后如何对待其犯罪行为所造成的损失，直接关系到被告人是否真正认罪、悔罪的态度问题。如果被告人在判决前积极、主动承担赔偿责任，或者自行采取有效的方法减轻损害结果的，应当在量刑上作为法定的从轻或减轻情节予以对待。对于一些犯罪性质不很严重，社会危害性较小的犯罪，如果被告人努力赔偿被害人的损失，可以判处缓刑或不予刑事处罚。同时，也应当把有能力而拒不履行附带民事诉讼义务作为撤销缓刑的法定条件之一；在判刑和假释问题上，也可以把是否履行附带民事义务作为重要条件予以考虑。这样的处理结果不仅有利于提高被告人赔偿的积极性和加强对被害人权益的保障，也有利于犯罪者更好地回归社会。

（2）界定附带民事诉讼的案件范围。理论上存在两种观点：一种观点认为，实践中掌握的乃至法律规定的附带民事诉讼的案件范围过窄，应该予以扩大；另一种观点则认为，附带民事诉讼的案件范围应该界定在一个比较小的范围内，这样才有利于附带民事诉讼的审理。对于附带民事诉讼的案件范围不应该作过多的限制性的规定，对于犯罪行为造成的损害，不论是何种犯罪所致，也不论其属于物质损失还是精神损害，只要符合提起条件，都应当允许被害人提起附带民事诉讼。首先，从各国有关附带民事诉讼的相关内容来看，几乎没有对附带民事诉讼的案件范围予以限制的规定。其次，对附带民事诉讼的案件范围进行限制也不符合我国设立附带民事诉讼的立法原意，既不利于对被害人权益的公平保障，也不能真正地节约国家司法资源。当然，放开附带民事诉讼的案件范围限制有可能导致附带民事诉讼案件数量增加，使审理刑事案件的法官工作量增大；同时，有些附带民事诉讼案件情况复杂，可能会影响刑事案件的及时审结。对于上述问题，可以通过以下途径予以解决：①刑事附带民事诉讼案件的审理期限应该较一般的刑事案件有所延长；②将审理附带民事诉讼案件的数量纳入法院业务量和法官工作量的统计数据中。在规定附带民事诉讼案件范围的同时，应当对被害人另行提起民事诉讼要求损害赔偿的权利予以规定，即附带民事诉讼和民事诉讼两种救济途径应同时开放，赋予被害人自由选择程序的权利；同时，应当使被害人的实体权利在两种途径中得到基本一致的救济。通过这种程序选择权，既可以为被害人提供最适合的救济方式，也有助于达到各法院工作量的平衡。如果刑事程序已经开始或者在提起的民事诉讼中发现涉嫌刑事犯罪时，为了保证国家追究犯罪的需要，应当强调刑事诉讼的优先性，民事诉讼不能提起，已进行的则应当中止。但是，为了对被害人权益进行必要的保障，在符合下列情形时应当允许提起民事诉讼或恢复已进行的民事诉讼：①犯罪嫌疑人已潜逃并已过一定时间，使侦查和起诉工作处于停滞状态；②被害人有或根据侦查机关、检察机关已收集的证据具备提起民事诉讼的条件。这种情况下潜逃犯罪嫌疑人负有反驳被害人的举证责任，其潜逃自应承担缺席判决的不利后果，而且这种民事判决对今后的刑事判决一般不产生影响，即使今后的刑事判决因证据不足宣告无罪也不影响该民事判决的效力。

（3）确定刑事附带民事诉讼的赔偿范围。对于刑事法律将附带民事诉讼的赔偿范围限于物质（经济）损失的规定，理论界有颇多争论。鉴于附带民事诉讼在本质上仍然属于民事诉讼，其他国家或地区对附带民事诉讼的损害赔偿范围一般都依民法之规定。例如，我国台湾地区 2002 年“刑事诉讼法”第 487 条明确规定：“因犯罪而受损害之人，于刑事诉讼程序得附带提起民事诉讼，对于被告及依民法负赔偿责任之人，请求回复其损害。前项请求之范围，依民法之规定。”相比较而言，我国刑事法律规定的附带民事诉讼的赔偿范围显然要小于民事实体的规定，而且刑事实体法和刑事程序法对附带民事诉讼赔偿范围的规定也不一致。有学者认为“物质损失”和“经济损失”两个术语之间没有实质的区别；也有学者认为刑法之所以规定为“经济损失”，表明立法者所持的扩大附带民事诉讼赔偿态度。但用“经济损失”一词来概括附带民事诉讼的赔偿范围并不妥当，其具体的含义也难以明确，而且实体法和程序法这种规定上的不一致极易造成法院裁判上的混乱状态，并不利于公正地保障被害人的权益。因此，有必要按照民事实体法的规定统一确定附带民事诉讼的损害赔偿范围。首先，应当在附带民事诉讼中合理、适当地赔偿被害人的间接损失。我国 1986 年《民法通则》第 119 条的规定提供了将被害人的间接损失纳入附带民事诉讼赔偿范围的法律依据，从全面保障被害人权益的角度出发，应当在附带民事诉讼的赔偿范围中也规定间接损失的赔偿。同时，我们也应该在该问题上兼顾附带民事赔偿范围，对此应当根据具体的犯罪事实、情节、性质以及被害人是否存在过错等情况加以合理、适当的限制。其次，应当在附带民事诉讼中确立精神损害赔偿。虽然我国《刑事诉讼法》、《刑法》的规定明确排除了附带民事诉讼中的精神损害赔偿，但是，随着人类文明的进步，人的价值越来越受重视，要求进行精神损害赔偿的比比皆是，应当从根本上加以改革，在法律上明确规定精神损害赔偿可以在刑事附带民事诉讼中提起。具体理由如下：其一，从精神损害赔偿本身的意义来看，有必要在附带民事诉讼中加以确立。法律确定精神损害赔偿制度，只是借财产赔偿的形式对人格关系中的纠纷进行调整。因为在市场经济社会中，采用经济的或者叫做财产的方式解决民事争端，是一个较为有效的办法，既可以抚慰、救济被害人的损害，又可以让加害人因这种并不获得的行为支出金钱，起到经济制裁的作用，还可以警示社会，预防侵权行为。附带民事诉讼在本质上仍是一种民事侵权纠纷引起的诉讼，而且，相对于一般的民事诉讼原告人来说，附带民事诉讼原告人受到的精神方面的痛苦和打击往往更为严重。因此，精神损害赔偿所具有的抚慰功能和全面惩罚功能同附带民事诉讼的设立目的更为吻合，更有必要加以确立。其二，从附带民事诉讼的赔偿范围问题应当用民事实体法的层面来看，也应当确立精神损害赔偿。基于附带民事诉讼在本质上仍为民事诉讼的认识，各国在附带民事诉讼的赔偿范围问题上，一般都强调适用民事实体法的规定。我国 1986 年《民法通则》第 120 条明确规定："公民的姓名权、肖像权、名誉权、荣誉权受到侵害的，有权要求停止侵害，恢复名誉、消除影响，赔礼道歉，并可以要求赔偿损失。"因此，从适用民事实体法的规定来看，应当在附带民事诉讼中确立精神损害赔偿。如何在附带民事诉讼中确定精神损害赔偿的具体数额，则需要法官根据对被害人精神损害程度的感知，以及对侵权人的过错程度，侵害手段、场合、行为方式等具体情节，侵权行为造成的后果，侵权人的获利情况，侵权人承担责任的经济能力，受诉法院所在地平均生活水平等因素的感知，行使其自由裁量权来具体确定。

（4）明确刑事附带民事诉讼的时效。我国1986年《民法通则》规定，民事诉讼的一般诉讼时效为2年，身体受到伤害要求赔偿的，适用特别诉讼时效期间的规定，时间为1年，均从权利人知道或应当知道权利被侵害之日起开始计算。根据我国1997年《刑法》第87条的规定，刑事案件的追诉期限依其刑罚分别为5年、10年、15年、20年，皆从犯罪之日起计算。可见，我国民事法律和刑事法律有关诉讼时效的规定相差甚远。理论界对于刑事附带民事诉讼的时效具体应适用民法规定还是刑法规定有着不同的看法。诉讼时效本身是一个兼具实体和程序两种性质的特殊问题，因此，并不必然适用民法关于诉讼时效的规定。从我国刑事诉讼法关于附带民事诉讼的规定来看，附带民事诉讼的时效问题应当是适用刑事法律的规定的，只要刑事诉讼程序已开始，在第一审判决宣告之前，被害人因犯罪行为而遭受物质损失的，都可以提起附带民事诉讼，而不受民事法律时效的限制。而且，从保障被害人权益的角度看，也应当在附带民事诉讼的时效问题上适用刑事法律的规定。因为犯罪具有隐蔽性和复杂性，并且经常出现犯罪分子逃跑、隐匿的情形，往往需要经历较长的时间才能破案和抓获犯罪嫌疑人。如果严格要求被害人在一般民事案件的时效内提起附带民事诉讼，必然导致大量诉讼请求被排除在附带民事诉讼的受理范围外，被害人的合法权益难以得到有效的保障。基于上述考虑，应当在附带民事诉讼的时效问题上适用刑事法律的规定。

（5）赋予被害人程序选择权。各国解决由被告人的犯罪行为所引起的损害赔偿问题有两种基本模式：一种是平行诉讼模式，即民事赔偿由单独的民事诉讼来解决，以美、日为之法例；另一种是附带诉讼模式，即被害人通过附带刑事诉讼解决，我国即是。法国刑事诉讼法赋予被害人程序选择权，即被害人可以选择民事诉讼或者附带诉讼。[①] 赋予被害人程序选择权，一方面，体现了私权的意思自治，无论是附带民事诉讼还是民事诉讼，属于保障私权利，权利人对自己的权利有支配自由，私权利的处分应体现被害人意志，限制被害人选择救济手段严重不足；另一方面，有效保障被害人权益，被害人具有追诉犯罪、惩罚犯罪的强烈愿望，同时更为关注的是自身受损害的民事权益能否迅速得到赔偿，如果允许被害人及时提起民事诉讼，就可能得到更充分的保障。借鉴法国刑事诉讼法规定，途径一经选择，不得折返，即如果被害人选择单独提起民事诉讼，则失去提起附带民事诉讼的权利；反之亦然。允许被害人在刑事诉讼之外提起民事赔偿诉讼，法院按照民事诉讼的有关规定，调解、判决等并不会对刑事诉讼造成影响。所以，被害人在遭到犯罪行为侵害之后，可以自行选择提起单独的民事诉讼，还是以附带民事诉讼的形式要求赔偿。其一，如果被害人单独提起民事诉讼，按照民法、民事诉讼法的规定进行，被告人不到场的可以缺席判决。其二，如果被害人选择附带民事诉讼方式，则应当由审理刑事案件的同一审判组织分别审理民事部分，出现被告人不在等情节的，允许当事人转而提起民事诉讼。这样就构建了一个良好的诉讼解决机制，实现对刑事附带民事诉讼案件的正确分流，确保对被害人合法权益的及时和全面的保护。

（6）第三人应纳入附带民事诉讼当事人范围。附带民事诉讼第三人是对刑事诉讼原、被告人之间的诉讼标的具有独立的请求权，或者虽无独立的请求权而案件的处理结果与其有法律上的利害关系而参加到诉讼中的人。当附带民事诉讼直接牵涉到第三人的利益时，如果不允许第三人参加诉讼，那么既不能彻底地解决民事纠纷、有效地保护当事人或第三人的合法权益，又不能及时息讼、收到便利当事人参与诉讼的效果，甚至难免在民事诉讼和刑事诉讼的裁判上出现矛盾。《法国刑事诉讼法》第 10 条规定：“刑事法官对

---

① ［法］贝尔纳·布洛克：《法国刑事诉讼法》，罗结珍译，中国政法大学出版社 2009 年版，第 231 页。

纯粹民事利益所作出的预审措施，应依照民事诉讼法典的规定执行。”《法国民事诉讼法》第325条规定：“第三人参加诉讼，仅在其与诸当事人的诉讼请求有足够联系时，始予受理。”第329条规定：“诉讼参加人提出某种利于其本人的诉讼请求时，此种参加为主参加。主参加之诉，仅在参加人相对于这种请求享有诉讼权利时，始予接受之。”第330条规定：“第三人参加诉讼系支持一方当事人的诉讼请求时，此种参加为从参加。从参加之诉，如其提出者为保全自己的权利，有利益支持一方当事人，得受理之。”《法国民事诉讼法》的规定实际上相似于我国《民事诉讼法》中将第三人划分为有独立请求权的第三人和无独立请求权的第三人。《日本刑事诉讼法》第4条第2项规定：“第三者从民事诉讼法之规定，得参加附带公诉之私诉。”《日本民事诉讼法》第51条规定：“以他人诉讼的标的物全部或一部分为自己请求的第三者，在第一审中可以对当事人双方诉讼。”第51条第2项规定：“第三者因原告及被告之共谋，而损害自己之债权为主张时亦同。”第53条规定：“在他人诉讼中，其一方之胜诉对他有权利上的利害关系，为辅助其一方参与诉讼。”我国《刑事诉讼法》没有规定第三人参加附带民事诉讼。有人认为，第三人在刑事附带民事诉讼中不宜成为诉讼参与人，因为附带民事诉讼所要解决的问题是被害人由于被告人的犯罪行为而遭受的损失赔偿问题，这里成为民事被告人的是刑事被告人，成为民事原告人的是犯罪行为的被害人，被害人有权利提出损害赔偿的请求，被告人有义务赔偿这一损失；这种附带民事诉讼范围的特定性决定了诉讼结果一般不损及其他第三人的合法权益。如果被害人对犯罪分子造成的损害不具有独立的请求权，那么他就不是犯罪行为的被害人，也就没有资格作附带民事诉讼的原告人；即使附带民事诉讼的结果损及第三人的合法权益，这一损失也不是由犯罪行为直接造成的，也不能提起附带民事诉讼。也有人认为，将第三人纳入诉讼第三人，会使附带民事诉讼复杂化、扩大化，拖延刑事审判，浪费人力、物力、时间，因而主张第三人可另行提起民事诉讼。我们认为应当允许第三人参与附带民事诉讼，原因有三：第一，保护利害关系人的合法权益，方便案外人诉讼，这是第三人制度的首要目的和功能。由于民事关系的错综复杂，他人之间进行的诉讼，客观上有可能损害案外人的合法利益，第三人参加到诉讼中来就是对第三人合法权益的救济。第二，减少诉讼成本，实现诉讼经济。第三人参加诉讼即用同一个程序解决了多个纠纷，这就等于在同样的投入下取得了更大的效益，简化了诉讼程序，节约了司法资源，提高了诉讼效率。第三，彻底解决彼此关联的纠纷，防止法院作出相互矛盾的裁判。将事实上或法律上相关联的纠纷置于同一程序下、由同一法官审判，有利于查清案件事实，可以避免相关联的纠纷因适用不同的程序由不同的法官审判而可能带来的事实认定相矛盾、裁判结果不一致的现象。参照《民事诉讼法》的规定，附带民事诉讼第三人可分为有独立请求权的第三人和无独立请求权的第三人。有独立请求权的第三人是指对原、被告人争议的权利义务关系享有全部独立请求权的第三人，在附带民事诉讼中，被告人的犯罪行为所造成的损失，真正有权要求赔偿的是第三人，所以他既不同意原告人的主张，也不同意被告人的主张，而是以独立的实体权利人的资格，参加到已经开始的附带民事诉讼中来，他在诉讼中实际上处于原告人的诉讼地位，而附带民事诉讼本诉的原、被告人则处于被告人的诉讼地位。例如，王某放火烧毁了李某的住房构成犯罪，在诉讼过程中李某提出民事赔偿请求，而李某的弟弟又提出独立的诉讼请求，认为李某的住房按照其父亲的遗嘱属于他所有，李某的弟弟就是享有全部独立请求权的第三人。无独立请求权的第三人，是指虽没有就原、被告之间争议的诉讼标的主张独立的请求权，但与案件处理结果有法律上的利害关系的第三人。在附带民事诉讼中，有时案件的处理结果与第三人有法律上的利害关系，即某一方败诉，他可能在法律上负有某种义务；某一方胜诉，他可能在法律上维护了自己的某种权利。例如，王某盗窃李某一辆汽车后，又将汽车卖给第三人张某。在刑事诉讼中，李某要求王某返还这辆汽车，这时，张某以该汽车是从王某处善意购买为理由申请参加诉讼或法院通知他参加诉讼，他即成为无独立请求权的第三人。

(7) 建立被害人国家补偿制度。因为刑事被告人往往处于经济贫困的状态，被害人的民事权益损害往往难以得到全部的赔偿，甚至根本得不到赔偿。世界各国一般都通过建立被害人国家补偿制度来弥补被害人不能从被告人处获得的经济赔偿。在我国，被害人如果不能从民事责任承担者处获得赔偿，法律上也就没有规定其他的救济办法。因此，有必要借鉴各国的经验，在我国建立被害人国家补偿制度，作为对被害人法律救济的一种补充。具体来说，可以在被告人无力赔偿、被告人被判死刑又无财产可以执行，或者被害人遭受犯罪侵害又不能查获犯罪人等情况下，为了保证被害人的基本生活，由国家对其进行救济。

(七) 吸收被害人参与量刑

1. 我国现行量刑活动存在的弊端

(1) 量刑举证不充分。审判实践中，法庭审理活动往往以证明被告人是否有罪为重心。对于公诉机关来说，只要指控的罪名成立，就意味着控诉活动获得成功，因此，公诉机关往往对量刑问题缺乏足够的重视，一些纯粹与量刑有关的事实证据不能充分地提交给法庭。对于被害人来说，多数情况下就是证人而已，没有表达量刑意见的机会；有的法院不允许刑事代理人参与案件刑事部分的审理，根本无法对被告人量刑发表被害人的看法。对于辩护人来说，一方面，他不得不全力以赴地应对公诉机关对被告人的有罪指控，另一方面，由于他在刑事诉讼程序中的调查取证权利十分有限，使得辩护人往往难以对量刑问题提出充分的证据；因此，有的案件在法庭审理时，控、辩双方对某些量刑情节都未能进行举证质证，甚至没有提及。对于法官来说，只有当他认为有必要进行调查核实证据时，才会要求检察机关向法庭移送有关案卷材料或亲自取证，但这些材料或证据由于无法进行质证，即使法官在量刑时给予了足够的考虑，往往不会在判决中予以表述，这无疑又影响了被害人、被告人对量刑公正的认同，造成讼累。

(2) 量刑辩护处困境。由于刑事审判的首要问题是解决被告人是否有罪的问题，当辩护人认为被告人并没有犯罪时，只能作有利于被告人的无罪辩护，这本来是符合诉讼规律的事，但在定罪、量刑合一的诉讼程序里，如果辩护人仅仅只作对被告人有利的无罪辩护，那将是十分危险的事情。因为一旦无罪辩护失败，辩护人就再也没有机会提出量刑意见，就不能依法保护被告人的合法权益。因此，实践中，当辩护人在法庭上振振有词地宣称被告人无罪的同时，还要有理有据地请求法庭在量刑时，根据被告人的各种表现等情况予以减轻量刑的处罚。这种做法已经成为我国律师进行刑事辩护时的一种辩护技巧，这种无奈的技巧恰恰反映了我国量刑程序上的问题，在被告人否认有罪和辩护人作无罪辩护时，如果其无罪主张得不到法庭确认，现有的程序无法保障其对量刑事实的抗辩和对量刑意见的展示，容易造成辩护人既作无罪辩护，又作减轻量刑辩护的无奈局面。

(3) 量刑操作存“暗箱”。实践中，量刑是由合议庭法官封闭地、独立地进行的一项裁判工作，不要求控辩双方提出具体的量刑意见，更不要求就具体的量刑意见进行辩论，控辩双方基本上被排除在量刑过程之外且很难预测量刑结果，更难对量刑过程进行监督。而当案件被提交审判委员会作出决定时，审委会的组成人员、讨论的时间、过程等情况更是被称为审判秘密而不允许控辩双方去了解，作为关注量刑的被害人、被告人根本没有任何渠道和方法从程序上去维护各自的利益。由此可见，量刑环节变成了“暗箱操作”的过程，也容易导致司法腐败，因为在我国《刑法》中，法定量刑幅度一般比较大，如“三年以上十年以下有期徒刑”，“十年以上有期徒刑、无期徒刑或者死刑”，“处五万元以上五十万元以下罚金或者没收财产”等；在法定刑幅度内，法官拥有很大的自由裁量权，加之法官量刑时一般采用“综合估量式”的量刑方法，在量刑时由主审法官通过审理案件，了解案情，在定罪后，参照法定量刑幅度和对类似已处理案件的量刑经验，大致地估量出该案的基础刑期，接着再考虑案件中存在的法定、酌定量刑情节，调整基础刑期，综合估量出宣告刑，提交合议庭讨论决定。这种实体法的弹性和程序法的缺陷，使得量刑易生腐败。

（4）量刑结论易生疑。有关研究人员调查显示，以量刑过重为上诉理由和以量刑畸轻为抗诉理由的案件占整个上诉、抗诉案件的60%以上，这说明，当事人对量刑不满已成为对刑事判决不服的主要原因。一方面，量刑过程中当事人缺乏有效的参与，另一方面，裁判文书对量刑理由的阐述十分简单，使当事人对量刑依据缺乏必要的了解，从而导致刑事上诉案件增加，极大地影响了诉讼效率。

2. 我国现行量刑活动的成因

（1）观念上重定罪轻量刑。就控方而言，只要指控的罪名成立，就意味着控诉的成功，因此其对于量刑问题不关心也就不奇怪了；且刑事诉讼法没有规定控方享有量刑建议权，控方可以在法庭调查和辩论中不涉及量刑问题。就辩方来说，虽然其对量刑问题极为关心，但因量刑与定罪是合一的，在罪与非罪、此罪与彼罪都没有搞清的前提下，辩护方关注量刑问题往往显得力不从心；另外，实践中律师调查权受到种种限制，导致辩护律师调查取证的难度太大，多数是会见被告人，被告人能提供多少，律师也就知道多少，因此律师对量刑问题的辩护也主要是提出被告人有自首、立功等比较明显的法定情节或者提出被告人属于初犯、偶犯、认罪态度较好等酌定情节，这样，辩方关于量刑的辩护活动，效果并不显著。就审判方来说，法官一贯重视对案件的定性（定罪），而对量刑的重视程度却远远不够，因为刑法规定的量刑幅度都比较大，只要在法定刑幅度之内量刑就不会错，所以，只要定性正确即可，至于多判几年少判几年无关紧要。基于这种认识，在处理一审案件时有的法官凭感觉和经验量刑，只要在法定刑幅度内即可；在处理上诉、申诉案件时，就形成了一个不成文的规则，即只对定性错误或量刑畸轻畸重的案件才予以改判，而对于量刑偏轻偏重的，则维持原判。正是在这种重定罪轻量刑的观念指导下，个案的量刑有欠合理，而且个案之间的量刑失衡也时有发生。

（2）司法上繁简分流不畅。目前我国刑事简易程序适用案件的范围仍然较小，审判前的案件分流还不到位，因此，对于比较重大、复杂、疑难的案件和案情比较简单、清楚的案件在审判程序上似乎相差不大，当繁不繁、当简不简，这导致了重罪案件的量刑程序过程显得草率，轻罪案件的量刑程序过程显得繁冗。

3. 国外有关量刑程序的借鉴

（1）英国。英国刑事法院将量刑与定罪明确地划分。在刑事法庭，陪审团负责决定被告人是否有罪，量刑则完全属于法官的职权。量刑程序通常就从被告人作有罪答辩或经审判认为有罪开始。第一阶段，确定犯罪事实以及就被告人的性格和履历进行听证。检察官对犯罪事实作一个概要，目的是协助法院确定刑罚，向被定罪人公开起诉案件的事实基础。第二阶段，宣读缓刑委员会给出的量刑前报告。量刑前的报告是依据缓刑委员会监督官与罪犯的会谈作出的，制作这个报告的目的是帮助法官决定给予被告人最恰当的刑罚和其他处理方法。第三阶段，辩护方提出减刑的建议。在法官宣读和考虑量刑前报告后，辩护律师有机会代表被定罪人作一个减刑的答辩。宣判时，法官会对法庭所选择的某一特定的刑罚的原因作出解释。另外，法官在作出量刑判决时，必须对与量刑有关的法律规定作出陈述。

（2）美国。①轻罪案件的量刑程序非常简短，许多轻罪案件在初次到庭后就提审和量刑听审；量刑时，法官与检察官、辩护律师交换意见后即宣布刑罚。②重罪案件的量刑程序与英国的量刑程序非常相似，主要有判决前调查与量刑听证两个步骤：第一阶段，判决前调查。辩护方在量刑阶段向法官提供判处宽恕刑罚的具体建议和正当理由。第二阶段，量刑听证会。美国区别于英国量刑听证会的是有一个“被害人影响陈述”阶段，即被害人影响陈述明确说明了被害人或被害人家庭因为被告人的犯罪行为而遭受到的伤害，包括身体的、经济的、情感的和心理的伤害；被害人影响陈述被认为是一种使被害人在法院诉讼中占有一席之地的方法，并为被害人提供了公开表述由犯罪行为造成的痛苦的机会，被害人通过对痛苦的叙说，一方面，可以促使被告人自省，另一方面，也能使被害人得到某种程度的抚慰，更为有效的是，被害人影响陈述有助于法官判断被告人罪行的严重程度。

（3）法国。①普通诉讼程序中的量刑程序。法国没有严格意义上的单独量刑程序，有关量刑的各种情节（包括被告人的人格状况）与定罪的各种情节在开庭调查时几乎融汇在一起，法庭进行评议时，按司法官的年龄与资历顺序进行，“最年轻的”陪审官首先发言，庭长最后发言，表决以投票方式进行，所作决定应当获得多数票赞成。②重罪法庭的特有规则。在重罪案件中，法庭就被告人是否有罪的问题作出肯定回答后，庭长应向陪审员宣读法国刑法典有关规定后，重罪法庭立即就适用刑罚的问题进行评议。有关刑罚的决定以投票人简单多数赞成票作出，但是，科处最高刑期的自由刑则只能以至少 8 票之多数作出；如果科处最高刑期之自由刑未能获得 8 票赞成，那么，在法定最高刑为无期徒刑时，法庭不得宣告超过 30 年的刑罚；在法定最高刑为 30 年徒刑时，法庭不得宣告超过 20 年的徒刑。如果经过第二轮秘密投票，任何刑罚都未获得简单多数的赞成票通过，则进行第三轮秘密投票。在第三轮投票中，前面两轮已经提出的最高刑均予排除。若第三轮投票仍未能获得通过，还可以进行其他几轮投票。在这些投票过程中，继续排除前一轮投票中没有得到认定的最高刑，直到可以宣判一项刑罚为止。

（4）日本。①简易程序中的量刑程序。《日本刑事诉讼法》第 29 条之二的规定，被告人认罪的案件（但相当于死刑、无期惩役或无期监禁以及最低刑期为 1 年以上的惩役或监禁的案件除外）适用简易程序，依据实体法的规定直接作出量刑决定。②普通程序中的量刑程序。传统上，日本的普通程序中没有单独的量刑程序，只是在评议表决阶段，在定罪表决完成后有一个独立的量刑评议表决程序。但现在日本司法实践操作中，出现了“诉讼程序二分论”的现象，这种“二分论”类似于英美法系中的将定罪与量刑分开的方法，它在程序上先解决定罪问题，再解决量刑问题；为了规范法官的量刑标准，在实务上已经形成了一定的量刑情形和检察官的请求处刑标准。另外，为了强化对被害人的保护，日本2001年制定《被害人保护法》，为此，《刑事诉讼法》赋予了被害人求刑权。

(5) 国外量刑程序对我们的启示。①兼顾公正与效率。两大法系都强调对量刑情节的调查，英美法系国家有判刑前调查报告制度，大陆法系国家有人格调查制度等，这些措施能使量刑更加公正；同时，为了提高诉讼效率，两大法系都根据案件的难易程度不同而设置不同的量刑程序，这样区分有利于在保障量刑公正的基础上尽量提高诉讼效率。②量刑程序显公开。程序公开有利于发挥当事人和社会舆论的监督作用，促进当事人以及社会对司法结果的信赖；两大法系都注重对量刑情节的公开调查以及都要求对量刑理由的公开，这些做法无疑符合正当程序要求。③程序参与体民主。在两大法系的量刑程序中，虽然控辩双方参与量刑的方式与程度不同，但是其量刑程序都强调控辩双方的参与，并且越来越重视被害人参与量刑的作用；同时大陆法系国家还特别注重法庭组成人员表决的平等性，每个人的意见都得到充分尊重。④程序制约利控权。为了有效制约法官在量刑方面的自由裁量权，两大法系除了通过细化刑事实体法或制定量刑指南等方法外，大陆法系越来越注重通过检察官、被害人的量刑建议来制约法官的自由裁量权，而且英美法系国家在实行辩诉交易的案件中，检察官的量刑建议几乎就是法官的量刑结论，因为法官通常都能接受控辩双方交易的结果。

4. 被害人参与量刑的程序

(1) 确立量刑公开制度。量刑公开，要求量刑过程应当向当事人公开，使诉讼当事人更为充分有效地参与。强调量刑公开：①确保量刑公正。由于量刑公开增强了量刑的透明度，使主要诉讼参与人更为充分有效地参与量刑的程序和量刑结论的制作过程，这就使得关于量刑的事实和证据能够作为争议焦点更为有效地得到表达和对抗，从而有利于法官在此基础上作出更为合法和准确的结论。从目前对量刑公正实现途径的探讨来看，许多学者主张量刑基准的精确化和量刑方法的科学化，但由于量刑在每个个案中都表现出不同的考虑因素，许多因素均需要法官主观判断和自由裁量，因此，学界对数学量刑方法、电脑量刑方法虽进行了长期研究，但其实用性、合理性还很欠缺，不能从根本上解决量刑公正的问题；而实现量刑基准的精确化，更是一个系统化的工程，从目前的理论和实践来看，由于我国判例的缺乏和罪名的多样复杂，短期内形成“量刑指南”还比较困难。因此，从量刑程序的公开化上保障量刑公正的实现，在现阶段无疑是更为现实的途径。②制约量刑裁量权。相对确定的法定刑是目前世界各国刑事立法的选择趋势，这必然赋予法官在法定的幅度内量刑上的自由裁量权，这种自由裁量是实现罪刑相适应和刑罚个别化所必需的，但法官的量刑自由裁量权又必须受到严格的制约，确保其符合司法公平正义之目标，没有有效的制约，自由裁量权便有可能被滥用；强调量刑公开，无疑是制约这种自由裁量权的有效手段。

（2）创立量刑答辩制度。量刑答辩是指在法庭审理阶段，在确定了被告人构成犯罪之后，由控辩双方就被定罪的被告人的量刑问题提出意见或建议并说明理由，并由双方就量刑意见上的差异进行辩论，以利于法院作出准确的最终裁判结论。采用独立的量刑答辩制度可以强化量刑活动的程序，改变我国量刑活动程序性不强、公开透明度不高的现状；还能够充分发挥程序在限制法官自由裁量权、展示结论合理性等方面的功能，从而弥补我国法官量刑自由裁量权制约不足的缺陷，使得法院的量刑结论的公正性获得更大的认同。我们可以借鉴英美等国家设置独立的量刑答辩程序，量刑答辩程序必须充分听取检察机关、被害人及其代理人、被告人及其辩护人的意见，具体设计：①对于被告人认罪的案件，大多数都是采用简易程序审理，可以把案件事实的认定与量刑事实的调查一并进行，而且侧重于量刑事实的调查，这样做有利于提高诉讼效率，实现立法机关设置简易程序的目的。②对于被告人不认罪的案件采取与定罪彻底分离的量刑答辩制度，因为，一方面，对被告人不认罪的案件，庭审时，大多数情况下辩方的主要活动是围绕“否定被告人有罪”这一中心来进行的，辩方的主要精力是放在证明被告人无罪的各种证据的调查和收集上；而在这时要求辩方又去进行仅和量刑有关的事实情节的调查、辩护，似乎有点强人所难。因为量刑的基础是被告人必须有罪，在辩方一方面竭尽全力地宣称被告人根本就没有犯罪的时候，另一方面又要想方设法地告诉法庭被告人所犯的是轻罪，并请求法庭在量刑时充分考虑对被告人的各种有利情节，在量刑时对被告人予以从轻、减轻或免除处罚，这样的辩护是存在矛盾的。③至于共同犯罪的案件，由于案情本身的复杂性，将量刑的事实调查与定罪的事实调查分离更有利于法庭查明案件事实真相，准确把握量刑情节，做到公正司法。由于没有专门的量刑情节调查或答辩程序，据以量刑的情节的具体运用在很大程度上取决于法官的自由裁量，而且裁量的理由并无必要在判决书上细说，可以说我国的量刑基本上是在“暗箱”里进行的。这种“暗箱操作”，在我国现有的司法环境下，为司法腐败的滋长提供了非常适宜的温床；如果采用“分离”的做法，把与量刑有关的事实情节在法庭上进行公开的调查，让控辩双方进行一定程度上的答辩，对消除“暗箱”操作带来的弊端、规范法官的自由裁量行为、预防和减少司法腐败现象，应该说是在不改变现有司法体制情况下的一剂良药。

（3）完善理由公开制度。裁判文书中量刑理由阐述过于简单，既不符合诉讼规律，也是导致当事人怀疑刑事审判结果公正、上诉率高、社会公众对法院量刑产生诸多偏见的重要原因。确保量刑公开，就必须确保法官在作出量刑结论后，在公开的裁判文书中详细地说明作出该结论的理由。量刑理由的公开，不仅是表明量刑公正性的有效方式，同时也是促进量刑决策透明度、促进量刑标准公开的重要手段。从美国联邦地区法院的判决书和德国初审法院的判决书来看，尽管其结构、行文风格上截然不同，但其对量刑理由的阐述均十分详尽，对量刑事实、依据都有明确的说明。这种共性特点无疑反映了量刑理由公开的重要性。建立量刑理由公开制度，首先应当明确按照被告人罪行所应处之量刑幅度，然后对于影响量刑的事实应当进行详细说明并加以证实；在阐述影响量刑的因素时，对于法定情节应当引用法律条文作为依据，对于酌定情节应当进行说理。此外，还应当对控辩双方关于量刑的意见予以表述并阐述是否采纳的理由。量刑理由公开不仅会有助于控辩双方以及社会公众了解量刑结论的合理性，而且有助于实现不同法院之间在量刑上的均衡和统一。

（八）构建被害人陈述和剖解制度

1. 建立被害人陈述和剖解制度的缘由

1996年《刑事诉讼法》虽规定了“被害人陈述”，被害人作为当事人，理应在刑事诉讼中特别是庭审阶段发挥其相应的作用，其到庭作证乃是帮助法官形成公正裁判的必要条件；同时，被害人在庭审的过程中必须得到陈述自己意见的机会，这实际上是被害人的一项权利，也是程序公正的应有之义——诉讼的参与主体必须富有意义地参与诉讼，有机会发表本方的意见、观点和主张，提出据以支持其主张的证据和论据，并拥有为进行这些活动所必需的便利和程序保障，从而对裁判结果的形成发挥有效的作用。对于被害人的这种陈述权，我国刑事诉讼法不是没有意识到，1996年《刑事诉讼法》第155条规定：“公诉人在法庭上宣读起诉书后，被告人、被害人可以就起诉书指控的犯罪进行陈述，公诉人可以询问被告人。”第160条规定：“经审判长许可，公诉人、当事人和辩护人、诉讼代理人可以对证据和案件情况发表意见并且可以相互辩论。”但从上述法律规定来看，我们可以看出与被告人的最后陈述权相比，被害人的陈述并不是作为一个独立的诉讼环节，它具有形式上的依附性和内容上的单一性。在庭审的过程中，被害人陈述并不是由其主动发动的，它往往要依附于检察官、法官和辩护律师的提问或者是审判长的同意，完全处于一种被动的状态。在形式上，它缺少一种独立性，不像被告人那样拥有一个独立的主动的陈述机会。而在内容上，被害人的陈述被局限为案件的案情和证据上了，对量刑等其他问题并不涉及，看上去更像一个证人在出庭作证，这种被害人的陈述的非独立化与被害人的诉讼主体地位极不相称，大大削弱了被害人陈述应该发挥的作用。被害人无法以主体身份表达自己对案件的感受、态度和要求。这种主体身份的被剥夺感也无法使被害人心灵创伤得到抚慰，其对裁判结果不满的可能性也会大大增加。在诉讼实践中，被害人的意见也不受重视，被害人的声音缺少表达的机会，往往在法庭作完证后，就沦为法庭上的看客，而不是一个参与者，对被害人诉讼地位的确定不应局限于被害人作证的范畴，而应增强被害人的实质性权利，使之真正成为具有特殊地位的一方当事人，其核心在于改变被害人的客体和被动的地位，并不断地在被害人的个人利益和权利、被告人的待遇和国家利益之间取得平衡，而加强当事人的陈述权，则是这种主体地位加强的必要条件。

从国外情况看，为确保被害人权利的实现，许多国家在加强被害人人权保障国际潮流的影响下，相继扩大了被害人对刑事程序的参与度和影响力。例如，“被害人影响陈述”（被害人影响陈述指在对已被裁决有罪的犯罪人判刑之前，由缓刑官准备的一种不公开的官方文件，旨在向法官说明犯罪行为给被害人或其家庭所造成的影响，以供法官量刑时考虑）便是美国刑事诉讼中一个非常有特色的制度。“被害人影响陈述”的内容包括被告人的犯罪前科、一份犯罪情况和影响被告人行为的因素的陈述、被害人所遭受的经济、社会、心理和生理损害的信息，以及其他任何有助于法庭量刑的信息，包括被害人的损害恢复需求。被害人有权在对被告人量刑时发表或者作出一个口头陈述，被害人影响陈述被认为是一种使被害人在法院诉讼中占有一席之地的方法，并为被害人提供了公开表述其由犯罪行为所造成的痛苦的机会，这有助于法官判断罪行的严重程度。被害人或其家庭成员在判决作出以前，可以通过在法庭上向法官表述自己的看法，或者庭后与正在准备量刑报告的缓刑官交谈以影响缓刑官的判决推荐报告，或者填写被害人影响陈述表等多种方式来行使该项权利。事实上人们认识到，被害人与犯罪嫌疑人、被告人在刑事诉讼中的关系是对立的，双方的诉讼权利保障构成了刑事诉讼中人权保障的基本内容，忽视双方中的任何一方都是片面的、不适当的。联合国《被害人人权宣言》指出，为使司法程序满足被害人的需要，应当让被害人了解他们的作用以及诉讼的范围、时间、进度和对他们案件的处理情况，在涉及严重罪行和他们要求此种资料时尤其如此；应当让被害人在涉及其利益的适当诉讼阶段出庭陈述其观点和有关事项以供考虑，而不损及被告并符合有关国家刑事司法制度。我国也要考虑这种司法的发展趋势，为保障被害人的当事人地位，被害人陈述和剖解应该成为我们在这一过程中的选择。

2. 被害人陈述和剖解的功能

(1) 启动立案程序。对于犯罪行为隐蔽的案件，被害人陈述和剖解，是引起刑事诉讼的启动器。被害人由于亲身经历了犯罪侵害，对加害人的情况和自己被侵害的情况都十分清楚，如一名女被害人向公安机关陈述和剖解其被施以暴力手段，被迫与行为人发生了性关系，那么这便可启动立案程序；如抢劫案件，通常被害人陈述和剖解也是引起立案的常见证据。

(2) 证明案件事实。被害人陈述和剖解往往能为诉讼提供重要的直接证据来源，从而为迅速确定作案对象创造有利的条件，因为被害人是犯罪行为直接侵害的对象，一般情况下，对案件事实比其他人（除被告人外）了解得更清楚、具体，而且记忆深刻；对于司法机关判断案件性质，确定侦查方面和范围，收集、核实其他证据，揭露犯罪和证实犯罪有着特别重要的作用。有些刑事案件被害人与犯罪人之间存在密切的人际联系，正是在双方的不断接触和交往中由于个性特征的差异和利益分配等不均衡等因素产生了矛盾，又没有得到及时的正确处理，最终导致矛盾激化而引发犯罪，因此，被害人如果如实陈述并适当剖解被害原因，可以全面、详尽地反映出犯罪嫌疑人、被告人作案的手段、过程，甚至其作案的动机、目的等情节，这样就能帮助办案人员克服主观臆断，正确分析判断案情，及时发现和纠正办案中的偏差，促进办案人员进一步收集新的证据。

(3) 验证被告口供。被害人陈述和剖解是验证被告人口供的重要证据材料，它能促使被告人在事实和证据面前认罪服法。被害人陈述和剖解能比较客观地揭示罪犯对其人身或财产的实际侵害，能够使罪犯正视其侵害的后果，难以否认自己的罪责，使其认识到自己所受的处罚与其给被害人造成的损害是相当的，甚至还不足以抵消被害人所受的损害以及由此而产生的各种消极社会后果，从而促使被告人悔改。因为各种证据的真实性，只有在相互比较、印证中才能审查核实，被害人陈述和剖解作为反映案件事实较全面的一种证据，对审查犯罪嫌疑人、被告人供述有重要作用。

(4) 探究犯罪原因。通过对被害人陈述和剖解的分析，可深化犯罪原因研究。绝大多数被害人是无辜被害人，其本身与犯罪行为的发生无任何关系，完全由犯罪人故意造成；极少数被害人对犯罪行为的发生负有一定责任，即被害人的行为引起了犯罪人的犯罪行为。因此，通过研究被害人的陈述和剖解，可以从被害人的角度提供对于犯罪原因的解释，促使对犯罪原因的研究更加科学。

(5) 准确定罪量刑。通过被害人陈述和剖解，可正确界定犯罪发生的责任，提高定罪量刑的准确程度。在司法实践中，刑事司法人员在犯罪的定罪量刑中也考虑被害人对犯罪发生的影响这一因素，但这种考虑往往是不自觉的，并没有从被害人与犯罪人相互作用对犯罪的责任的理论高度来认识这一问题，在这种情况下，开展被害人陈述和剖解的理论研究，分析被害人对犯罪发生是否有责任，无疑会提高刑事司法实践中定罪量刑的准确性，保证司法裁判的公正。

3. 被害人陈述和剖解的内涵

被害人陈述和剖解，是指合法权益遭受犯罪行为侵害的人就受犯罪侵害的事实向公安司法人员所作的陈述和对侵害影响以及主张惩罚犯罪的剖解，是犯罪嫌疑人、被告人供述和辩解的对称。被害人陈述和剖解的内容不仅包括被害人陈述，还包括犯罪给被害人所造成的损害情况、对被害人家庭所造成的物质和精神方面的影响以及要求惩罚犯罪等；陈述内容是遭受犯罪行为直接侵害的事实，剖解内容反映被害人的诉讼主张、是对案情事实的主观评价、不是对案件发生过程真相的客观揭示。被害人陈述和剖解还包括被害人通过参与刑事诉讼所获知的案件事实以及被害人对案件情况的推测、判断等，包括犯罪行为给被害人及其家庭所造成的损害，可能已经产生，也可能正在进行，还可能在将来才形成，是一个带有较强变化的运动过程。被害人的陈述，能够比较客观地揭示罪犯对其人身或财产的实际侵害，能够使罪犯正视其侵害的后果，难以否认自己的罪责，使其认识到自己所受的处罚与其给被害人造成的损害是相当的，甚至还不足以抵消被害人所受的损害以及由此而产生的各种消极社会后果，从而促使被告人悔改；被害人的剖解，通过向法官明确说明被害人的痛苦、恐惧和惩罚犯罪人的愿望等情况，扩大了被害人个人情况对定罪量刑的影响，法官清楚地了解到被害人的财产、社会阶层、家庭背景的情况，充分关注被害人及其家人受到的损害，这不仅有利于法官正确量刑，有利于被害人心理痛苦的恢复，也有利于被告人将来改造，最终有利于发现这场由被害人启动的刑事诉讼是否真正解决了被害人被害的问题，实现被害人陈述和剖解的功能。

4. 被害人陈述和剖解的特征

(1) 内容的广泛性。被害人陈述和剖解的内容原则上不应限制，被害人可以就犯罪情节、自己与家庭遭受的损失进行陈述和剖解，也可以对被告人作进一步的控诉和提出量刑的建议，但不能在陈述中出现蔑视法庭和司法人员、辩护人的话语，不能对被告人进行人格的诋毁和诽谤；被害人在陈述和剖解中也不能涉及国家秘密和个人隐私，如果出现上述情况，审判长有权给予制止。

(2) 时间的序列性。被害人陈述和剖解的时间应放在被告人的最后陈述前为宜，这主要是基于两点考虑：一方面有利于对公诉人的意见进行补充，另一方面有利于被告人在最后陈述时展开有针对性的辩护和说明。

(3) 行为的亲历性。被害人陈述和剖解的主体原则上应是被害人本人，在特殊情况下可以由近亲属或其授权委托人作陈述和剖解，实际上由于各种现实的原因如身体健康、名誉、隐私等问题，被害人可能不能或不便到庭作直接的陈述和剖解；在有些被害人死亡或者失去表达能力等情况的案件中，被害人陈述和剖解已经不可能，但犯罪对被害人的家庭、亲属造成的损害却并不会消失，这时候允许被害人的亲属和代理人作陈述和剖解，能够体现司法的人文关怀，同时让法官能够获取犯罪影响的最直接感受。

（4）控诉的充分性。被害人陈述和剖解与公诉人控诉的意见相悖时，应该允许被害人发表陈述和剖解。在现实中，被害人的意见往往与公诉人的意见不一致，在这里应该强调被害人陈述和剖解，检察官和法官不能因为被害人的陈述和剖解与其意见不一致而限制被害人。

（5）叙述的引导性。有些被害人思维能力、叙述能力、法律理解力不高，在庭审中，情绪可能不稳定，可能会影响诉讼的正常进行，这时候检察官或者被害人的代理人有权对被害人进行必要的引导，但这种引导应该在法官的监督下进行，防止侵害被害人陈述和剖解。

5. 被害人陈述和剖解的效用

（1）补充公诉意见。被害人陈述和剖解有助于发现案件事实，起到补充检察官公诉意见的作用。现实中作为证据适用的“被害人陈述”多形成于侦查阶段和审查起诉阶段，在庭审过程中，检察官通过对被害人提问也是按照事先固定好的“被害人陈述”这一证据展开的；这种提问有时会限制被害人的思路，而无法发掘更多的案件信息。被害人陈述和剖解可以保证被害人能够自由充分地陈述有关的案情事实，形成对检察官提问的补充；也有助于法官从被害人的最直观感受的陈述和剖解中发掘一些新的问题，而避免被公诉人的思路牵制，以作出客观公正的裁判。

（2）权衡定罪量刑。目前，我国并没有被害人的量刑建议制度，法官也没有义务接受被害人的量刑请求；然而被害人是犯罪的最直接的受害个体，刑罚的轻重将对其内心对正义的感受和身心损害的抚慰起到至关重要的作用，因此，法官在面对弹性范围很大的刑罚时，应该尽力去体现这种“罪刑相适应”原则所体现出来的公正。倾听被害人陈述和剖解，无疑是作出“具体公正”判决的有效措施，在当今刑罚预防性功能和恢复性司法的呼声日益高涨的司法环境中，尊重被害人的量刑请求是一种必然的要求，若能让被害人适时陈述和剖解更能提高司法机关所作决定的妥当性及适切性，这样，被害人陈述和剖解使法官在定罪量刑上能够全面权衡。

（3）抚慰心灵痛楚。被害人陈述和剖解将最有效地释放被害人压抑已久的情感，使其心灵得到最大的宽慰。众所周知，作为犯罪行为最直接的侵害个体，被害人的身心受到了巨大的伤害，而在庭审过程中，被害人不得不第二次沉浸于具体的犯罪情节中，承受巨大的痛苦，给予被害人陈述和剖解的机会无疑为他们提供了最佳的情绪压力宣泄的机会。同时，这也为被害人提供了集中表达意见的机会，能使其充分感受到法律所带给他们的正义，减少他们对判决不满的可能。被害人陈述和剖解是被害人的犯罪被害结果以及其经济、身体、心理状况的最直接有效的呈现，让被害人作陈述和剖解，有助于缓和被害人情绪，去除对于刑事司法制度的疏离感。此外被害人亦因意见或心情为司法所了解，有助于对司法的信赖程度的提升，且较能接受司法处理的结果；若无意见陈述和剖解，终究可能认为被害人的情况未为司法机关所考虑，对于司法机关处理结果之接受程度自然较低。因此，被害人陈述和剖解有助于被害人心情的回复及对司法的信心。

（4）促进罪犯忏悔。被害人陈述和剖解能够与犯罪人形成良好的交流，以促使犯罪人切实感受到自己的行为给他人带来的恶劣影响，并对自己的行为产生道德上的否定，产生真诚的忏悔和醒悟，从内心杜绝再犯的发生。特别在一些青少年犯罪案件中，有不少的被害人经过诉讼程序后对被告人有了新的理解，产生了怜悯和同情，从而要求法官从轻处罚；被告人从被害人那里得到真诚的宽恕实际上会对他产生更为直接和巨大的良心触动，这无疑对被告人的改造和犯罪的预防产生了积极的效果。被害人陈述和剖解有助于被告人的反省，让被告人不仅于刑事诉讼程序中面对法律的追诉、审判而反省其行为，让被告人有机会听到被害人心情及意见，有助于让被告人了解其罪行所造成的严重后果，有助于被告的反省及再犯之预防。

（九）被害人作为证人的保护

1. 坚持直接言词原则

（1）直接言词原则的内涵

直接言词原则是大陆法系国家的刑事审判原则和证据法原则，也是诉讼法原则。英美法系国家尽管没有直接确立直接言词原则，但却设有内容与之大体一致的传闻证据规则。我国《刑事诉讼法》没有具体规定。直接言词原则本来是两项原则，即直接审理原则和言词审理原则，但由于这两项原则均要求诉讼各方亲自到庭出席审判，要求法官的裁决须建立在法庭调查和辩论的基础上，因此，二者有共同的含义和功能，往往被综合在一起称为直接言词原则。根据德国学者的解释，直接审理原则有三方面的含义：一是“在场原则”，即在法庭开庭审判时，当事人以及其他诉讼参与人必须亲自到庭参加审判。二是直接采证原则，即从事法庭审判的法官必须亲自进行法庭调查和采纳证据，证据只有经过法庭以直接采纳方式获得，才可作为定案的根据，如《德国刑事诉讼法》规定，“作成判决的法官，需要自己审理案件，原则上是不得将证据调查工作委由别人来完成，例如受命或受托法官”。三是“采纳原始证据原则”，即要求法官认定案件事实或制作判决，必须直接以原始证据为依据，传来证据只有在法律规定的情况下才能准许采纳。言词审理原则又称“言词辩论原则”或“口证原则”，它有两方面的含义：一是参加审判的各方应以言词陈述的方式从事审理、攻击、防御等各种诉讼行为，所有未在法庭审判过程中以言词或口头方式进行的诉讼行为，均不应当是有程序上的效力，如《法国刑事诉讼法》第452条规定，证人应当口头作证；《德国刑事诉讼法》第250条（询问本人原则）规定：“对事实的证明如果是建立在一个人的感觉之上时候，要在审判中对他询问。询问不允许以宣读以前的询问笔录中或书面证言而代替。”二是在法庭上提出任何证据材料均应以言词陈述的方式进行，任何未经在法庭上以言词方式提出和调查的证据均不得作为法庭裁判的根据。直接原则强调法庭直接审理和直接采证，言词原则强调法庭审理和法庭采证应以言词的形式进行，但两者相互贯通，相互兼容。因此，直接言词原则的基本含义可表述为：法院的一切刑事审判活动必须在有关诉讼主体充分、有效的参与下，以口头的方式进行。

（2）直接言词原则的特征

①指导性。即直接言词原则对法院及有关诉讼主体在刑事审判中进行诉讼活动的指引和导向，表现为：第一，指导刑事审判立法，即它是制定有关刑事审判法律规范的原点；第二，调整和规范诉讼各方的诉讼行为，对刑事审判的运行进行规制，保障正当法律程序在刑事审判中得以实施；第三，指导法官能动地进行审判活动，即为法官合理行使自由裁量权提供了一种恒定的司法准则。

②保障性。即直接言词原则是用以实现刑事诉讼目的保障性手段，在庭审中贯彻该原则，有助于调动诉讼各方的积极性，使控辩双方机会均等，使诉讼参与人的民主权利得以实现，制约审判中的违法活动和法官的徇私舞弊，从而保障人权；同时通过质证，鉴别证据真伪，排除伪证，查明案情，从而准确惩罚犯罪，实现刑事诉讼的目的。

③相对性。即直接言词原则在运作中是有条件的，表现为：第一，审判对象上的限制，只能适用于第一审法院就刑事案件的事实所作的审判活动；第二，简易程序上的限制，一般不适用于各种为提高诉讼效率而设置的简易程序，如德国的“刑罚命令程序”、“简易审判程序”，日本的“略式程序”及美国的“辩诉交易程序”等；第三，特别场合上的限制，有一些特别的场合下不能适用，如在一些特殊情况下法庭可就被告人的刑事责任问题举行缺席审判程序，在证人因死亡、生理上或精神上无能力等客观情况而无法出庭作证时，法官可将经过审查的书面证言作为裁判的根据，或者在控辩双方参与下亲自去证人住处进行询问并制作书面笔录，或者委托当地法院对证人进行调查并将询问笔录作为证据，等等。

（3）直接言词原则的相关规则

①诉讼各方必须出庭并当庭陈述。诉讼各方，包括当事人、检察官等必须到庭，只有在他们亲自在场的情况下，法庭审判才能进

行。在法庭审判过程中，所有原证人、鉴定人必须亲自出庭向法庭提供证言，被害人、被告人也必须当庭陈述，体现了直接言词原则中“在场原则”和“口证原则”的要求。

②法官必须在主观和客观上都能实际参与法庭审判的全过程，这一原则被称为实际参与原则，要求：a. 法官必须具备专业知识和司法能力。法官只有具备丰富的专业知识和诉讼经验，才能在法庭审判有限的时空范围内对控辩双方相互冲突的主张和论证及不同证据之间错综复杂的逻辑关系洞若观火，从而准确把握案件客观真实。b. 法官必须有足够的精力和体力参与审判过程。如果法官在审判过程中体力或精神不济，难以适应庭审的高强度和快节奏，无法在法庭直接言词审理的过程中把握案件事实，那么其不得不依靠书面材料或其他庭外信息作出裁判，从而损害直接言词原则的基本精神。c. 法官必须在主观上现实地参与法庭的审判过程。法官在审判的过程中不得心不在焉，不得顾及与审判无关的问题，否则，其作出裁判时，也难以真正摆脱对书面材料及其他庭外信息的依靠。

③法庭审判必须持续而集中地进行，一般不得中断，这一原则被称为集中原则、密集原则。要求法庭审判一旦开始，就必须按照法定的程序持续不断地进行下去，直到法庭作出裁判为止。目的是为了确保法官在法庭直接言词审理过程中形成的记忆极为清晰时作出裁判，从而使直接言词原则的要求落到实处。如《德国刑事诉讼法》第226条（不间断地在场）规定，审判必须在被召集作裁判人员、检察院和法院书记处一名书记员不间断地在场情形下进行。第229条（中断审判之最长时间）第1项规定，对审断允许中断至10日，中断时间超过10日的，法庭必须作出延期审判的决定，一旦决定延期审判，随后进行的审判程序必须重新开始。

④从事法庭审判的法官必须自始至终地参加审判，不得中途更换，这一原则被称为法官不得更换原则。要求法官必须亲自参与法庭审判，亲自听取诉讼各方的举证、陈述、质证和辩论，听取证人、鉴定人等的口头陈述，并在必要时直接询问证人、鉴定人等。

如《日本刑事诉讼法》第315条规定："在开庭后更换法官时，应当更新公审程序。"为了防止因更换法官导致审判程序的重新开始和重复进行影响诉讼效率，许多国家设立了"替补法官"制度，即在法庭审判开始时，首席法官可安排超过法定人数的替补法官参与审判，替补法官自始至终参与审理，并有提问权，但不能参加评议和表决。当法定人数内的法官因故不能审理时，替补法官即正式参加审判工作，取得正式法官的全部权力，从而确保庭审能持续不断地进行。

（4）直接言词原则的哲理分析

①诉讼的主体性。诉讼主体性理论承认人格的主体性，即承认人的尊严。法官、检察官、被告人、被害人、证人、鉴定人及其他参与刑事诉讼的人都具有这一基本意义上的主体性。刑事诉讼是人格上的人与人的关系，卡尔·波泊将其称为"友好的—敌对的合作"。刑事审判是以法官为首的一切参与诉讼的人充分发挥正确意义上的主体性并通过相互进行"友好的—敌对的合作"来实现的，从而使诉讼参与人的人格尊严得到应有的肯定和尊重，这是直接言词原则存在的理论基础之一。

②认识的规律性。刑事审判是一种认识活动，裁判者对案件事实的认定只能建立在有关知情者对案件的认识基础上。这就要求有关诉讼主体到场，以口头方式发掘案情，尽可能使法官接近案件事实，提高法官对证据的分辨能力，因为控辩双方的证据充分在法庭上展示及辩论，双方都能询问证人、鉴定人，这使虚假证据最可能暴露出来而不被采用，各种证据的证明力强弱也呈现无遗。诉讼各方通过合理有序的诉讼行为揭示案件事实真相，遵循认识活动的规律性，实现诉讼的目的。

③心理的认知性。在刑事审判中，言词陈述给人以听觉和视觉之综合效果，而书面展示反结人以视觉之单一效果，这样，口头审理可使裁判官获得新鲜而深刻的印象；陈述者使用口头言词陈述使人们更能了解真实意思；采取言词审理，裁判者对于陈述者的态度，也可作为判断其陈述内容的参考；言词审理是在各方当事人到

场的情况下进行，一方当事人获悉他方当事人所提供的证据事实以后，作出相应的反应，这样促使交互作用不断发生，有助于案件真相的发现，有助于裁判者更多地接触和了解案情信息，为全面、客观地认定案件事实奠定基础，这与现代认知心理学的要求相一致。

(5) 直接言词原则的价值分析

①实体真实。直接言词原则对发现案件实体真实具有工具价值，表现为：a. 甄别证据和选择证据，认定案件事实，以准确适用法律。直接言词原则要求一切证据均在法庭上出示，诉讼各方均以口头言词方式对证据进行质证、发表意见，法官在听取各方意见后，对证据进行全面、公正、客观的审查和评价，排斥虚假的证据，对证据的证明力予以评估，为适用刑法提供条件，保障裁判结果公正地实现。b. 保证司法公正。刑事审判中贯彻直接言词原则，使法院审判权的运行全过程纳入诉讼参与人的视力和听力范围内，增加诉讼活动的透明度，体现诉讼参与人以诉讼权利监督审判权的行使，有助于实现司法公正。c. 使法院裁判更具有权威性。直接言词原则为诉讼各方提供证据和发表意见的机会和途径，刑事裁判只有获得当事人和社会公众内心和外在意思的一致认同和支持，才有权威性。

②程序正义。直接言词原则对实现程序正义具有独立价值，表现为：a. 确立当事人的诉讼法律关系主体地位，使其作为诉讼主体的人格尊严得到承认和尊重。直接言词原则要求当事人亲自出席法庭，实施有关诉讼行为，法官在听取当事人意见的基础上作出判决，使当事人充分参与与之命运息息相关的判决的制作过程，从而使当事人的诉讼主体地位得以彻底和完整地凸显。b. 实现诉讼职能的分离。控诉、辩护和审判三种职能相分离，这是现代刑事审判的基本格局，直接言词原则要求庭审中各方出庭，当庭实施诉讼行为法官在听取各方证据、意见的基础上作出裁判，实现控辩平衡、审判独立，使刑事审判的结构通过直接言词得以实现。c. 实现当事人的质证权。有权对其不利的证人进行质证是许多国家立法及国际人权公约都规定的被告人应享有的一项基本人权。如《公民权

利与政治权利国际公约》第14条第3款（戊）项规定，“讯问或业已经讯问对他不利的证人”是当事人的一项基本权利。直接言词原则要求所有证人出庭并以口头形式提供证言，有助于当事人质证权的实现。

③诉讼效率。坚持直接言词原则有助于提高刑事诉讼效率。a. 可以降低错误的司法判决成本。有助于裁判者与法庭审理之间的直接联系建立起来，阻断起诉书中的证据和事实单方面优势地影响裁判者，通过直接言词原则“过滤”的证据及其支持的事实更接近案件事实真相，裁判者以此为基础形成心证，进而作出裁判，这样可以更大程度地避免误判，从而使因错误判决而必须纠正的概率更低。因此，法官以直接言词方式从事法庭审判比那种间接书面的审理方式更有助于减少误判无辜现象的发生，因而可大大降低裁判错误所带来的经济资源耗费。b. 提高案件的审判速度。在直接言词审理方式下，证人证言必须经当庭质证，会在一定程度上延长诉讼时间，一旦法官或控辩双方对证方之诉真实性和可靠性发生疑问，即可当庭对证人进行盘问，无须休庭进行庭前调查，有助于提高案件的审判速度。c. 避免不必要的上诉或抗诉。在直接言词审判方式下，控辩双方有权亲自出庭陈述主张和提出证据，有权对对方证人进行询问和盘话并展开充分的辩论，以一种理性的方式说服法官和对方，有助于使败诉方从心理上接受法官的裁判，避免不必要的上诉或控诉，从而提高诉讼效率。

(6) 我国刑事诉讼中直接言词原则的贯彻

①切实保障控辩双方到场。a. 当事人必须到庭自始至终参与审判，并且在生理上和精神上有参与审判之能力。除法律另有规定外，不允许缺席审判。b. 对适用简易程序的公诉案件，控方可以不出席法庭，有悖于直接原则中的在场原则，造成控审不分，应规定被害人出席法庭。对自诉案件被告人拒不出庭的，法院有权拘传，强制其到庭。

②证人出庭作证。a. 证人出庭作证是法定义务，对无正当理由拒不出庭或到庭拒不作证的证人应当采取强制措施；对拒证严

重、构成犯罪的，可在刑法中设置相应罪名，如“拒证罪”或“藐视法庭罪”，追究其刑事责任。b. 应建立鉴定人、侦查警察出庭作证制度。他们提供的证据材料必须在法庭上提出并接受诉讼各方的质证，否则，不得作为裁判的根据。

③法官到庭直接接触证据。由于起诉采取“复印件主义”，这可能使法官审判直接接触证据，易形成预断，背离直接言词原则的要求。法官必须亲自出庭并充分有效地主持审判，不得中途退庭，除法律规定外，不得更换法官。

④一切证据均须当庭质证，建立交叉询问规则。控辩双方提出的证据均须在法庭上出示，由诉讼各方发表意见，交叉询问，进行辩论；未经当庭提出和质证的证据法官不得采证。建立交叉询问规则，有利于发现案件事实，对证人提供虚假证言形成巨大的威胁力量，体现了对当事人主体地位的尊重，实现控辩双方的平等对抗，从而实现程序正义。

⑤庭前审查制度的完善。现行庭前审查制度容易使法官产生预断，其完善方案有二：一是改革起诉制度，采取起诉状“一本主义”，即检察官在起诉时，起诉书只列犯罪事实，不附带有关的任何证据，如《日本刑事诉讼法》第 256 条规定：“提起公诉，应当提出起诉书……起诉书不得添附可能使法官对案件产生预断的文书及其他物品，或者引用该文书等的内容。”日本起诉采取“一本主义”。二是设置对刑事案件进行实体性的庭前审查程序。由预审法官审查起诉，并决定是否对案件进行审判，审查主要是书面审，也可以以开庭形式在检察官、当事人的参与下进行，预审法官不得参与案件的法庭审判，如《法国刑事诉讼法》规定，预审法官对共和国检察官移送的案卷进行审查，裁定是否起诉。

⑥贯彻控审分离、控辩平等。庭审法官拥有一定的庭外调查权，这混淆了控审职能，应由不参加庭审的法官进行采证，可设置采证法官或事务法官。现行《刑事诉讼法》规定证人出庭作证，因调查取证主体不同而有区别，即控辩在取证上的不平等。为此，必须赋予控辩双方同等的取证权以及要求证人出庭作证的权利。

⑦改革审判委员会组织。审判委员会讨论案件，采取不开庭的形式，并不传唤当事人及其他诉讼参与人，不直接与有关诉讼参与人接触，仅仅听取合议庭成员对案件的汇报，或者阅读庭审的笔录，起诉书及其他诉讼材料，以此对案件作出决定，拥有不审而决的权力，这严重违背直接言词原则。这一“不接触病人却开药方”的组织应当改革，或取消审判委员会，或改为咨询委员会。

⑧延期审理的期限有待修改。根据我国《刑事诉讼法》第166条的规定，法院在审判过程中，因法定情形延期审理的期限可达1个月。从国外有关规定来看，一般中断期限总计不超过10日或15日，如《德国刑事诉讼法》第229条规定：“中断审理期间总计不超过十日的，可以恢复审判的进行，中断期间超过十日的，法庭重新开始审判程序。”我国台湾地区“刑事诉讼法”第293条规定：“审判非一次期日所能终结者，除有特别情形外，应于次日连续开庭。如下次开庭因事故至15日以上者，应更新审判程序。”如果庭审中断时间太长，法官在法庭上对各项证据所产生的直观和新鲜的印象就会因中断而减弱，法官与证据之间的直接联系就会存在障碍。根据我国具体情况，选择15日为宜。

2. 现行刑事诉讼中证人保护存在的问题

（1）保护主体不统一。《刑事诉讼法》规定，公、检、法都是证人保护机关，但三机关之间如何分工、各自在保护证人方面的作用如何、在不同的诉讼阶段分别承担哪些职责等，均未作出具体明确规定，致使操作起来难以协调、无所适从。由于缺乏统一的保护机构，真正出现问题时，往往是三家都有责但三家都不管；司法实践中经常出现公、检、法三机关相互推诿的现象。这既不利于保护证人、提高证人出庭作证的积极性，也给那些打击报复证人的不法分子留下了可乘之机，让打击报复证人的行为屡屡得逞，证人作证遭打击报复的危险性越来越高。

（2）保护内容不具体。对证人怎么保护、保护的期限、保护的程度如何；公、检、法如果不去履行保护证人职责或者证人要求保护而这些部门动作迟缓、保障无力，造成证人合法权益受到损害怎么办；三机关由于故意、重大过失造成重要证人丢失、被劫持、被杀害，其直接责任人员应负什么样的责任、承担什么样的法律后果等，几乎都没有规定。此外，由于刑事证人程序性保护机制缺失，造成司法实践中证人“诉求无据、控告不理”的现象。

(3) 保护方法不合理。现行《刑事诉讼法》第 49 条规定：“……对证人及其近亲属进行威胁、侮辱、殴打或者打击报复，构成犯罪的，依法追究刑事责任；尚不够刑事处罚的，依法给予治安管理处罚。”《刑法》第 308 条专门设立打击报复证人罪。这些规定表明，证人只有在实际遭到打击报复或因作证而付出一定代价后，才给予行为人一定的惩罚，没有将证人因作证而将遭受的各种风险降低到最低限度，仅仅在现实的侵害发生后采取一些补救措施的事后保护制度存在着很大的缺陷，客观上不能避免证人可能面临的危险，当然也不足以彻底消除证人主观上的恐惧心理和后顾之忧。

(4) 保护对象不充分。《刑法》第 308 条保护的对象限于证人，与《刑事诉讼法》第 49 条保护证人及其近亲属规定不一致，形成了对证人近亲属及其他关系密切人保护的立法真空，致使他们受到打击报复而求诉无门，不法分子常常逍遥法外，这不能不说是《刑法》第 308 条的一个缺陷。证人作证，不仅自己可能会受到来自各方面的打击报复，证人的配偶、父母、子女甚至男女朋友、未婚夫妻等与证人关系密切的人也可能会受到株连，成为打击报复的对象。实践中，因证人作证，其父母受到威胁恫吓、配偶被无端下岗、子女被绑架等事件也经常见诸报端。

(5) 经济补偿无保障。证人作证，尤其是出庭作证，不仅要面临人身安全风险，而且要花费时间和精力，影响其工作和生活，客观上不可避免地产生诸如交通费、误工费、住宿费、餐饮费等相关费用，刑事诉讼法对刑事证人的经济补偿未规定，证人要求补偿于法无据，公、检、法也常常以作证是公民应尽的义务为由拒绝证人的补偿要求，这无疑会影响刑事证人出庭作证的积极性。

3. 完善证人的保护措施

（1）扩大证人保护对象

《葡萄牙证人保护法》第 1 条、我国台湾地区“证人保护法”第 4 条及有关国际公约均规定刑事证人保护措施适用于刑事证人及亲属和其他与之有密切关系的人。我国《刑事诉讼法》规定的证人保护对象是证人及其近亲属，而刑法规定的证人保护对象仅是证人，两部大法规定相差甚远，造成了执法的困惑。刑事证人保护对象应包括证人和与证人关系密切的人。①证人。根据《国际刑事法院规约》规定，证人保护对象除一般证人外还应包括鉴定人（类似的专家证人）、“污点证人”、“潜在证人”。“污点证人”主要涉及团伙犯罪、黑社会性质组织犯罪、毒品犯罪等严重威胁到社会安全犯罪的共犯，其证言在案件中意义很大，由于这类犯罪的组织性较强，证人因作证遭到灭口的危险极大，有必要对其加以保护。“潜在证人”即已经接受调查机关询问但还没有进入作证程序的证人，所起作用是为了帮助侦查、调查人员查明案件事实，获取证据线索，保全证据，这类证人有可能随着刑事诉讼的推进而转化为诉讼证人。②与证人关系密切的人。在许多国家和地区，证人保护的对象绝大部分都扩展到了与证人有各种特殊密切关系的人，如《美国证人安全改革法》中，保护对象除了证人及近亲属外，还包括与证人关系密切的其他人；我国台湾地区“证人保护法”与证人关系密切的人包括“证人之配偶、直系血亲、三亲等内旁系血亲、二亲等内姻亲或家长、家属、与证人定有婚约者或其他身份上或者生活上有密切利害关系之人”。我们认为“与证人关系密切的人”应包括配偶、直系血亲、两代以内旁系血亲和姻亲及与证人身份或生活上有密切利害关系的其他人，“与证人身份或生活上有密切利害关系的人”由证人保护机构根据具体情况确定，这样界定是对证人保护的一种扩张，是保护证人必要的延伸。

（2）设置专门保护机构

根据我国《刑事诉讼法》第 49 条规定，公、检、法都是证人保护机关，但这种笼统的规定并未确定三机关各自的保护职责，在实践中它们均有责任但又难以明确分工，彼此间互相扯皮、推诿责任的情况时有发生。目前关于证人保护机构的建立学界主要有两种观点：一种观点认为，证人保护的任务应当由公安机关作为专门机构承担，因为公安机关的派出所负有治安管理和侦破刑事案件的双重职责，机构健全，人员较多，装备较好，管辖的地区较广，所以应由派出所执行。但是，由于我国公安机关担负着侦查和治安管理的双重职责，任务本来就已经很繁重，如果再把保护证人的职责完全交付给它，使其在诉讼全过程甚至诉讼后继续负责证人保护，保护的效果不免令人担忧。另一种观点认为，在现有立法框架下，证人保护机关应为刑事诉讼中公安机关、检察院和法院，但应建立证人及其近亲属的保护措施移送交接制度，使有关司法机关分别承担案件在本机关期限内对证人保护的责任。这种各机关分阶段负责证人的保护制度，似乎划清了三机关的保护职责，但是不利于证人保护的连续性和有效性，也会使程序变得烦琐。而且，如果没有专门的证人保护机构，将很难进行有效协调，无法达到良好的效果。证人保护是一项复杂的工作，为了更好地实现对证人的保护，应建立专门的证人保护机关。只有由一个专门的证人保护机构来负责证人因作证引发的许多问题，才能更有效地保障证人的权益不受侵犯。具体设想：在公安部内设置证人保护总局，专门负责证人保护的国内协调和对外协查、交涉事务，统一组织领导全国的证人保护工作；各省、自治区和直辖市公安厅（局）设证人保护分局，在设区的市、自治州（地区）公安分局内设证人保护支局，负责本辖区范围内证人保护工作的组织领导、指挥协调等；在县（市）、自治县公安局内设证人保护所具体负责本区域证人保护的执行工作，主要内容包括受理证人保护申请、审查证人需要保护的原因、确定证人保护的期限和等级、制定和实施证人保护方案等。根据我国农村群众居住较分散的特点及部分地区地处偏远、交通不便的情况，在部分乡、镇公安派出所中适当配备证人保护专职人员。

（3）建立防惩并举机制

为提高证人的保护功效，证人保护应从事后惩处的保护措施变革为以预防为主、惩防结合的保护机制。借鉴国外的经验，我国预防保护措施应包括：为证人保密，使其姓名、住址、身份在出庭前不被公开；在开庭时实行隐名作证或者采取现代化的科技手段；重视危险报告制度；及时、有效地排除对证人的威胁、恐吓和伤害；采取必要的防范措施以避免不法侵害行为的发生，如将证人转移到安全地点或派人守护，对重大案件的重要证人，可采取跟踪保护、贴身保护等方法。打击报复证人，不仅是对证人的权益侵害，更是对国家正常司法活动的严重破坏，必须依法严惩。为此，应修改《刑法》第308条，将证人及其近亲属和其他有密切关系的人共同作为打击报复证人罪的犯罪对象；在打击报复证人罪和其他犯罪形成交互竞合时，将打击报复证人的犯罪动机作为从重处罚的法定情节。

（4）健全人身安全保护

①建立证人及近亲属身份保密制度。《刑事诉讼法》没有关于证人身份保密的规定，2002年最高人民法院《关于行政诉讼证据若干问题的规定》第74条规定："证人、鉴定人及其近亲属的人身和财产安全受法律保护。人民法院应当对证人、鉴定人的住址和联系方式予以保密。"在暴力犯罪案件或者其他较为重大的案件中，侦查机关在询问证人的同时，应当对证人身份和住址予以保密，在访问证人时也应尽量隐蔽行踪。对于实在无法保密身份的证人（如犯罪分子作案的时候看到证人并且认识），如果危险性较大，最好转移到安全隐秘的地方施以专门保护。这种做法还应当适用于向警方报案的人。在审判阶段，证人的身份一般是公开的，但如果法院认为证人姓名、住址、联系方式等信息的披露将对证人造成现实伤害或构成重大威胁时，实行隐名作证。有条件的可以在法庭上为证人设置由单向玻璃制成的作证室，里面的证人可以看见外面的人，但是外面的人看不见里面的证人；或者允许证人在特制的屏幕后出庭作证，接受质证，并使用改变声音的设备传导证人的讲话，使别人无法通过声音识别证人的身份。

②危险报告制度。证人如果面临现实危险，有权申请保护机关

采取适当的预防方案。为此，可以设立统一的证人保护热线，24小时派专人值班，随时应对侵犯证人的突发情况。我国已经存在的110报警电话和基层司法服务电话148就是这种热线，所以实施起来并不困难，关键问题在于如何判断证人是否处于现实的危险中。我们认为，有下列情形之一的，可认定证人已处于现实危险之中：证人受到多次的语言威胁，有足够的理由相信现实的危险即将来临；证人正在遭受身体的攻击和暴力行为的伤害，而这种伤害凭证人自己的能力无法排除；证人或者其近亲属已经受到一定程度的伤害，并且该种伤害并没有终止的迹象。一旦接到证人报告以上情形，证人保护机构应当及时采取排除危险因素的措施，如果发现证人所报告的危险不存在或已经消失，应当及时向报告的证人说明。

（5）设立特殊保护措施

①重点证人贴身保护。证人的贴身保护主要适用于人身安全受到严重威胁的重点证人，而且是有着遭受危险的现实的“即时”可能性。如有组织犯罪或黑社会犯罪等案件中的证人，或者其他重大犯罪案件中的证人，在案件的审判中遭到不明身份人的恐吓和威胁，或者已经遭到了一定程度的侵害，这种危险必须是现实的具有紧迫性的。贴身保护的例子在国外非常多且我国大陆也不乏其例，只是尚未形成一种制度，如1998年花都市检察院对一起职务侵占案的主要证人——一位香港商人实施的证人保护行动便是司法实践中保障证人人身安全的一起成功案例。该案的主要证人是香港商人，他在接到出庭通知后要求检察机关对其人身安全进行保护。花都市检察院为此组成了证人保护小组，从证人进入罗湖口岸即对其进行保护。证人出庭作证完毕后，由保护小组护送证人顺利出关返回香港，保护任务即告结束。但就我国目前的经济能力，实行这样的特殊保护尚有诸多困难，因此根据现实条件，特殊保护措施只能适用于特别重大的有组织犯罪案件及其他具有严重人身危害性的刑事案件中的证人。如存在现实危险，证人可以申请证人保护机构提供贴身保护，证人保护机构也可以依职权提供贴身保护。贴身保护由专职人员实行24小时保护，保护期间，除非获得保护机构准许，

证人不得离开指定地点。

②作证后的特殊保护。在证人作证后，如果存在严重威胁证人安全的情形而且难以排除时，证人保护机构可以对证人实施事后保护，具体措施可以采取相貌整容、身份变更、住所迁移、异地安置等。如我国台湾地区“证人保护法”第13条规定，证人或与其有密切利害关系之人之生命、身体或财产有遭受危害之虞，且短期内有变更生活、工作地点及方式之确实必要者，法官或检察官得给予短期生活安置，指定安置机关，在一定期间内将受保护人安置于适当地方并给予生活照料。身份更换和工作安排，通过国家公安、民政部门合法地更换身份和档案，困难不会太大，要求有关的劳动人事部门为数量极少的证人安排工作也不会引起很大不便，只要有关部门统一协调，做到保密，当无大碍。住所迁移的主要影响因素是地域，一个在南方（农村）作证的证人如果安置到北方（城市），可能存在比较大的困难，也可以先试点后推广。

（6）实施证人经济补偿

近年来，我国对民事证人的经济补偿作了一些有意的尝试，最高人民法院《关于民事诉讼证据的若干规定》第54条规定：“证人因出庭作证而支出的合理费用，由提供证人的一方当事人先行支付，由败诉一方当事人承担。”厦门市思明区人民法院2002年出台了《关于证人作证费用补偿和负担的暂行规定》，指出：今后该院受理的民事、商事、行政、再审等案件，如果当事人申请证人作证得到法院审查认可，当事人要在指定期限内向法院预交证人出庭作证的误工补贴、交通费、住宿费等，证人在履行作证义务后，有权向法院领取因作证而支出的合理费用。这笔费用原则上由败诉一方当事人承担，在操作上将根据证人证言被法院采信的情况而判断由诉讼的哪一方负担。这些规定尽管还不是很完善，但毕竟是一个突破。无论是英美法系国家还是大陆法系国家，对证人的经济补偿都有法律规定。我国应借鉴国外的立法经验，对证人的经济补偿作出明确规定。目前，在制定《证人保护法》尚不成熟的情况下，可参照我国有关民事证人经济补偿的相关规定，由最高人民法院先行作出司法解释，对刑事证人的经济补偿作出规定，以此弥补立法的不足。证人作证的经济补偿项目应包括交通费、住宿费、餐饮费、误工费等；有条件的地方还可以适当补偿间接经济损失；对重大有影响的案件，证人出庭作证的，可给予其一定的物质奖励。具体由公安司法机关在证人作证后及时发放。刑事证人的经济补偿只能由国家承担而不能由控辩双方或当事人承担，因为刑事案件的判决结果直接关系到公民的人身权利（甚至生命权），并且这些权利一旦被错误剥夺将无法补救。如果证人的出庭费用由当事人承担，一方面，可能会出现变相收买证人的情况，另一方面，可能会由于当事人没有能力补偿证人而导致证人不愿出庭作证，这两种情况都可能会影响司法公正。尤其在公诉案件中，一方是检察机关，另一方则是即将被剥夺人身权利甚至生命的被告人，案件的处理结果也不存在败诉的一方，证人的补偿费用自然也不能像民事、行政案件一样由败诉方承担。因此，应当设立证人专项基金，该基金应由国家负担，列入国家财政预算，专款专用，严禁滥用和挪作他用。

4. 明确诉讼免证事项

(1) 司法认知

司法认知又称审判上的知悉，是指裁判者在审判过程中对应当适用的法律或有待认定的事实，以宣告的形式直接予以确认，并把它作为裁判的根据。它具有以下主要特点：第一，司法认知具有客观性。司法认知的对象是法律、众所周知的事实、科学规律及确实可靠的经验定理，无论当事人是否承认，都是客观存在的，因而具有客观性。第二，司法认知具有公知性。司法认知的事项为大众所周知。

①司法认知的范围，一般包括法律与事实：a. 这里的法律是从广义上来讲的，包括本国法、国际条约及外国法。本国法包括宪法、法律、行政法规、部门规章、地方性法规。凡是国家依国际法程序缔结、参加的国际条约，如同国内法律，都属于司法认知的范围，如美国联邦宪法明文规定：“以合众国的权力所缔结的条约，应视为本国的最高法律，即使与任何州之宪法或法律有抵触时，各

州法官均应受其约束。”外国法包括成文法和判例法，对国外法的识别，各国的做法并不一致，概而言之，主要有以下几种处理办法：第一，把外国法识别为“事实”，必须由当事人主张和证明，这是英国和美国法院的一般做法；第二，把外国法看做“事实”，原则上应由当事人举证证明，但法官也可以直接认定，法国的做法便是如此；第三，把外国法看做法律，由法官负责调查，无须当事人举证，意大利采取这种做法；第四，对外国法的查明，既不同于查明国内法的程序，也不同于查明“事实”的程序，原则上由法官负责调查，但当事人应该予以协助，德国和奥地利便采取这种做法。我们认为，对外国法，原则上应识别为待证事实，这是国家主权原则在司法制度中的反映。关于习惯，英美法系国家，将通行的习惯视为习惯法，作为法的渊源之一，大陆法系国家也不同程度地承认习惯的法律效力。国际法上，“国际习惯与国际条约并列为国际法的主要渊源”。如《国际法院规约》第38条规定：“国际习惯，作为通例之证明而经接受为法律者”，应成为国际法院断案的依据。对于通行的习惯，如果法院已知或易于获悉，也是可以认知的。b. 事实的范围极为广泛，分为以下几类：第一，众所周知的事实。众所周知的事实，无须证明，这是一条古老的法则，并为当今各国的学说和判例所接受。所谓众所周知的事实，系指众人皆知且承认为真实的不容争执的事实，如鸟飞、鱼潜、饥则思食、渴则思饮、某月某日是星期几、一般农作物的播种与收获季节、太阳东升西落等。但是，某事实是否为众所周知，在评价标准上，英美法系与大陆法系有别。英美法系国家以一般人的认识为标准，凡一般人都知道的事实，法官也必须知道，因为法官是一般人中的一部分；大陆法系国家则以法官的认识为标准，法官是一般人中的一部分，如果法官都不知道的事实，那么，该事实就不能成为众所周知的事实。我们认为，还是以一般人知晓作为众所周知事实的标准较好。第二，行政事项。法院对于政府的行为、政府的关系以及其他有关事项，负有注意的义务，自然无须证明。第三，司法事项。法官对于本法院的工作人员及其他法院的重要官员的辨认及其任期，本院职员与庭审律师的签字，其他法院的设置及其管辖区域，法院的记录、惯例、术语，均予以认知。学理上，以是否为法律所强行规定为标准，司法认知的事项还可以分为必须认知和可以认知。前者是指法律强行规定认知的事项，如国内法律、众所周知的事实，法院应该认知，具有强行性。对于必须认知的事项，审判者不能以任何借口，推卸认知义务，相反，他应当使用一切有效的手段，利用一切适当而可靠的资料，获得相关的知识，以达到认知的目的。后者则指某些事项，如经验定理、习惯、地方性法规以及外国的现行法，法院可以自由裁量，决定是否予以认知，不具有强行性。对于可以认知的事项，允许当事人据证反驳，因为可以认知的事项，属于法官自由裁量权的范畴，不论它们是主要事实，或是证据事实，仅有初步可信的效力。

②司法认知的适用。a. 主动认知或接受申请。如果属于必须认知的情况，如国内法律及众所周知的事实，法院应不待当事人提出申请，主动予以认知。对于可以认知事项，一般应当事人提出申请并提供有关资料，法院依职权进行认知；如果法院认为申请事项不属于认知范围，应拒绝认知。b. 告知当事人。法院要认知某事项时，特别主动认知时，应告知当事人或其诉讼代理人和辩护人。c. 指示或记载。法官应在记录中载明该认知事项。d. 当事人的异议。对可以认知的事项，当事人有权反驳。因司法认知而遭受不利的一方当事人得提供证据以证明认知对象的真实性值得怀疑，使之从司法认知范围中摆脱，转而依证据证明。

③司法认知的效力。某事项一经法院认知，就该事项而言可免除当事人一方的举证责任。在通常情况下，对于无可置疑的事项，法院予以认知，在于谋取诉讼上的便利，节省司法资源，提高诉讼效率。

(2) 推定

推定是法律基于两种事实之间的因果联系而作的一种附条件的预设，是一种特殊的证明规则，根据这种规则，如果法院查明了某一事实，除非存在反证，即可直接认定另一事实。推定一般由以下要件构成：第一，推定表示两个事实之间的联系，已经查明的事实是基础事实，由基础事实推断而得出的事实为推定事实。第二，推定所表示的两个事实之间的联系必须是一种因果联系。第三，基础事实、推定事实和事物之间的因果联系构成一个三段论推理结构。第四，推定必须由法律直接规定。很多事实推理过程具备前述三个构成要件，不是证据法上的推定，而只是一种推理。

①推定的范围。第一，关于事实上的推定、不可反驳的法律推定。a. 所谓事实上的推定是指法律上没有规定，但实践中习惯上运用的推定。推定是法律规定的，立法者通过对诉讼实践经验的总结，综合考察事物之间常态联系的盖然性程度以及社会政策和价值取向等因素，把某些推理形式以立法的形式确定下来。法律选定了某些经验规则，这些被法律确定的经验法则不能成为证明对象，除非存在相反证据，司法者必须据此作出结论。因此，所谓事实上的推定不是证据法上的推定，而是推理。b. 不可反驳的法律推定又被称为终局性推定或者确定性推定。例如，我国《刑法》第 17 条规定：不满 14 岁的人犯罪，不负刑事责任，即不满 14 岁的人推定为无刑事责任能力。又如，《美国加利福尼亚刑法典》第 621 条规定："妻子与没有行为能力的丈夫在共同居住期间所生的子女终局性推定为婚生子女。"对于这种推定，英美两国的学者几乎一致认为是一种实体法规则，只不过借用"推定"一词罢了。我国《民事诉讼法》中有关留置送达和公告送达的规定，有关"涉外民事诉讼的被告对人民法院的管辖权不提出异议，并应诉答辩的，视为承认该人民法院为有管辖权的法院"的规定，即属程序上推定。第二，关于无基础事实的推定。常见的无基础事实的推定有：无罪推定、精神健全的推定、人人都通晓法律的推定等。无基础事实的推定直接分配举证责任，不存在举证责任的免除、减轻、转移或倒置的问题。推定可界定为一种没有相反证据时可以或者必须作出的结论。

②推定的适用。适用时应遵循以下程序：第一，基础事实的确定。确定基础事实的方法主要有以下几种：a. 法院的司法认知；

b. 经确实充分的证据证明；c. 当事人的正式承认；d. 当事人的约定。第二，反驳。反驳的途径有二：一是直接对推定事实进行反驳。例如，针对经公证证明的法律行为、法律事实和文书推定为真实这一推定，反驳人可以举证证明该公证文书是虚假的，如该文书系由受对方当事人贿买的公证员所作、作成该文书的公证员与对方有近亲属关系等。二是对基础事实进行反驳。在这种情况下，如果反驳成立，推定规则就不能适用，从而使反驳人免遭不利。第三，反驳的结果。法院认为反驳成立的，不再适用推定，有关事实应依证据予以证明；法院认为反驳不成立或者无人提出反驳的，以推定事实为基础继续进行诉讼或作出判决。

③推定的效力。法官依法适用推定，推定结论具有法律效力，因推定的适用引起举证责任的免除、减轻、转移或倒置。

（3）承认

承认是指当事人一方对另一方所主张的不利于己的事实，承认其为真实。承认具有以下特征：①承认具有自愿性，它是当事人基于自由意志而作出的诉讼行为；②承认具有非利己性，承认以不利己的事实为对象，虽然它并非必然导致诉讼结果不利于作出承认的当事人，但在承认的当时，至少承认者自己认为该项被承认的事实不利于己。

①承认的范围。a. 以承认的效力为标准，可以将承认分为正式承认与非正式承认。正式承认又称为诉讼上的承认，是指当事人在诉讼过程中对另一方所主张的不利于己的事实承认为真实；非正式承认是诉讼外的承认或在本诉讼外的其他诉讼中所作的承认。正式承认免除了对被承认事实的举证责任，而非正式承认则是证明该事实的方式。b. 以承认的内容为标准，可以将承认分为完全承认和限制承认。当事人对于另一方所主张的不利于己的事实，全部承认的，是完全承认；如果当事人对于承认有所附加或限制的，则为限制承认。c. 明示承认与默示承认，这是以行为方式为标准所作的划分。前者是指当事人一方对另一方所主张的不利于己的事实，以书面、口头或其他方式明确表示承认；而后者是当事人对于上述

事实，既不表示认可，也不表示反对，而是保持沉默。默示承认之所以被法律所认可，乃是因为事实之存否，关系到诉讼的胜负，对各方当事人均有利害关系，通常无任由对方陈述不利于己的事实而不加争执或反驳的。d. 当事人本人的承认与诉讼代理人、辅佐人及参加人的承认，这是以承认主体为标准所作的划分。与本人承认不同的是，诉讼代理人、辅佐人、参加人所作的承认，可由到场当事人或其法定代理人即时予以撤销。承认一经撤销，即无诉讼上的效力。

②正式承认的构成要件。a. 承认主体必须具备诉讼行为能力，无诉讼行为能力者作的承认，不生正式承认之效力。承认主体主要是当事人，除此之外，诉讼代理人、辅佐人、参加人也可以代替当事人作出诉讼上的承认。b. 意思表示自由。正式承认是一种自愿的诉讼行为，且承认的对象不利于己的事实，所以，它必须以承认者的自由意志为基础，凡以暴力、胁迫以及其他不正当的方法导致的承认，不得作为裁判的依据。c. 正式承认的内容或对象仅限于事实，不包括权利或法律关系的主张（诉讼请求）。d. 正式承认必须具备法定的形式。正式承认可以采取书面形式，也可以是口头形式，还可以是其他形式，但均必须符合法律的要求。例如，依英国证据法，正式承认可以用诉讼文书作出；可以用答复承认通知的方式作出，即一方要求另一方对通知所列出的事实或文书作出承认；一方提出书面问题，在审理时可以针对作答复的一方使用这些答复；高等法院的律师或律师凭他们替客户行事的授权所写的信件中可以包含一些等于正式承认的内容，以约束其客户；在审理中，高等法院律师或律师可以对事实作出承认，如果律师作了承认，另一方当事人可以在审理的任何阶段申请法院作出判决。e. 正式承认必须在本诉的进行过程中作出，在本诉程序以外、在其他诉讼程序或非讼程序中作出的承认，均不构成正式承认。f. 正式承认不得损害第三者利益。

③正式承认应遵循的程序。a. 告知。在庭审中，法官应告知当事人。b. 审查。无论是在法庭上所作的正式承认，还是在法庭

外所作的正式承认，均应接受法庭审查。c. 排除承认的效力。法庭对承认进行审查之后，如果发现承认不符合法定条件，应排除其效力，对被承认的事项，转而以证据证明。d. 正式承认的撤回。在刑事诉讼中，正式承认可以撤回；正式承认一经撤回，其效力即归于消灭。

④正式承认的效力。经正式承认的事项，在本案中无须证明。

总之，司法认知以法律、众所周知的事实、科学规律及经验定理为对象，一旦法院决定予以认知，便直接作为裁判的基础，一般不允许反驳；推定的事实，如不存在反证，法院即可直接认定；经当事人正式承认的事实，如系出于自愿并符合法定的要求，法院便据以裁判。由此可见，运用司法认知、推定、正式承认的方式确认一些无须以证据证明的事项，免除或简化了取证、举证、查证、推理等环节，缩短了求证的时间，可以避免诉讼陷入僵局，能够保证诉讼迅速有效地进行。同时，免证规则也是合理分配司法资源的调节器，它使国家有限司法资源较多地耗费在需要以证据证明的案件事实上。对于可以认知的事项，法官虽有权自由裁量，但允许当事人反驳，一旦反驳成立，该事项就可以从司法认知中摆脱出来。而且，法庭决定认知某事项，均应当庭进行并告知当事人，有时还要求当事人提供必要的资料协助法官认知，以确保认知的准确性和当事人的程序参与权。推定实质上是一种法律上的附条件的预设，允许对方当事人当庭据证反驳，以免因推定规则的适用而遭受不利，只要反驳成立，推定规则就不适用，转而依证据证明相关事实。正式承认是当事人基于其自由意志，承认不利于己的事实为真实，法律禁止以暴力、威胁和其他不正当的方法获取当事人的承认，禁止法院把非自愿承认的事实作为裁判的依据。所以，免证规则能确保程序参与者的主体性和人格尊严受到应有的尊重，防止把他们作为实现某种目的的工具。

（十）被害人参与执行（社区矫正）

我国现有的刑事执行程序具有明显的行政化色彩，应改革行政化的决定程序，兼顾被害人与犯罪人。如减刑假释程序是由刑罚执行机关向法院提出减刑假释建议书，由法院审核裁定。法院既不开庭也不听取被害人的意见，犯罪人也没有参与的机会。法院的裁定依据是执行机关报送的书面材料，是一种完全的书面审理。被害人和犯罪人作为当事人，都没有参与的权利，这是不合理的，应当还原刑事执行程序的诉讼性，构建被害人和犯罪人皆可参与的程序。当然，被害人与犯罪人作为双方当事人，其权利的配置应当均衡，不可在保护双方权利上有所偏袒。

1. 社区矫正概述

社区矫正是与监禁矫正相对的行刑方式，是指将符合社区矫正条件的罪犯置于社区，由专门的国家机关在相关社会团体和民间组织以及社会志愿者的协助下，在裁决确定的期限内，矫正其犯罪心理和行为恶习，促使其顺利回归社会的非监禁刑罚执行活动。其意义在于，通过对特定矫正对象以非监禁的形式执行刑罚，不断完善刑罚执行方式，优化配置刑罚执行资源，使刑罚的执行更多地体现社会化、人性化的特点，更加便于利用社会资源参与对服刑人员的教育改造，更加有利于提高改造质量和提高服刑期满后回归社会的适应能力。为探索中国化非监禁刑罚执行制度，2003 年 7 月，最高人民法院、最高人民检察院、公安部、司法部联合下发了《关于开展社区矫正试点工作的通知》。目前，从我国社区矫正的实施情况来看，社区矫正完全是以服刑人员为中心，而被害人则处于旁观者的地位，被害人成了“被遗忘的角色”，他们的利益和诉求很大程度上被人们所忽视；被害人没有知情权、没有陈述意见权、没有监督权，不能参与缓刑、假释和暂予监外执行等。社区矫正作为一项刑罚执行活动，被害人应该享有刑事司法活动的参与权，这已经是当今世界行刑理念发展的一个趋势。2008 年 6 月 22 日，最高人民法院院长王胜俊在全国高级人民法院院长会议上指出：“刑事审判工作中，被害人及社会公众的感受，体现的实际就是直观正义。加强对被告人的人权保障，是司法理性的基本要求。但我们也不能漠视被害人及社会公众的感受，漠视直观正义，因为任何司法理性最终都需要民意理解和支持，否则司法权威将荡然无存。遵从民意，也是法官职业的核心价值观。”在重视刑事犯罪人人权保障的同时，要依法落实被害人参与刑事诉讼的权利，推进被害人救助制度的建立，维护被害人的合法权益。社区矫正作为一种刑罚执行方式，执行程序是对犯罪人的犯罪行为予以惩罚性、否定性评价最直接、最生动的体现，执行效果如何直接涉及被害人的利益。因此，在社区矫正中，在保障犯罪人权利的同时，对于被害人也应当受到同等的权利保护。

2. 被害人参与社区矫正的现状

由于我国社区矫正处于试点阶段，没有制定统一的《社区矫正法》，社区矫正工作主要依据《关于开展社区矫正试点工作的通知》和司法部于2004年颁布的《司法行政机关社区矫正工作暂行办法》，这两个法规都没有规定被害人的参与。在社区矫正工作中，有些地方借鉴国外的“人格调查制度”，建立了缓刑、假释征求社区矫正机构意见制度。“缓刑前征求社区矫正机构意见”规定，法院对可能判处缓刑的被告人，应征求所在街道、乡镇社区矫正机构的意见，街道、乡镇社区矫正机构应会同社工到公安派出所、居委会、有关单位开展调查工作，在了解被告人的一贯表现、家庭状况、邻里关系和工作、学习、生活环境等基础上，对是否适用缓刑向法院提出建议。实践中，被害人无法参与社区矫正的原因：（1）被害人不能参与。依照《关于开展社区矫正试点工作的通知》，在社区矫正试点工作中，人民检察院承担法律监督职责，保证社区矫正工作依法、公正地进行。这样，在刑罚执行中，检察机关垄断了监督权力，而被害人无权参与执行监督，担心让被害人参与社区矫正会对服刑人员的教育和改造不利。因为被害人在受害后往往会对犯罪人产生强烈的报复心理，如果知道犯罪人在社区中服刑，有可能对服刑人员进行报复。（2）被害人不愿参与。如涉及个人隐私案件的被害人出于羞耻感和名誉方面的考虑，有的被害人生性胆小怕事，有的被害人对社区矫正决定机关和执行机关不信任，还有的被害人怕犯罪人报复而再次受到侵害，有的被害人不愿意接受犯罪人在社区服刑的现实等。

3. 被害人参与社区矫正的保障

(1) 被害人参与缓刑改造

在英国，为了让被害人参与罪犯缓刑改造，缓刑署必须主动和被害人取得联系并履行其职责。缓刑署与被害人联系包括两个阶段：第一阶段，要求缓刑署在量刑后两个月内与适格被害人取得联系。目的是向被害人提供有关信息，包括犯罪人在判决期间的情况以及释放犯罪人的决定如何作出；同时，可以征询被害人是否愿意接受援助。第二阶段，缓刑署应被害人的要求，在判决接近结束，考虑释放犯罪人的时候，与被害人取得进一步联系。目的在于向被害人征询意见，获取被害人对释放犯罪人的意见，提供机会使被害人的意见反馈在缓刑决定过程中。缓刑官应尽量全面询问被害人及其家人，包括服刑人员以后可能生活的地点，看他们对服刑人员是否感到焦虑和担忧；尤其是在监狱中有不良记录的服刑人，在释放后有骚扰被害人可能性的，缓刑官在准备有条件释放服刑人时，更应该注意征询被害人的意见。从英国对犯罪人适用缓刑前，将被害人纳入刑事司法程序的执行阶段，这样既可以监督缓刑的适用，又保护了被害人的权利。我国没有规定被害人参与缓刑，可以借鉴英国的做法，设置相应的程序以保障被害人参与缓刑的适用。

①被害人参与缓刑的决定程序。

a. 量刑前调查。根据我国刑法规定，适用缓刑必须符合以下条件：被判处拘役和3年以下有期徒刑的犯罪人；依据犯罪人的犯罪情节和悔罪表现如果暂缓执行刑罚确实不致再危害社会；不是累犯。司法实践中，犯罪人是否适用缓刑由法院经过审判后作出决定。由于刑法对缓刑适用的实质条件规定得比较抽象，如何认定“确实不致再危害社会”的标准不统一，不利于在司法实践中缓刑的适用。即法院在考虑是否对犯罪人判处缓刑时，往往只是简单地依据案件材料，对犯罪人是否“不致再危害社会”的把握出入较大。在此，我国可以借鉴国外的做法，建立量刑前调查制度。即法院对犯罪人量刑前由社区矫正机关向法官提交量刑前报告，报告包括犯罪情况、犯罪人的情况、被害人的情况、量刑建议。其中，被害人的有关情况是量刑前调查报告的一项重要内容，包括犯罪行为对被害人造成的伤害情况、被害人的个人特征（性别、年龄、身体状况等）、被害人对犯罪人的态度、被害人对犯罪行为的论述等。[①] 供法官作出决定时提供准确依据。

b. 被害人参与缓刑听证程序。缓刑听证程序是指对于符合缓刑条件的案件，由法官主持听证会，以广泛听取各方意见，法官综合考虑各方意见作出决定是否适用缓刑的程序。对于缓刑听证会的参加人员，应当有检察机关的公诉人、公安机关辖区派出所的片区警察、被告人及其辩护人、被告人家属、被告人所在单位的代表、被告人居住的社区组织代表、被害人及其代理人、被害人家属等。被害人是案件的利害关系人，是否对犯罪人判处缓刑，对其有直接影响，所以法院在举行缓刑听证时，应当通知被害人出席听证会，被害人对是否判处犯罪人缓刑提出量刑建议。法官作出判决时还必须综合考虑被害人所受身体损害、经济损失，结合量刑前报告和被害人的陈述和剖解作出判决。听证结束后法院应当将缓刑判决书的副本送达被害人，并告知被害人相关的诉讼救济权利。

②被害人参与缓刑的执行程序。

被害人参与罪犯缓刑改造的执行主要体现在被害人对是否撤销缓刑进行监督。目前在实行社区矫正的地区，对缓刑人员的监督考察仅仅是由执行机关派人找缓刑人员进行谈话，或者由缓刑人员定期向执行机关报告自己的情况，或者由缓刑人员定期写思想汇报，这些考察形式不能收到很好的缓刑效果，缓刑人员很难得到真正的改造。被害人参与对缓刑人员的监督能起到很好的缓刑效果，具体设计：执行机关接受缓刑人员进入社区服刑时，必须通知被害人，并告知被害人关于缓刑人员在缓刑期间必须遵守的义务。社区矫正工作人员要经常与被害人取得联系。如果被害人发现缓刑人员有严重违反监督管理规定或重新犯罪、发现漏罪或出现其他违法情节严

① 吴宗宪、陈志海、叶旦声、马晓东：《非监禁刑研究》，中国人民公安大学出版社 2003 年版，第 375 页。

重的行为时，有权告知公安机关或请求法院撤销缓刑。缓刑期满前1个月，执行机关对缓刑人员的鉴定评议材料，应征求被害人的意见。最后对缓刑人员的缓刑期满宣告也应通知被害人参加。

（2）被害人参与假释改造

①被害人参与假释的决定程序。

假释是由执行主体向中级以上人民法院提出假释建议书，由受理法院组成合议庭以非开庭的方式进行审理，对符合假释条件的，予以假释。非开庭方式不但犯罪人不能参与，被害人更无法参与，因此法院裁决假释案件应采用开庭方式。具体程序：a. 开庭前通知被害人。服刑人认为自己具备假释条件的，可直接向监狱所在地的中级以上人民法院提出申请。经受理法院初步审查后，认为服刑人的申请有理，应正式通知被害人参与对假释的开庭审理。人民法院在开庭前应审查刑罚执行机关是否按照要求提供有关的假释材料，被害人在开庭前有权要求了解这些材料。b. 被害人参加庭审。法院在审判假释案件时，需要认真审查犯罪人是否确有悔改或立功表现，不致再危害社会的具体事实。被害人在庭审中，可以根据服刑人服刑期间的表现，对服刑人的危险性进行评估，针对服刑人“不致再危害社会”这一条件发表意见。法院应该认真、充分听取被害人的意见，如果被害人对服刑人员的担忧有理，法院可以裁定不假释或附条件假释。如果服刑人员尚未对被害人的损失进行赔偿的，法院应把赔偿或赔偿保证作为假释的条件。庭审结束后，法院应将假释裁定书的副本送达被害人。假释裁定书应充分论证假释的事实和法律理由，注明假释的考验期限，告知被害人有权上诉和申诉。

②被害人参与假释的执行程序。

被害人参与对假释人员的监督，具体程序：执行机关接受假释人员进入社区服刑时，必须通知被害人，并告知被害人关于假释人员在假释期间必须遵守的义务。社区矫正工作人员要经常与被害人取得联系。如果被害人发现假释人员有严重违反监管规定或重新犯罪、发现漏罪或出现其他违法情节严重的行为时，有权告知公安机关或请求法院撤销假释，收监执行相应的刑期。假释考验期期满前1个月，执行机关对假释人员的鉴定评议材料，应征求被害人的意见。对假释人员的期满宣告也应通知被害人参加。

（3）被害人参与暂予监外执行

依照《关于开展社区矫正试点工作的通知》的规定，被暂予监外执行的对象具体包括：有严重疾病需要保外就医的；怀孕或者正在哺乳自己婴儿的妇女；生活不能自理，适用暂予监外执行不致危害社会的。我国刑事诉讼法在暂予监外执行的决定程序上，没有给被害人设置独立、有效的表达意见的空间。要实现被害人的参与，就必须对现有的程序进行改革。具体程序：①开庭前通知被害人。根据暂予监外执行情况的不同，在人民法院作出判决生效后的10天内，犯罪人有符合暂予监外执行条件的，可以向原判法院提交暂予监外执行的书面申请；原判法院在审查相关材料之后，如果认为申请符合条件，法院应在法定时间内决定开庭审理。或者服刑人员在刑罚执行期间出现暂予监外执行的情况，由监狱等刑罚执行机关的负责人以书面申请的形式向刑罚执行地法院提交暂予监外执行的申请；刑罚执行地的法院对申请进行审查后，如果认为申请符合条件的，法院应在法定时间内决定开庭审理。法院在开庭前应将暂予监外执行申请书的副本送达被害人并告知其开庭时间和地点。如果被害人需要法律援助并向法院提出要求时，法院应当为被害人指定承担法律援助义务的律师给被害人以援助，从而实现被害人的有效参与。如果出现刑罚执行地与被害人居住地距离较远时，法院也可以在征得被害人及其近亲属的同意后指定承担法律援助义务的律师代表被害人出庭。②被害人参与庭审。在进行法庭审理时，先由申请人向法庭宣读暂予监外执行的申请并且向法庭提出相关证据予以证明，后由检察人员和被害人就相关事实或证据进行反驳。对患有严重疾病需要保外就医的，法庭不仅要查明暂予监外执行病残鉴定是否由省级人民政府指定的医院所开具，对病残鉴定的真实性进行认定，而且要查明服刑人员是否有社会危险性和自伤自残的情况。法院在作出决定时，要考虑被害人的意见。法院在各方参与下，查明事实后作出裁定，裁定书的副本应送达被害人。被害人对法院作出裁定不服的，可以上诉和申诉。

（十一）建立被害人调查和通报制度

1. 调查目的

通过被害人调查系统地收集、整理、分析和报告有关被害人的信息，以描述、分析和解决社会中实际存在的各种被害问题，不仅提供有关犯罪暗数（没有报案或没有被警方记录而未进入官方统计的犯罪案件）、补充犯罪统计资料、揭示犯罪的全貌，评估犯罪水平和趋势，以便科学地制定刑事政策；而且能了解居民安全感，提供减少和预防被害的建议。被害人调查需要耐心、细心、诚心和恒心，仅开过几回漏水的游船就想驾驶战舰，未免操之过急。进行被害人调查旨在建构有效的被害人保护体系，创造一个让因犯罪而不幸遭受被害之人能享有人性尊严的尊重、人权保障的重视以及社会正义的实现的温暖社会。

2. 调查现状

国外对于被害人的调查早已起步，如美国 1973 年开始由司法部司法统计局在美国人口调查局的协助下，每年均进行全美犯罪被害人调查，表现形式有《全国犯罪被害调查》、《统一犯罪报告》等。英国 1983 年开始由内政部进行全国犯罪调查，其中对于人民受到犯罪被害的原因、被害人受到犯罪的影响、对犯罪的恐慌等议题均有实际的调查结果；此外内政部还委托学术机构对于犯罪被害人与刑事司法的关系进行调查，开启了刑事诉讼被害人之参与权以及被害人在刑事诉讼中地位之讨论。日本法务省在每年的犯罪白皮书中，公布犯罪被害人的调查报告，由全国学界及实务界组成“犯罪被害人实态调查研究会”所作之调查结果亦产生重要影响。由各国被害人调查的经验可以了解，唯有掌握被害人的相关信息，针对该信息所归纳分析的结论，方能了解被害人的真正需求，就其需求所建构的被害人保护法方能真正符合其需要，因此被害人的调查实为制定被害人保护法的基础。

在联合国区域间犯罪与司法研究所的资助下，在中国公安部、北京市公安局的协助下，中国司法部预防犯罪与劳动改造研究所（现名司法部预防犯罪研究所）于1994年5月在北京市组织实施了我国首次国际犯罪被害人调查，调查规模为2000个样本。[①] 由于我们没有定期的、全国范围的犯罪被害人情况的调查、统计制度，所以，我们对犯罪被害的情况往往是通过刑事案件的统计资料加以推算的。但仅仅根据这样的统计数据是无法翔实地了解和掌握犯罪被害的实际状况，也无法制定出切实可行的犯罪被害对策。所以，为了全面、客观、准确地掌握我国的犯罪被害状况，建立犯罪被害的调查、统计和预报制度已势在必行。

政府力量有限，民间能量无穷。政府若能结合民间的力量，被害人保护方得以更为有效地运作。建立完整的被害人保护体系，不仅以被害人经济上的损害、诉讼程序上的伤害为保护对象，更应扩及心理、生活、工作等非经济上以及诉讼外的保护措施，始称得上一个完善的保护体系。美国于1966年建立全国犯罪调查（1990年改称全国性犯罪被害人调查），1975年成立全国被害人协助组织，此为第一个提供被害人协助的全国性组织；此外，尚有其他针对特定被害人提供协助的组织，如1978年成立“被杀儿童的双亲”组织、“全国反对家庭暴力联盟”、1980年成立“反对酒后驾车之母亲”组织等，全面提供被害人协助，并呼吁并推动重视犯罪被害人权利保护的议题。英国1974年创设犯罪被害人救援组织，1979年在伦敦成立全国犯罪被害人援助协会，给予被害人最直接的协助；在1970年至1980年间设有强奸被害人救援中心，在这些民间组织的努力下，被害人的人权保护开始受到政府机关的重视。德国1976年成立“白环”（Weisser Ring）民间组织，该组织除提供被害人具体经济、精神的协助、唤起社会对于犯罪被害人权益的关注外，还促成被害人权利保护法制化的推动。日本1998年成立“全国被害人支持网络”组织，对于被害人提供必要的协助，该组织

① 郭建安主编：《犯罪被害人学》，北京大学出版社1997年版，第62～63页。

在1999年发表犯罪被害人的权利宣言。由各国的经验可知，健全的民间组织对于犯罪被害人保护体系的建构、保护措施的推动，绝对扮演相当重要的角色；此外从民间组织运作的人数、经费的庞大，以及所协助的被害人人数、内容，均足以说明民间组织的推动对于被害人保护体系建构的重要性。

3. 研究方法

（1）文献研究法。文献研究法是采用科学的方法收集和分析现存的，以文字、数字、符号、画面等信息形式出现的文献资料，来考察和分析被害人保护体系的社会研究方法。主要是从现有文献库中寻找研究资料，对有关被害人的专著、论文、研究报告、调查材料等相关资料加以广泛收集，构建被害人权利保护的内容，形成被害人保护科学体系。其特点在于研究无法接触的对象且费用低。

（2）比较研究法。比较研究法是对有关被害人保护的不同观点及具体措施进行比较研究，以找出不同历史时期或者不同地域之间的相似性与差异性的一种研究方法。旨在判明其异同，分析其缘由，弄清利弊得失，总结规律，为被害人保护指明方向。

（3）实地研究法。实地研究法是一种质性研究方式，研究者必须长期生活在被害人的生活环境中，通过观察、访问等方法收集原始资料，依靠研究者的理解分析被害人生活方式以及行为方式背后隐藏的“文化密码”；即以研究者本人作为研究工具，在自然情境下采用多种资料对被害人现象进行整体性研究，使用归纳法分析资料和形成理论，通过与被害人互动对其行为和意义建构获得解释性理解的社会研究方法。在自然情境下对被害人的整体性和相关性进行考察，研究者通过亲身体验对被害人的生活故事和意义构建作出解释，能够深刻理解被害人的价值观念和行为方式，在一定程度上再现被害人的“原生态”；当然研究过程可能影响研究结果，研究者应不断反思与被害人的关系。

（4）访问研究法。访问研究法是访问者通过口头交谈等方式向被害人了解有关情况的方法，具有互动性、灵活性的特点。

（5）调查研究法。调查研究法是运用概率抽样方法抽取样本，采用自填式问卷或结构式访问的方法，系统地、直接地从单个被调查者那里收集资料，并通过对资料的统计分析来认识被害现象及其规律的社会研究方法。调查要求从被调查者群体中随机抽取样本，资料收集需要采用调查问卷，并且有一套系统的程式，对巨大的量化资料运用计算机进行统计分析，得出结论，把调查结论推论到样本所在的总体。研究结果可信度高，能比较有效地了解和掌握被害人的相关信息，能够在对大量样本调查的基础上反映被害人的一般状况。

（6）社会网络法。社会网络法是以社会结构即被害人与加害人之间的关系为对象，探究深层结构即隐藏在复杂社会系统表面之下的一定社会网络模式，揭示被害人与加害人、加害人与社区等关系的研究方法。对论证被害人的合意权具有直接的指导意义。

（7）统计分析法。统计分析法是根据统计资料进行整理、汇总，制作统计表（图），基于一定的统计量描述数据资料的特征及其相互关系，或推论被害人总体的一般参数。

4. 调查内容

为了满足被害人的需求，当务之急系了解被害人的状况，因此有必要进行大规模的犯罪被害人调查，特别是尽快开展犯罪被害情况的全国调查。调查的内容主要包括：被害人特点（被害人的年龄及性别）、发生被害的场所（被害时间及地点）、犯罪规模及地理分布、犯罪被害的原因、与加害人的关系、对于加害人的期望、被害事件的通报情形（包括是否通报以及通报与不通报的理由）、被害后的生活状况及精神状态（犯罪被害事件对于被害人的身体、心理、生活、工作等方面影响）、犯罪被害人在接受犯罪调查的心理反应、担任证人的心理负担的感受、有关赔偿和补偿情况、再次被害的问题、被害人诉求、被害人对刑事司法系统的信用度等调查；并建立10年一次的全国被害人普查制度。调查方法有随机抽样法、对面访谈法、电话询问法等。被害人调查内容的具体设计依调查目的不同而有差别。

调查面临的困惑主要表现在：应该问谁，即关于样本的选择；

被害人是否会想起并告诉我们，即测量误差；我们能否相信回答者讲述了事实真相，即可能掩盖与虚构；等等。尽管被害人调查的资料有缺陷，但还是会为我们提供一个更精确的对“真实”犯罪率的估计，可以被用来估测被报告的和未被报告的犯罪之间的差距的大小，可以被用来调查公众对犯罪与被害的感受，可以被用来对犯罪的评估，可以被用来研究人们对犯罪的社会反应。通过收集大量的犯罪与被害现象资料，并且对这些纷繁复杂的资料进行分析，甄别重点，总结规律；以求能够探求犯罪被害的原因，被害人因犯罪侵权行为所遭受的损失和犯罪后的境遇，返回社会所需要的帮助与支持，并预测发展趋势，从而有利于制定出行之有效的对策，保护被害人合法权益，维护社会秩序。

5. 调查通报

我们应建立犯罪被害的司法统计制度，并将统计结果公告。在每年全国人民代表大会的最高人民法院、最高人民检察院工作报告中，应增加关于被害人保护情况的内容；在每年的全国公安工作会议、全国检察工作会议、全国法院工作会议中，应介绍全国的被害人保护状况；在每年的《中国法律年鉴》中，应详细介绍一年来全国被害人保护的发展和各项统计数据。

6. 被害预测

通过分析犯罪被害获得经验，通过统计技术予以量化为图表形式，以此为参照来测量将来被害概率。通过测算，将理论成果量化，制成犯罪因素的评测表，将犯罪的各种因子与犯罪及其被害关联，从中具体阐明被害预防的路径。

只有在犯罪被害的基本的、必要的数据和资料的基础上，才能更深入地、科学地研究犯罪被害的问题，从而促进被害人保护法的发展；才能使被害人问题引起全社会的重视，在全社会大力提倡关怀被害人、帮助被害人，从而建立起我国被害人的社会支援体系；才能为国家的犯罪被害对策和相关立法的制定与实施提供依据，从而建立起具有中国化的被害人保护体系。

（十二）犯罪被害预防机制

1. 培养犯罪被害预防意识

许多人存在侥幸心理和麻痹思想，认为洁身自好，犯罪与自己无关，自己不会成为犯罪行为的被害人，放松了警惕性。正是这种被害意识的缺乏，给犯罪人提供了实施犯罪的机会和条件。有的犯罪人屡屡得手，并非其作案手段高明，而是他有机可乘、有隙可钻。犯罪被害预防意识其实就是让自己了解罪犯的规律、降低或削除被害倾向、减少易于被害的因素。预防被害意识是一种习惯，不是强加于人们的一种干预。“防人之心不可无”，面对危险，人们缺乏妥当应对策略和手段，预防的方式走极端，要么放弃保护，要么拼命反抗。放弃保护，就没有了避免被害的希望，拼命反抗，往往会加重被害程度。因此，要求“以智克敌、生命第一”。为了培养犯罪被害预防的意识，要让犯罪被害预防观念深入人心。第一，加强犯罪被害预防的方法教育。大多数人对被害因素和避免被害方式知之甚少，应大力提倡对被害问题进行研究，然后通过有效的方式，让普通公民明白，犯罪只有在特定的时空条件下，犯罪分子发现适合于被侵害对象以后，犯罪才有可能转变为现实。国家应发布犯罪情况的通告，以便公民明白预防犯罪的各种有效途径，并在生活中调整自己的言行举止。第二，拓宽宣传渠道。将学校预防、家庭预防和社会预防有机结合在一起。成立宣传机构，利用广播、电视、报刊、网络等媒体对社会进行犯罪被害预防安全意识宣传，定期或不定期地在特定的地点对特定的人群通过以案说法，采取正面教育和反面警示的方式进行教育。宣传、警示主要是根据不同地区刑事案件特点，采取散发、张贴宣传资料，集会，讲座、网络以及其他宣传媒体等方式及时地、有针对性地对人们灌输安全知识，提示安全意识。所以，宣传、警示具有方便、快捷、投入资源少而制造的影响力大的特点。

2. 制定有关犯罪被害预防法规

目前没有被害人保护方面的专门法规，制定《被害人保护法》，才能明确保护被害人的法律依据。用法律制度规定犯罪被害预防主体的职责，使他们具有强烈的责任感，明确规定各个预防主体的职责，使得他们不仅各司其职，而且充分发挥团队协作精神，最大限度地提高预防能力。要明确犯罪被害预防主体不履行犯罪被害预防义务要承担的法律后果。

3. 组建犯罪被害预防机构

我国目前没有犯罪被害预防的专门机构，主要依靠司法、行政机构在工作中展开犯罪被害预防；即使有时联合行动，也是为了解决某些具体问题而采取的临时性措施。犯罪被害预防的专门机构主要是组织和指挥各行政、司法等部门统一行动，齐心协力地推进犯罪预防工作。如果在全国范围内设立各级犯罪被害预防的专门机构，就会使犯罪被害预防工作更具有针对性和权威性。此外，要设立犯罪被害人学研究协会，以高等院校、科研机构等单位为主，充分利用其所掌握的专业知识从事研究，为实际工作提供理论上的指导，作为专门机构有力的辅助手段。

4. 建立犯罪被害预防地域网络

由于犯罪被害预防面对犯罪严重挑战，有必要建立犯罪被害预防的地域网络。犯罪被害预防地域网络就是以若干个自然村、社区或者相邻的城市组成的犯罪被害预防片区。这些片区应协调整合资源，鼓励犯罪被害预防的各机构共同联合参与，通过这样以点带面、信息交流、协调合作，互相充分利用彼此的资源，更有利于犯罪被害预防工作，提高犯罪被害预防效率。

第七章　刑事简易程序中的被害人

一、刑事简易程序的价值及权衡

（一）刑事简易程序的内涵

1996年《刑事诉讼法》第174条至第179条规定，刑事简易程序是指基层法院审理某些事实清楚、情节简单、犯罪轻微的刑事案件所适用的比普通程序相对简化的第一审程序。简易程序是审判程序上相对普通程序的简化，不是普通程序的附庸或删减，也不是普通程序的一个分支程序，它是与普通程序并存的一个简便易行的独立程序。刑事简易程序的特点在于“简易”，主要表现在：第一，审判组织的简化，由审判员一人独任审判。第二，出庭支持公诉的简化，审理公诉案件，检察院可以不派员出席法庭。第三，审判程序的简化，审理案件可以不受普通程序中关于讯问被告人、询问证人、鉴定人，出示证据、法庭辩论等程序的限制。在公诉案件中，在公诉人不出庭的情况下，被告人可以直接就起诉所指控的犯罪进行陈述和辩护；在公诉人出庭的情况下，被告人、辩护人征得法官的许可，可以同公诉人进行相互辩论。在自诉案件中，经法官许可，被告人及其辩护人可以同自诉人及其诉讼代理人互相辩论。但在判决宣告以前法官应当听取被告人的最后陈述。第四，审理期限的缩短，法院应当在受理后20日以内审结。第五，程序可以变更。法院在审理过程中，发现不宜适用简易程序的，应当终止审理，按照普通程序重新审理。

从我国刑事诉讼法的规定看，简易程序等于简易审判程序，属于刑事审判程序的一种特殊模式。但是，从国外设立的简易程序来看，简易程序既有简易审判程序，也有简易起诉程序甚至简易侦查程序。如意大利 1988 年《刑事诉讼法典》确立的“直接审判程序”和“快速审判程序”，就不属于简易审判程序，而是通过对侦查、预审、起诉程序进行简化，或者越过普通的预审程序而使案件迅速进入审判阶段的简易程序。由此看来，简易程序并不完全等于简易审判程序。简易审判程序不过是简易程序的一个主要类型。我们所说的“简易程序”根据中国刑事诉讼法的规定主要是指简易审判程序。

（二）刑事简易程序的功能

1. 确保国家投入的刑事司法资源得到合理配置。刑事诉讼是一种耗费国家大量司法资源的活动。为了进行刑事诉讼，国家必须投入大量人力、物力和财力，花费大量时间，如果不考虑司法资源的限制，那么刑事诉讼采取越烦琐的诉讼程序，对查明案件事实，保障诉讼参与人的权利越有利。但是，任何国家都无法做到，因为随着社会的发展，犯罪活动呈日益上升的趋势，而国家投入的司法资源是有限度的。在这种情况下，将司法资源平均分配到所有刑事案件中，即在处理每一个案件时均投入完全等量的司法资源就几乎行不通，因为这一方面导致重大复杂的案件司法资源投入不足，使刑事诉讼活动的质量以及被告人权利的保护受到消极的影响，另一方面也导致简单轻微的案件司法资源的无谓浪费。为了合理配置司法资源，在普通程序之外设立简易程序就显得很重要了。通过诉讼程序的繁简分流，即重大复杂的案件适用普通程序，简单轻微且被告人自愿放弃程序性保障的案件采用简易程序；使需要公正的案件更加公正，需要效率的案件更加有效率。简易程序可以使轻微刑事案件迅速审结，这不仅符合当事人和其他诉讼参与人希望审判简捷的要求，而且对于及时打击犯罪，切实保护当事人和其他诉讼参与人的合法权利也具有重要作用。

2. 使普通程序的改革获得成功。在司法资源合理配置的前提下，简易程序的设立为普通程序改革的成功创造了必要条件。我国普通程序引进了对抗式的诉讼方式，当然也保留了自身的特点，普通程序的运转需耗费国家大量的司法资源，简易程序的设立可以确保司法资源的投入在所有刑事案件中得到合理配置。一方面，在简易程序中减少司法资源而提高诉讼效率，另一方面，在普通程序中投入大量司法资源而保障诉讼的公正，因此，简易程序的设立可以成为以增强公正性为主要目标的普通程序改革的成功。

3. 提高司法机关工作效率。司法机关根据案件的不同特点，对轻微刑事案件适用简易程序予以及时、迅速审结，可以避免延误时机致使案件趋于复杂或引发出新的犯罪，并可使法院抽出更多的时间集中精力审判重大复杂的刑事案件，从而加快办案进度，减少讼累，提高工作效率，缓解司法机关的工作压力。

（三）国外刑事简易程序的立法概况

1. 美国的辩诉交易制度

《布莱克法律辞典》："辩诉交易是指在刑事被告人就较轻的罪名或者数项指控中的一项或几项作出有罪答辩，以换取检察官的某种让步，通常是获得较轻的判决或者撤销其他指控的情况下，检察官和被告人之间经过协商达成的协议。"即在开庭前，由提起控诉的检察官与被告方律师私下进行协商、妥协甚至讨价还价，被告方作有罪答辩，检察官则相应地撤销部分指控、降格指控或者在量刑上向法官提出有利于被告人的建议，以此处理刑事案件的一种诉讼方式。如果法院同意此项协议，就依据控辩双方商定的罪名和刑罚判决，该起刑事案件遂可不经过正当法律程序而告终结。对辩方来说，辩诉交易可以使其避开较重的刑罚以及长时间审判的心理压力与折磨；对控方来说，辩诉交易可以减少其工作量和在法庭上败诉的危险，并进而节省诉讼开支和减轻整个刑事司法系统的负担。

辩诉交易包含以下几个要素：（1）辩诉交易的主体是检察官和被告人及其辩护律师；（2）辩诉交易的内容是被告人作有罪答辩，检察官可以撤销指控，或者降格指控，或者建议从轻量刑；（3）辩诉交易的过程，是双方协商，妥协甚至讨价还价，然后都不同程度地作出让步的过程；（4）辩诉交易的结果是不经过审判而定罪科刑。《美国联邦刑事诉讼规则》对辩诉交易的适用范围没有作出任何限制性规定，由于案件千差万别，检察官和辩护方进行交易的侧重点各异，因而辩诉交易表现为不同的形式。从辩诉交易公开性程度的角度可分为明示的辩诉交易和暗示的辩诉交易两大类型：明示的辩诉交易是检察官与辩护律师直接谈判、协商而达成协议；暗示的辩诉交易往往是司法官确立了一个模式，如果被告人作认罪请求，该案件便不交陪审团审判，那么被告人可能得到从宽处理而非公开地进行协商所达成的协议。根据检察官让步的性质可分为指控交易、罪名交易和刑罚交易。指控交易实质上是降格指控，即检察官同意以轻的罪代替原重的罪进行指控，以换取被告人对轻的指控作有罪答辩的交易；罪名交易是指被告人犯有数罪，而检察官以较少的罪名进行指控，撤销其他罪名以换取被告人有罪答辩的交易；刑罚交易是指检察官提出较轻的判刑建议，以换取被告人作有罪答辩的交易。尽管表现形式多样，但每一案件的结果都一样：允许被告人就比其行为和检察官的证据所能证明的指控要轻的罪行作有罪答辩，或者被告人放弃审判，以获得预先定罪和量刑的许诺。正如美国法律格言：如有疑罪，促其认罪。辩诉交易制度在美国已成为处理刑事案件的基本途径，近年来90%以上的刑事案件是通过辩诉交易处理结案的。但它也是一个众说纷纭、争论不休的论题，其争议至少持续了半个世纪，从美国目前的情况来看，争论还将继续下去，但是大部分人不是希望废除它，而是提出建议，试图将其缺陷降到最小限度。认为其理由正如“不能将孩子和洗澡水一起泼出去”的道理一样，辩诉交易在美国刑事诉讼中的适用已成定局。当然也有人认为辩诉交易制度弊端太多，有可能动摇美国的刑事审判制度，应该加以禁止。从现实的角度看，适当地加以限制，消除其弊端，如控制检察官滥用自由裁量权，赋予公众以监督权，并使谈判达成的协议趋于公正、合理等，公开化和规范化的辩诉交易是其发展趋势。

2. 德国的刑事简易程序

(1) 处罚令程序（处刑命令程序）。处罚令程序是指对于轻微的犯罪案件，经检察官的书面申请，地方法院的刑事法官、陪审法庭可以不经审判以书面处罚令确定对行为的法律处分。法官只对检察官的书面申请及其案卷材料进行审查，并据此决定是否发布一项处刑命令。法官如果决定发布处刑命令，只能按照检察官申请书中所要求的那样适用刑罚。法官如果拒绝发布处刑命令，必须将案件移交法庭举行正式审判。适用处罚令程序的前提是：被告人同意，并且案件事实清楚和适用法律正确。处罚令只适用罚金、禁止驾驶、免予处罚等法律处分，不适用于少年犯案件。法官在处罚令中认定被告人有罪，确定对他的处罚，被告人没有在法官面前就对他的指控作陈述的机会，对处罚令不服时，被告人可以在法定期间向签发处罚令的法院提起异议，异议的法律后果是进行正式法庭审判。在德国，约整个刑事程序的一半左右，便是以处罚令程序来处理的。处罚令程序是一种迅速而简便的审判程序，设立这一程序的主要目的是为了减轻司法机关的工作负担，也使犯罪轻微的被告人免受复杂的诉讼程序之累。

（2）简易程序。简易程序是在地方法院刑事法官、陪审法庭审理的程序中，如果案情简单或证据清楚适宜立即审理的案件，检察官可以用书面或者用口头申请立即或者在最短期限内进行判决。适用该程序的前提是案情简单或证据清楚，可以立即审判，预计量刑较轻的案件。在简易程序中，不允许判处剥夺自由1年以上的刑罚或者科处矫正及保安处分，不适用于未成年人。预计要判处剥夺自由至少六个月的时候，对尚无辩护人的被告人要为在地方法院进行简易程序指定辩护人。以简易程序判决，可以宣读证人、鉴定人或者共同被告人的书面证词，需经被告人、辩护人和检察院同意的，以他们审判时在场为限。在由刑事法官审理的程序中，由刑事法官确定证据调查的范围。以简易程序判决的申请被拒绝时，如果被告人有足够的犯罪行为嫌疑的，法院裁定开始普通审判程序。

3. 意大利的刑事简易程序

（1）简易审判程序。简易审判程序，是指由法官根据检察官提供的案卷材料就可对案件作出迅速判决。它是不经正式的对抗式审判而用来解决大量案件的一种程序。如果被告人选择或同意选择简易审判程序，法官可对检察官呈送的卷宗材料进行书面审查，并直接对被告人作出判决。如果法官判决被告人有罪，他可将根据被告人的罪行所应判处的刑罚减少 1/3 的幅度。但对于那些应被判处无期徒刑的被告人，法官只能将其刑罚减至 30 年监禁（意大利取消死刑)。后来，意大利宪法法院以起草越权为理由，裁定上述规定违宪。如今，简易审判程序适用于除无期徒刑以外的所有刑事案件。举行简易程序既可由被告人请求，也可由检察官提出，由法官审查决定。法官一旦接受简易审判的请求，就可根据控诉方的证据材料决定该案能否以简易审判程序作出最终裁决。在审查过程中，法官可对被告人进行讯问。意大利刑事诉讼法典对通过简易程序所作判决的上诉作了极严格的限制，被告人不能对无罪判决、罚金或缓刑判决提出上诉，检察官也不能对监禁刑以外的判刑提出上诉。

（2）依当事人的要求适用刑罚——意大利式辩诉交易。意大利刑事诉讼法典规定了一种适度的辩诉交易，即在审判开始前，检察官和辩护律师可以就被告人的判刑问题进行协商，甚至讨价还价，达成协议，并请求法官以此协议作为判决内容。控辩双方达成协议后，法官对其进行审查，如果它是合法和合理的，那么即可据此直接对被告人作出判决。适用辩诉交易的案件主要包括两类：第一类是可能对被告人判处罚金的案件；第二类是根据犯罪事实、情节、协商情况以及对法定刑最高可以减少 1/3，而最后协商的判刑不超过 2 年的案件。选择辩诉交易的被告人可获得较大幅度的减刑。意大利式辩诉交易是从美国辩诉交易移植和借鉴的，但其适用受到了严格的限制。第一，检察官和被告方不得就被告人的犯罪性质进行交易。如果检察官对被告人的指控罪行与事实相符，那么不得就较轻的罪名进行交易，以减轻被告人的判刑。第二，限定最高减刑幅度为法定刑的 1/3，最终判刑不得超过 5 年有期徒刑或拘役，但有组织犯罪除外。这样的双重限制，就把这一程序的适用范围严格控制在了轻微案件中。第三，即使检察官不同意举行辩诉交易程序，被告方可以要求法官依法减刑 1/3。由此，法官可控制辩诉交易程序，检察官的自由裁量权受到了严格的限制。第四，法官以检察官卷宗材料为基础，对控辩双方协商和交易的情况进行审查和监督，以确保定罪判刑的正确性和适当性。此外，意大利的辩诉交易与美国辩诉交易还有一个重要的区别，即《意大利刑事诉讼法典》删去了将被告人作有罪答辩（认罪答辩）作为辩诉交易的前提条件，以免损害《意大利宪法》第27条规定的对所有被告人实行无罪推定的原则。

(3) 快速审判程序。快速审判程序，是指在犯罪时被当场逮捕、检察官掌握了确凿的证据或被告人坦白足以证明被告人应受惩罚而不举行预审，直接进行审判的程序。具有下列情形之一，即可适用该程序：第一，被告人正在犯罪时被发觉或被逮捕，在这种情况下，检察官可在48小时以内将被告人送交法官，要求批准逮捕和进行快速审判。第二，被告人尽管未被当场抓获，但检察官掌握有证实被告人犯罪的充分证据，并向法官提出了进行直接审判的要求，被告人未表示异议。第三，被告人正在犯罪时被发现，但尚需作进一步调查。在这种情形下，检察官可在法定期间要求直接审判，以便进行更全面的调查。第四，被告人向检察官就其犯罪事实作出了彻底的坦白，检察官可在对犯罪作出记录法定期间要求法官举行直接审判。公诉人提起快速审判程序后，法官告知被告人有权要求实行简易审判或依辩诉交易的规定适用刑罚。当法官认为不可能根据现有材料作出裁决时，裁定依初步庭审程序进行。

(4) 立即审判程序。立即审判程序，是指在开始对该罪犯进行侦查的90日之内，调查证明被告人有罪，并且被告人已经讯问并作了供述，检察官可要求免去初步庭审，而由负责初期侦查的法官决定进行立即审判的程序。对检察官不进行预审的请求，法官只需要审查检察官提交的侦查案卷，并于法定期间作出裁定。被告人也可以直接向法官提出举行立即审判。法官发布立即审判令时应通知被告人可以要求实行简易审判或依辩诉交易的规定适用刑罚。

(5) 处罚令程序。处罚令程序，是指法官根据检察官提出的通过对被告人减轻罚金处罚来解决案件的建议而发布的独立运用财产刑的命令的程序。对于检察官的建议，被告人可以接受，也可以拒绝。这种程序只适用于检察官认为可适用罚金刑处罚的那些轻微犯罪案件。对这些案件，检察官可要求法官直接对被告人处以罚金，并且相应减少罚金 50%。这种程序既无侦查，也无审判，就是直接处以罚金。大幅度地减少罚金数额的目的在于，鼓励那些被控犯有轻微罪行的被告人接受这种刑罚处罚。但如果被告人对被判处的罚金刑不服，或基于其他理由而愿意接受法庭审判，那么他有权在法官作出罚金判决的法定期间要求进行正式法庭审判。这种要求一经提出，法院必须对该案进行正式审判。如果被告人要求按其他特别程序进行审判，法官可发布审判令。

国外刑事诉讼法典规定的简易程序，提供了一系列较为简单、快捷、便宜的途径，在解决诉讼拖延、提高诉讼效益方面显示了巨大的活力。刑事诉讼法典关于简易程序的规定基本上只对被告人，而忽视了被害人，应该高度重视控辩双方的选择及其参与诉讼的作用，以及考虑案件证据的充分程度等来确定相应的程序，达到平衡保护当事人的目的。

（四）刑事简易程序的适用

1. 刑事简易程序的适用范围

（1）适用简易程序的法院范围。根据审判管辖的有关规定，这类案件仅限于基层法院。从国外的情况看，适用简易程序的法院一般也均为基层法院，如日本的简易法院、英国的治安法院、法国的违警罪法院等。

（2）适用简易程序的诉讼阶段。在诉讼阶段上仅限于刑事第一审程序。

（3）适用简易程序的案件范围。根据刑事诉讼法的规定，可以适用简易程序审判的案件有以下三种：①依法可能判处 3 年以下有期徒刑、拘役、管制、单处罚金的公诉案件，事实清楚、证据充分，检察院建议或者同意适用简易程序的。②告诉才处理的案件。这类案件属于自诉案件，如侮辱、诽谤案（严重危害社会秩序和国家利益的除外）、暴力干涉婚姻自由案（引起被害人死亡的除外）、虐待案（引起被害人重伤、死亡的除外）、侵占案。③被害人起诉的有证据证明的轻微刑事案件。这类案件属于自诉案件，如故意伤害案（轻伤）、重婚案、遗弃案、妨害通信自由案、非法侵入他人住宅案、生产销售伪劣商品案件（严重危害社会秩序和国家利益的除外）、侵犯知识产权案件（严重危害社会秩序和国家利益的除外）、属于《刑法》分则第四章、第五章规定的对被告人可以判处 3 年有期徒刑以下刑罚的其他轻微刑事案件。

2. 刑事简易程序的具体运作

（1）公诉案件适用的简易程序。适用简易程序审理公诉案件，应当由检察院提出建议或者经其同意，这就是说，对于检察院在起诉时书面建议适用简易程序的，应当随案移送全部案卷和证据材料，法院审查后，认为符合适用简易程序的，可以适用简易程序；认为依法不应适用简易程序的，法院应当书面通知，并将全部案卷和证据材料退回人民检察院。对于检察院在起诉中没有建议适用简易程序，法院经审查后，认为符合适用简易程序条件的，应当书面征求检察院的意见，检察院同意并移送全部案卷和证据材料的，也可以适用简易程序审理。公诉案件所以要由检察院提出建议或同意，是因为公诉人是起诉方，且对本案适用简易程序是否合法负有监督的职责。法院审理这类公诉案件，在公诉人不出庭的情况下，被告人可以直接就起诉书指控的犯罪事实进行陈述和辩护。审判员可以出示、宣读主要证据，并听取被告人的意见；在公诉人出庭的情况下，被告人作出陈述以后，公诉人可以出示、宣读主要证据。经审判员准许，被告人及其辩护人可以同公诉人相互辩论。审判员在必要时可以讯问被告人。被告人委托辩护人的，辩护人可以不出庭，而在开庭前将其书面辩护意见送交人民法院。被告人向法庭要求证人出庭作证的，法庭应当允许。被告人作最后陈述后，法院一般应当当庭宣判。

（2）自诉案件适用的简易程序。适用简易程序审理自诉案件，自诉人宣读起诉书后，被告人应当就起诉书指控的犯罪事实进行陈述和辩护。自诉人、被告人应当出示主要证据，经审判员准许，被告人及其辩护人可以就起诉书指控的犯罪事实，同自诉人及其诉讼代理人互相进行辩论。适用简易程序的案件，被告人委托了辩护人的，辩护人可以不出庭，但应当在开庭前将书面辩护意见送交人民法院。被告人、自诉人要求证人出庭的，法院可以准许。审理过程中，可适用自诉案件中可以和解、撤诉、调解的有关程序规定。

适用简易程序审理的案件，在法庭审理过程中，发现有以下不宜适用简易程序情形的，应当决定中止审理，按照公诉案件或自诉案件的第一审普通程序重新审理：公诉案件被告人的行为不构成犯罪的、公诉案件被告人应当判处3年以上有期徒刑的、被告人当庭翻供且对于起诉指控的犯罪事实予以否认的、辩护律师作无罪辩护的、事实不清或者证据不充分的、其他依法不应当或者不宜适用简易程序的。转为普通程序审理的案件，审理期限应当从决定转为普通程序之日起计算。

（五）刑事简易程序的评价标准

1. 公正

公正作为一种社会观念，古往今来，一直是人们所追求的崇高理想和美德，更是法律制度所要实现的价值目标。然而，公正是一个最为崇高但也最为混乱的概念之一，在伦理上，我们可以把它看成是一种个人美德或是对人类的需要或者要求的一种合理、公平的满足。在经济和政治上，我们可以把社会公正说成是一种与社会理想相符合，足以保证人们的利益与愿望的制度。在法学上，我们所讲的执行公正是在政治上有组织的社会中，通过这一社会的法院来调整人与人之间的关系及安排人们的行为。现代法哲学的著作家们也一直把它解释为人与人之间的理想关系，并主张这种理想关系就是通过经验来发现并通过理性来发展调整关系和安排行为的各种方式，使其在最小的阻碍和浪费情况下给予整个利益方案以最大的效果。综观西方法律思想史对公正的论述，可谓卷帙浩繁、汗牛充栋。从古罗马的乌尔比安、古希腊的柏拉图、亚里士多德到近代美国学者庞德、罗尔斯、比利时学者佩雷尔曼等对公正作了具有代表性的探析。我们认为，公正是指人们之间的权利或利益的合理分配关系。如果人们之间的权利或利益分配过程、分配方式和分配结果是合理的，则被称之为公正；反之，则被称之为不公正。也就是说，公正是指人们之间分配关系上的合理状态。刑事简易程序公正价值的内涵既具有诉讼公正的一般意义，又具有其特殊性，具体包括：

（1）程序的科学性。简易程序的科学性，是指程序的运作应符合诉讼的客观规律，依照繁简分流的原则，对简单案件采取简易程序，从而合理配置司法资源，提高诉讼效率。1989 年在维也纳召开的第十四届国际刑法学会代表大会通过了有关刑事诉讼中的简易程序的决议，该决议指出："对简单的案件，可以采取，也应当采取简易程序。"目前西方国家确立了各种各样的简易程序，具有代表性的有：英美法系国家的辩诉交易程序、大陆法系国家的处刑命令程序、意大利式的辩诉交易和简易审判程序。这些程序主要简化诉讼环节和步骤，以此确保国家为进行刑事诉讼活动而投入的司法资源得到合理的配置。我国简易程序遵循的繁简分流原则是：该繁即繁，该简该简，节省资源，保障重点。其功能在于合理配置司法资源，保障普通程序朝着公正化方向的努力获得成功。在价值取向上兼顾了公正与效率，从而使程序的运转符合诉讼活动的客观性，即体现程序的科学性。

（2）程序的选择性。简易程序的选择性，是指简易程序的举行以及简易程序转化为普通程序当事人有权自愿选择，尊重当事人的意愿。由当事人在理解自己行为后果的情况下自愿选择简易程序，使案件得到迅速、简便的处理，这是简易程序公正性的前提和基础。如果检察官自行决定将一个案件按照简易程序处理，法官在当事人不同意的情况下强迫其接受简易审判，都会导致当事人的自主意志和自由选择、处分自己权益甚至决定个人命运的权利受到剥夺，由此使当事人的诉讼主体地位及其人格尊严受到不适当的贬损。

（3）程序的公开性。意大利刑法学家贝卡利亚曾说："审判应该是公开的，以便社会舆论能够制止暴力和私欲。”① 刑事简易程序的展开必须具有公开性。黑暗与隐秘是滋生邪恶或非正义的温床，而公开性则是法律获得正义的阳光。秘密审判在当代已成为反人道的法律程序，“暗箱操作”越来越多地被现代民主的诉讼程序所不容。如果刑事简易程序是在秘密状态下进行的，那么不管它的结局如何，人们对它的公正性总是抱有怀疑。可以说，诉讼程序愈向公开性迈进，则它的公正性程度以及带给人们的公正感就愈强。简易程序的公开是指诉讼过程的公开和结果的公开。只有将诉讼公开，才能发挥诉讼参与人和社会舆论的监督作用，从而增强他们对诉讼结果的信赖。简易程序的公开性包括以下内容：第一，法官的权力公开。法官的权力公开是指法官在简易程序的诉讼活动中权力的行使必须依照法律规定进行，法官必须有控辩双方在场才能作出处理结果。第二，作为裁判基础的事实及法律依据公开。办案中的神秘主义，“法不可知，则威不可测”的做法必须废止。诉讼程序保持公开是防止司法专横与擅断、发现和弥补诉讼不公的有效途径。公开的途径包括允许群众旁听，允许新闻媒介报道等。

（4）法官的中立性。法官的中立性，是指主持和参与庭审的法官在制作裁判之前必须是中立的，法官保持中立也称中立原则，是公正审判的必要条件。它要求法官对各方诉讼参与人均一视同仁，不偏不倚，保持一种超然的和无偏袒的态度和地位。假如参与庭审的法官在审判之前就已对控辩双方当中的某一方怀有偏见或有意偏袒，那么就可能在认定事实和评定证据方面产生预断，形成偏执，以致作出错误裁判。因而要保持法官中立必须做到以下几点：第一，与案件有牵连的人不应做该案的法官；第二，法官必须是对案件处理结果没有私人利害关系的人；第三，法官在诉讼过程中对控辩双方的诉讼请求和主张给予相同的重视，并在制作裁判时对各方的观点予以同等关注。前两点强调法官在利益上与案件无关，第

---

① ［意］贝卡利亚：《论犯罪与刑罚》，黄风译，中国大百科全书出版社 1993 年版，第 20 页。

三点强调法官在主观方面不受自己情绪误导，平等对待控辩双方。法官中立原则是实现诉讼公正的最重要因素。

（5）控辩的对等性。控辩的对等性，是指参与诉讼的控辩双方的地位、权利与义务应当是对等的。正义概念最原始的含义中就具有“平等地待人”和“给予每个人以应得权益”之意。佩雷尔曼的形式正义的精髓就是“同一范畴的所有成员应受到同样的待遇”。这一观念在诉讼程序中得到了有效运用，并称做当事人或控辩的对等原则。对等原则包括以下三个方面的内容：第一，在刑事诉讼中，控诉人和被告人都是诉讼主体，分别执行控诉职能和辩护职能；第二，控辩双方的地位是平等的，各自享有一定的机会、权利，履行一定的义务；第三，双方的权利、义务是对应的。要保持控辩的对等性，就必须满足以下基本要求：第一，控辩双方应在参与法庭审判过程方面拥有平等的机会、便利和手段；第二，法官应当对各方的意见和证据予以平等的关注，并在制作裁判时将各方的观点均考虑在内。但是，程序对等原则要求程序参与者不仅拥有形式上的参与权，而且还应拥有实质上平等的参与能力和参与机会。为此，法官应确保参与能力较弱的一方享有一些必要的“特权”，以纠正各方事实上所存在的不平等现象。

（6）程序的制约性。程序的制约性，是指在简易程序中对司法权力的限制，防止滥用权力。孟德斯鸠有一句名言，一切有权力的人都容易滥用权力，这是万古不易的一条经验；有权力的人们使用权力一直到遇有界限的地方才休止；从事物的性质来说，要防止滥用权力，就必须以权力约束权力。在简易程序中，由于采用独任制审判方式，现行法规定公诉人还可以不出庭，这样就会产生法官权力过分集中，进而滋生贪污受贿、徇私舞弊、枉法裁判行为。因此，适用简易程序要严格执行法律的相关规定，如回避制度、公开审判制度等。

（7）程序的及时性。程序的及时性，是指通过对诉讼程序的环节和步骤加以简化，使刑事案件得到迅速及时的处理，同时要求各诉讼主体遵循程序要求参与诉讼，法官及时作出裁判。一方面，它要求诉讼活动不能过于急速地进行，否则程序参与者无法充分和富有意义地进行，法官也难以对各方的证据和主张进行全面、细致的权衡、评价和采纳，因而极易对案件事实的认定及实体法的适用形成错误的判断，以至于作出错误的判决。这样，程序的公正性就难以得到保障。另一方面，它也要求诉讼活动不能过于缓慢地进行，否则程序正义也难以得到实现。英国有句古老的谚语："迟来的正义为非正义"，讲的就是诉讼拖延的消极后果。因为诉讼拖延不仅浪费了司法资源，而且可能导致不公正的裁判结果。因此，诉讼活动只有保持在一个适当及时的限度内，法官的裁判才能得到合理的证明，程序参与者也才能避免受到另一种形式的不正公对待。程序的及时性是程序公正的一项必要条件。

2. 效率

根据《辞海》的解释，"效率泛指日常工作中所消耗的劳动量与所获得的劳动效果的比率"。效率作为经济学的范畴，表征资源的投入与产出、成本与收益的关系，就是以最少的资源消耗取得最多的效果。把效率导入刑事诉讼中，根据效率的一般概念推理，诉讼效率是指诉讼成本与诉讼收益之比，即追求在最佳状态下，以有限的司法资源来最大限度地满足诉讼主体的需要。刑事诉讼作为司法机关和诉讼参与人共同进行的揭露、证实、惩罚犯罪和保护无辜的活动，需要投入一定的司法资源和社会资源，能够产生一定的收益。因此，刑事诉讼活动摆脱不了效率机制的调控，服从于投入产出的经济机理。

(1) 诉讼成本分析。诉讼成本，又叫诉讼耗费，是指在刑事诉讼活动中所消耗或支出的各种资源的总和。一般而言，刑事诉讼程序所需的经济的成本耗费包括以下这些方面：①侦查、检察、审判机关为完成法律所规定的任务必须支付的全部费用，如工作人员的工资、司法装备、设施、人员培训等；②刑罚机关为执行刑罚必须支付的各项费用，如工作人员工资、监所建设和装备、人员培训等；③犯罪嫌疑人、被告人因被追诉而不得不造成的损失和耗费，如误工费、聘请律师费用等；④被害人参与刑事诉讼不得不支付的费用，如误工费、律师代理费；⑤证人、鉴定人、翻译人等因参加诉讼活动而必须消耗的成本；⑥犯罪嫌疑人、被告人因被追诉而给家庭所造成的不可避免的损失，其中包括正当性和非正当性开支；⑦社会关注而支出的不可统计的成本，如新闻报道所消耗的成本；⑧其他费用。以上是刑事诉讼程序一般所必须消耗的成本。如果从刑事诉讼制度设立和运作的整体状态和需要而言，还必须支付一定数量的错误成本即因不当追诉或审判不当必须支出的错误成本，它包括在诉讼过程中的不当成本消耗和诉讼停止之后的赔偿支出，具体包括以下几个方面：①对被错误拘留的人的赔偿费用；②对被错误逮捕的人的赔偿费用；③对依审判监督程序改判无罪而原判已执行的人给予的赔偿费用；④刑讯逼供或者以殴打等暴力行为造成公民身体伤害或死亡而支出的赔偿费用；⑤违法使用武器、警械造成公民的身体伤害或者死亡而支付的赔偿费用；⑥违法对财产采取查封、扣押、冻结、追缴等措施而支付的赔偿费用；⑦依照审判监督程序改判无罪，原判罚金、没收财产已经执行而支付的赔偿费用；⑧法律规定其他应予以赔偿的范围。伦理成本，也称为道德成本，指司法机关及有关诉讼参与人因刑事诉讼活动而遭受到的直接或间接的名誉、权威或精神上的丧失和损害，刑事诉讼中的伦理道德成本表现为：①因追诉给犯罪嫌疑人、被告人造成的名誉损失和精神痛苦；②因追诉行为给被追诉相关人造成的心理痛苦；③因参与诉讼使被害人遭受的精神折磨；④证人、鉴定人等因诉讼行为而带来的心理负担和名誉损失；⑤因追诉不当给有关参与人造成的名誉损失和精神伤害；⑥因不当行为给司法机关造成的权威地位的损害和名誉损害。将道德伦理成本引入到诉讼程序的分析，是一种对程序价值在经济上和伦理上的双重分析与追求。国家在刑事程序设计与运作中，要将伦理成本的耗费最低化作为一种诉讼原则和理想加以贯彻，这一方面要求国家在开展刑事诉讼活动时，尽量减少错误而正确裁判，另一方面，国家还应当在一定范围内（特定案件的处理上）注意保护当事人或其他诉讼参与人的名誉权利，以减少当事人伦理成本的支出。

（2）诉讼收益的分析。诉讼收益相对于诉讼成本而言，同样存在着两个方面的收益，一是经济性收益；二是伦理性收益，经济性收益和伦理性收益的结合和统一，构成了诉讼收益的内容。经济性收益指的是在诉讼进程中和诉讼完结后为国家和有关当事人所挽回的经济损失或所获得的经济利益，既包括对已有损失的弥补或有关款项的追回，也包括因刑事诉讼的机制作用而避免损失的利益，具体而言分以下几项：①为国家和集体所追回的赃款赃物，如贪污案件中的贪污款项等；②被害人所获得的经济利益补偿和赔偿；③对被告人实施的罚金或没收财产的收益；④因诉讼行为而避免受到侵害或破坏的财产；⑤其他经济性收益。诉讼的伦理性收益包括以下几个方面：①刑事诉讼所消除的社会对立矛盾和冲突而带来的社会和平和社会安宁；②对参与人自由、权利和人格尊严的维护；③刑事诉讼所产生的一般预防和特殊预防功能；④司法正义的张扬及权威地位的加强。总之，刑事诉讼的功能主要是社会秩序的维护、司法正义的实现和公民自由的保护。刑事诉讼收益更多的体现为对人性、自由、民主、平等、文明的充分尊重，体现为一种道德上的完善。

通过对诉讼成本与诉讼收益的分析，可以看出，诉讼成本投入主要是经济性的，需要耗费大量人力、物力和财力，这些诉讼耗费是可以用经济指数来计量的，即在刑事诉讼的投入中，经济成本占主要成分，伦理成本占次要成分。而诉讼收益主要是非经济性的，它获取的是社会秩序、公民自由和司法正义等伦理价值因素，这些收益不适宜用经济指数来衡量。即在诉讼收益中，伦理收益占主要成分，经济性收益占次要成分。这种投入的经济性与产出的非经济性是刑事诉讼效率机制的一个显著特点。

（3）刑事简易程序效率价值的内涵。

①运作的合理性。所谓运作的合理性，是指在简易程序中诉讼主体参与诉讼对诉讼成本的投入符合经济合理的原则。要达到经济合理的要求，具体有两种方式：一种是通过缩减诉讼成本的途径来提高刑事诉讼的效率，另一种是通过优化司法资源配置的途径来实

现刑事诉讼效率的增长。从前面的分析可知，刑事诉讼成本包括运行成本、错误成本和伦理成本等内容，实现第一种途径就必须减少上述几项成本的司法投入。但是通过减少成本投入的方式来提高诉讼效率须有一个必要的前提，即诉讼成本的减少不得影响诉讼收益的产出。如果诉讼成本的减少导致诉讼收益的下降，那么这种结果是非效率的。在简易程序中，由于案件事实清楚，证据充分，犯罪性质轻微，因此错误成本具有降到最少的可能，从而伦理成本也相应可降到最少。所以，减少诉讼成本主要集中在减少运行成本。如法律所确定的缩短程序，减少诉讼环节，最终带来效率的提高。实现第二种途径是优化司法资源的配置，实际上就是优化诉讼成本的投入方式。在投入的司法资源一定的情况下，优化诉讼成本的投入涉及成本之间的分配与同一成本内部的搭配。首先，要优化诉讼成本之间的分配，主要在运行成本、错误成本和伦理成本之间进行。由于伦理成本与错误成本之间存在因果关系，因此，对伦理成本的优化就转移到错误成本身上。在简易程序中，要完全消除错误成本是不可能的。关键在于如何协调运行成本与错误成本，适度的错误成本的支出可以节省运行成本的开支，但是，如果错误成本量过高，远远大于其节省下来的运行成本，这不仅是非效率的，而且也会增加伦理成本。同样，适当减少运行成本的开支是经济的，但在减少运行成本的同时，往往会带来错误成本的增加，当错误成本的耗费大于其节省下来的运行成本时，这也是非效率的。因此，人们在配置运行成本与错误成本的比例时，应保护两者的均衡。其次，优化每一成本的内部分配问题。对于运行成本的耗费主要分布在侦查、起诉、审判和执行等阶段，一定的司法资源只能在各个诉讼阶段按其职能和实践的需要而恰当地分配。对于错误成本的支付主要体现在以下两种情况：一种是对无罪的人定罪判刑，另一种是对有罪的人没有定罪判刑。两难之中，进行何种选择，我们认为对无罪的人定罪判刑的错误成本要超过对有罪者开释的错误成本。因为给一个无罪的人定罪，其威慑作用不仅不正确，而且是负的，同时也增加了运行成本。既没有实现惩罚犯罪，又没有保障人权。而开释有罪者只是没有惩罚犯罪，但没有侵犯人权。事实上，在简易程序中，无论是公诉案件还是自诉案件，由于在开庭前事实清楚，被告人对犯罪事实供认不讳，对无罪的人定罪判刑的可能性较少。因为如果被告人作无罪辩护，那么就不会引发简易程序，所以，错误成本的消耗较低。

②效果的合意性。所谓效果的合意性，是指在简易程序中诉讼效果的实现应符合诉讼主体的欲望和需求，达到既惩罚犯罪又保障人权的目的，从而符合秩序、自由和公正的价值目标。从诉讼收益来看，诉讼效率的高低并非体现为一定的经济利益，而是体现为伦理性的效果，即诉讼主体对结果需求的满足程度。在简易程序中，诉讼主体由分别代表国家利益的专门机关公、检、法以及代表个人利益的诉讼参与人共同组成。因利益基础不同，不同诉讼主体的欲望和需求也不完全相同。从专门机关的角度看，开展刑事诉讼是以满足国家和社会利益的需要为重心，其目的在于揭露犯罪、证实犯罪和惩罚犯罪，即保障国家刑罚权的实现，以维护社会秩序。因而，国家专门机关对诉讼效率的考察主要表现在惩罚犯罪的覆盖程度、准确程度和执行程度上。从当事人和其他诉讼参与人的角度来看，尽管他们参与刑事诉讼的欲望和需要相当复杂，特别是被告人，他被强制参与诉讼，但是，他们参与诉讼一般是以满足个人利益为重心，都期望得到法律的正当保护，祈求司法机关公正地实现法律处置。因而当事人和其他诉讼参与人对诉讼效率的考察主要体现为法律正当程序的实现程度、合法权益的保护程度及对裁判结果的满意程度等方面。因此，诉讼效率的最大化是在满足国家利益和个人利益之间实现的，从而达到既惩罚犯罪又保障人权的目的。所以，对诉讼主体欲望和需求的满足事实上就体现为诉讼效果的合乎目的性，实际上也是要求诉讼结果的实现必须符合公正、秩序和自由的价值目标。

总之，运作的合理性和效果的合意性是简易程序效率价值两项基本内容。运作的合理性要求人们在诉讼过程中寻求最佳的方式科学合理地利用诉讼资源，效果的合意性要求诉讼结果的实现必须符合诉讼主体的欲望和需求，从而符合公正、秩序和自由的价值目标。因此，诉讼效率实质上是通过寻找最佳的方式，即以最少的人力、物力和财力，在最短的时间内最大限度地满足人们对正义、秩序和自由的需求。

3. 公正与效率的协调

公正与效率的关系是哲学、经济学、法学等所共同关心的论题。公正与效率之间并非是一种彼此消长的负相关关系即公正产生低效率，高效率需以丧失公正为代价。同样，这两者之间也不是简单的正相关关系即越公正就越有效率。公正与效率在各自的领域内相互促进，只有当它们超越各自的范围才产生不公正或低效率。以公正促进效率，并在效率基础上实现公正。

我们认为，刑事诉讼中公正与效率具有对立统一的关系。

首先，刑事诉讼公正与效率具有对立性，即所谓“鱼和熊掌不可兼得”。具体表现在以下两个层次的冲突：第一，追求刑事诉讼的公正会导致司法资源的耗费增加，从而增大诉讼成本，降低了诉讼效率。有学者曾指出，法律实施的程度取决于提供给完成这项活动任务的人力和财力的数量，只要有足够的警察，几乎每辆超速行驶的汽车都能被查出，但是社会通常给予法律实施机关的预算必然使法律实施达到相当低的水平。第二，过分地追求效率会使诉讼公正无法实现。片面追求效率，会漠视诉讼的过程公正和结果公正，必然导致冤狱丛生，结果会欲速则不达，否定效率。因此，任何一种程序设计，要完美无缺地展示公正与效率这样的双重价值是不可能的。

其次，刑事诉讼的公正与效率在本质上是一体的，主要体现在以下两个方面：第一，诉讼公正就意味着诉讼效率，诉讼效率也就意味着诉讼公正。诉讼公正实质在于将司法资源有效地组织分配，使司法资源配置最大化，从而获得最大限度的、持续的效率。第二，诉讼公正可以促进诉讼效率，诉讼效率也可以促进诉讼公正。一方面，诉讼公正包括过程公正和结果公正，可以满足诉讼参与人公正的愿望，从而积极配合诉讼以至降低重复诉讼，节约诉讼成本，达到提高诉讼效率之目的；另一方面，适度的效率能够及时终结诉讼，避免诉讼参与人因诉讼拖延而受损，从而受到公正的对待。因此，诉讼公正和诉讼效率是描述同一司法资源的配置状态，其区别的原因仅在于各自所强调的侧重点不同而已，人们使用诉讼公正一词时，侧重于配置的合理性；使用诉讼效率时，则强调配置的有效性。其实合理性和有效性是一体的，之所以合理，就在于有效；反过来，之所以有效，就在于合理。

在简易程序中，公正与效率之间的价值冲突在所难免，如何协调其价值取向，避免两败俱伤，根据公正与效率的对立统一关系，我们认为应遵循以下原则：

（1）均衡原则。所谓均衡，是指行为主体在互动过程中，所有的行为主体同时达到价值最大化目标而趋于持久存在的相互作用形式，并在此作用形式上各行为主体所处于的相互作用、制约的状态。即均衡是一种如果其他人的行为已定则每个人都达到最大目标的情形。因此，在简易程序中，均衡原则是指把公正与效率两个价值目标依据一定的标准使之同生共长、相互合作，充分展示两者的最大功能，避免绝对化和片面化，既有利于司法机关迅速处理案件，又有利于保障当事人及其他诉讼参与人的权益，达到司法资源配置优化的兼顾原则。这种理想状况体现了公正与效率的统一性，使每一价值目标都达到其最优化。以均衡作为处理具有相斥性的公正与效率之间关系的一般原则，还需要进一步考虑如何实现均衡的问题。一般说来，要达到公正与效率的某种均衡状态，可以有事先限制和事后补救两种方式。所谓事先限制，是在诉讼活动之前在法律规定的范围内将符合法律条件的案件纳入简易程序的轨道，超出此范围的案件不得采用简易程序。采用此种方式，可以从实体条件确定一个不致损害公正与效率的范围。所谓事后补救是简易程序运作后对诉讼活动受到抑制的某种价值予以补救，主要因注重效率而使公正受到损害的情形。此种方法采用程序补救，如上诉。公正与效率，是一种重大的抉择，这种抉择或权衡之所以重大，不仅因为所涉及问题的重大，而且也因为要做到合理尺度，确实不易。协调公正与效率使之达到最为理想的黄金点，在这一点上，既能满足诉讼主体公正的要求，又能保证效率的最大化，无疑，这样一个理想的黄金点从理论上说是客观存在的。但是，如果我们考虑到效率与公正在评价上的非同质性，即考虑到效率的状况是客观的、可计量的；而公正的状况，是主观的、难以计量的，因此，在实际上我们便往往只能满足于大致上接近于这一理想点，满足于在社会对公正的需要得到大致的满足的前提下所能够获得的最大效率水平。均衡的观念在可以而且已经得到应用的场合并没有明确的界限。对于一个极其求实的社会形式来说，浪漫主义并非有益。企图根据“均衡”理论的假设，建立一种对各方诉讼主体的利益进行均衡保护的理想状态，仍然是不现实的。人性的弱点决定：任何保护无辜的规定和程序，都必然会被真正的犯罪分子滥用；而任何强化追究犯罪而赋予司法机关的职权，也都可能被司法权的掌握者因其才智能力的局限，或因德行品性的缺陷而被滥用。所以在均衡前提下，还必须对公正与效率进行权衡。

（2）权衡原则。权衡原则，是指在刑事简易程序中，当公正与效率不能兼得或其发生冲突时，确定某一方更为优越而放弃另一方的选择原则。任何利益的冲突，都存在选择的一般性原则。当发生利益之间的矛盾冲突及由此产生权衡与选择问题时，为获得某种利益或者肯定某种事物、行为的价值，就要放弃或者否定与之对立的另一些权益或价值。作为权衡与选择的一般原则通常为“两害相比择其轻，两利相较选其重”，即所谓“尽可能满足多一些利益，同时使牺牲和摩擦低到最小限度”。① 但无论哪一方作出牺牲，必得以另一方增益为条件，且增益部分的价值应远远高于牺牲部分的价值。在简易程序中，效率被确定为首位价值目标。设立简易程序的主要目的在于提高诉讼效率，其实质在于促使刑事诉讼活动更加经济、更加科学。把犯罪情节轻微案情简单的案件运用简易程序

---

① ［美］E. 博登海默：《法理学——法律哲学与法律方法》，邓正来译，中国政法大学出版社2004年版，第384页。

审理，可以有效地节俭司法资源，加快办案速度，以达到提高诉讼效率的目的。同时，这种程序分流的作用可以把主要的司法资源投到重大复杂的案件上，提高了运用普通程序审理的那部分案件的质量，也缩短了案件的审理期限，达到从总体上提高诉讼效率的目的。如果对所有的刑事案件不分轻重、不加区别地按普通程序处理，往往造成案件积压。这样，不仅简单的案件得不到及时处理，而且还会影响到其他重大复杂案件的审判质量，造成所谓公正与效率的两败俱伤。从诉讼成本的角度看，简易程序通过减少诉讼环节，缩短诉讼程序，从而直接减少了运行成本。再加上适用简易程序的案件事实清楚，证据充分，相应的错误成本的产生概率很少，从而伦理成本也随之减少，达到提高诉讼效率的目的。从效率价值的属性来看，效率价值属于经济范畴，公正价值属伦理（道德）范畴，按照历史唯物主义的观点，作为经济范畴的效率应当优于作为伦理范畴的公正。因此，在处理公正与效率的冲突上，效率应优先。综上所述，刑事简易程序的价值协调：在均衡前提下，公正和效率的价值位序应排列效率在先，目的在于实现公正前提下效率，效率基础上的公正。

二、刑事简易程序中被害人的保护机制

1. 刑事简易程序的起动未征得被害人同意，而完全由检察院建议和法院决定。简易程序的举行往往意味着对被害人诉讼权利的较大限制，如《刑事诉讼法》规定，简易程序审理不受普通程序中关于询问证人、鉴定人，出示证据、法庭辩论程序的限制，被害人会失去充分对抗的机会，从而无法获得充分的公正对待。另外，被害人的实体性权利受到威胁却没有选择程序方式的自由，而完全由检察院和法院“包办”，消极地承受大大简化了的诉讼程序并承受由这种简化了的程序所产生的结果。这样一种使被害人的程序性权利受到重大限制，使其实体性权益受到直接威胁甚至剥夺的简易程序，被害人却没有选择权，不能不说是一个重大的缺陷。因此，

公诉案件是否采用简易程序，应由检察机关提出建议，并须征得被害人的同意。如果检察院建议适用简易程序，被害人又无异议的，法院接受即可。但如果检察院或者被害人不同意时，不得采用简易程序。在简易程序的启动上，被害人应具有选择权，这样可以增加被害人对简易程序裁判的合意度，减少被害人因不服判决而提出申诉的概率。

2. 检察院可以不派员出席法庭，有悖于刑事审判控审分离原则。控审分离原则是实现程序正义的一项基本要求，它要求检察院与法院分别行使控诉权和审判权，形成相互制约的机制，从而保证实现公正的审判。适用简易程序审理公诉案件，检察院可以不派员出席法庭，如果被害人也没有参与法庭审判，这样控诉职能自然落在法官身上，出现控审合一的情形，法官的中立和居间裁判地位因此被破坏。这种将起诉书的宣读及当庭举证等职权由法官一手包办，会让被告人认为是法官在指控他，更让其产生对抗情绪而严重影响庭审活动的顺利进行和法律的严肃性。在这种简易审判中，诉讼程序的结构较之普通程序而言，发生了根本变化：由原来的控辩裁三方的相互交涉变为裁判者与被裁判者的对峙。在这种情况下，法官直接单独面对被告人及其辩护律师，他不得不同时担当裁判者和起诉者这两种相互矛盾的诉讼角色。这对于确保简易审判的公正性是不利的。有人认为，公诉案件公诉人可以不出庭，除了考虑案情简单，判刑不重没必要出庭外，主要是考虑到这样做能节省许多人力、物力，加快办案速度。应该说，诉讼效率作为诉讼的一个价值目标越来越被人们认可，但是，是否能忽略这样一些问题：如果由于公诉人不出庭而使庭审活动不合法，被害人合法权益未得到保障，法官作出不恰当判决，闭庭后，检察院抗诉或被害人申诉，岂不更加费时费力？更何况，对于这类公诉案件的出庭又能花去公诉人多少时间和精力？总之，我们不能以牺牲诉讼公正去单纯地追求诉讼效率。另一方面，检察院有权自行决定在简易程序中不派员出席法庭审判，这也使法官按照简易程序进行的审判活动几乎完全失去检察监督和制约，以至于导致案件难以得到公正、适当的处理。

在国外，不论是英美的辩诉交易，大陆法系国家的处刑命令程序，还是意大利新设计的简易程序，只要法院在简易审判中进行开庭审判，控辩双方均须同时出席法庭，进行面对面的对抗。尤其是那种由控辩双方直接进行的交易和协商程序，更需要检察官与辩护律师同时参与。控辩双方对简易程序的同时参与，可以有效地防止法官单方面接触被告人及其辩护律师，保证裁判的公正性，同时也可以确保被告人、辩护人与被害人、公诉人进行面对面的辩论，保证法官在较为简易的审判活动中尽量查明事实真相。因此，只要简易程序采用开庭审理方式的，被害人、公诉人一律要出席法庭；特殊情况下，采用不开庭审理方式的，公诉人不出席法庭的，被害人应出席法庭。

3. 由简易程序向普通程序转化，被害人没有选择权，只有法院的决定权。被害人不仅是简易程序的启动不享有自愿的选择权，而且在简易审判进行过程中也没有请求转为普通程序的权利。在按照简易程序进行的审判中，法官发现适用简易程序进行审判不适宜的，可以自行决定将案件转为普通程序，而不必征得被害人的同意。因此，为保障被害人的合法权利，在适用简易程序的审理过程中，应赋予被害人申请变更权，即选择权。

4.《刑事诉讼法》对简易程序有关操作方式的规定过于粗疏。简易程序在一定意义上决定它需要较明确的法律规范指引审判实践，否则很可能导致审判人员理解不同，操作各异，以致在适用过程中无章可循。如关于开庭前的准备工作，这诚然是刑事简易审判程序简化的当然内容，但不能用“简”而不确定。普通程序规定，检察院的起诉书副本至迟应在开庭10日以前送达当事人，实践中，有的法院规定在开庭5日以前将起诉书副本送达当事人，有的则以开庭3日以前为限，甚至有的法官在开庭1日前方始送达起诉书副本。形形色色的做法一方面使庭前准备工作失去规范性，另一方面无疑将有损于被害人诉讼权利的正确行使，因此，立法机关通过立法或最高人民法院以司法解释的形式应明确作出规定，以便指导司法实践。

5. 扩大刑事简易程序的适用范围。（1）对刑事附带民事诉讼的案件能否适用简易程序。在司法实践中，有些刑事附带民事诉讼的案件，往往因民事部分久调不决，使得案件难以在法定期限内审结。我们认为，刑事附带民事诉讼的案件如果被害人不同意采取简易程序，全案不宜以简易程序处理，因为案件超审限违背了简易程序提高诉讼效率的目的；如果被害人同意采取简易程序，法律应该许可。（2）对未成年人犯罪案件能否适用简易程序。我国刑事诉讼法没有专门规定未成年人犯罪的诉讼程序，只在一些法院设立了审判未成年人犯罪的合议庭或专门的审判庭。简易程序快捷、简便，不仅缩短未决前的羁押时间，而且能够及时作出判决，有利于对未成年人的教育、挽救和安置。国外已有这方面的立法，如德国《青少年刑法》中规定的“少年诉讼简易程序”。《联合国少年司法最低限度标准规则》对少年案件作了“每一案件从一开始就应迅速处理，不应有任何不必要的拖延”的规定。因此，对符合简易程序适用条件的未成年人案件，应当适用简易程序。（3）将“普通程序简易审”刑事案件纳入“刑事简易程序”适用范围。2003年最高人民法院、最高人民检察院和司法部制定《关于适用普通程序审理“被告人认罪案件”的若干意见（试行）》，即将该规定被告人认罪案件的审判程序转化为现行《刑事诉讼法》规定的刑事简易程序，建立被告人认罪案件简易审判程序。（4）增设处罚令程序。即基层法院对于犯罪事实清楚、证据充分，立案后不需要进行专门的侦查取证，处刑为拘役、管制、单处罚金、缓刑或免予刑事处罚的轻微刑事案件，检察机关取得当事人的同意、申请法院并提交所有案卷材料及量刑意见，法院审查后作出处罚令。如果当事人提出异议，则处罚令失效，案件转为普通程序审判。德国、意大利等国家刑事诉讼法规定了该程序，值得借鉴。

6. 切实保障被害人的诉讼权利。适用简易程序后，不得忽视对被害人的诉讼权利的保护，如在开庭准备工作中，简易程序对送达起诉书、通知开庭等在时间和方式上允许予以简化，但简化要适当，如向被害人送达诉讼文书时，必须给予必要的准备时间等。在庭审程序中，程序简化较大，但仍有一些程序不得简化，比如，宣读起诉书、告知有关诉讼权利、被害人陈述和剖解等程序不得简化。

7. 提高法官素质，保证办案质量。适用简易程序，要求审判人员独任审判，独自负责。只有相应地提高审判人员的政治业务素质，才能独当一面，在迅速结案的同时确保办案质量。因此，审判人员的选用，一定要求政治素质高、业务素质强、职业道德好、具有丰富审判经验的审判人员担任简易程序的审判法官。否则很可能损害被害人应有的诉讼权利，无法保证审判工作的顺利进行，或因被害人不服判决而使申诉率屡屡上升，导致刑事简易程序的实践效果与其设立的初衷背道而驰。

第八章 被害人在刑事和解中的权利保护

一、刑事和解的功能及困境

（一）刑事和解的内涵

刑事和解，是指在刑事诉讼中，加害人以认罪、具结悔过、赔礼道歉、赔偿损失等方式获得被害人的谅解，双方通过协商达成互利性合意、形成和解协议，被害人要求或者同意公安司法机关对加害人依法不再继续追究刑事责任或从轻、减轻处罚的一种犯罪纠纷解决机制。刑事和解是刑事纠纷双方主体通过自主协商达成合意并依其合意解决刑事纠纷的方式，双方依据各自的意志、通过互相沟通、交流自主决定，相互达成解决刑事纠纷的合意行为，被害人与犯罪人达成一致的意思表示，实现双方和解意愿，目的是为了恢复加害人所破坏的社会关系，弥补被害人所受到的伤害以及恢复犯罪人与被害人之间的关系，并使犯罪人改过自新，复归社会。刑事和解是在被害人保护和犯罪人复归两大思潮影响之下逐步确立起来的一种合意性司法模式。

被害人与犯罪人在刑事和解中的合意主要通过双方的对话协商达成，双方合意能够最大限度地展示真实意愿，避免紧张和对立，使被害人能够叙说犯罪人对自己造成的身体、心理伤害和经济后果，接受犯罪人的道歉。这种交流有助于减轻被害人的焦虑与仇恨，尽快恢复心理与情绪的稳定，从被害阴影中解脱出来，并避免被害人的精神和心理再次受到伤害。合意能够最大限度地尊重当事人的感受与愿望，贴近当事人的利益与诉求；着眼于犯罪人与被害人的持久关系努力使问题得到彻底解决，从而恢复被害人的安全感，能够正常地生活。叙说理论对此具有较好的解释力，被害人与加害人在刑事和解中面对面叙说受伤害的过程，使被害人能在一个平和的环境中治疗心理创伤；叙说理论的核心在于通过叙说给被害人直接讲述其被害经历的机会，以叙说作为心理和精神治疗的手段，被害叙说成为一种有效的心理治疗方式。借用心理学的研究方法来解读刑事和解过程，对于治疗被害人心理创伤、促使犯罪人悔悟以及弥补被害人和犯罪人之间心理鸿沟具有重要意义。叙说中的被害后果陈述就是被害人对犯罪行为怎样影响自己的描述，可以向公安司法机关提供关键信息，使他们了解犯罪行为对被害人及其关系人造成的短期和长期的心理、身体和经济后果；被害后果陈述有助于让犯罪人对自己实施的犯罪承担责任、赋予被害人以有意义的方式向司法机构提供信息和参与司法活动的机会，增加了被害人对整个刑事司法系统的满意度。

如今社会犯罪率不断上升的趋势正是由于社会自我控制机制的弱化造成的，它失去了一种亲和力，恰恰是这种亲和力不断再生并维持一种能够有效地实现人们相互尊重、相互信任的文化力量。如果我们创建起有助于维系社会秩序的合意性司法措施，社会就可能朝着越来越和平安宁的方向发展。如果期望着仅仅依靠个体力量的协作就能自发地创造一个和谐的社会，那简直是一种天真的幻想。如果盼望着依靠国家这只烦琐而且笨重的“大手”来提供一个秩序化的社会也太过牵强。

（二）刑事和解的功能

1. 对被害人的功能

（1）尊重被害人的功能。作为犯罪的直接侵害对象，被害人活生生地存在着，其遭受的伤害和损失真实而具体地呈现在人们面前，而理论上代表其利益的公诉人在诉讼中却往往难以完全代表被害人的利益，至少对一部分有被害人的犯罪案件，人们对其性质的认识已经从单纯的对国家利益的侵害还原到了包括对被害人权益的侵害，有时，后者的利益还应当放在第一位。刑事和解不仅承认犯罪人在刑事冲突解决过程中的主体地位，而且也充分肯定了被害人的主体地位，犯罪的处理权也从国家部分地转交至冲突的双方当事人，“自己的事情自己决定”。刑事和解赋予被害人解决纠纷与处理犯罪的亲身参与权，提升了被害人在刑事司法程序中的地位。加害人主动认罪，缺少了对责任归属的争执，被害人叙说被害后果，加害人赔偿损失并道歉，避免被害人“二次被害”。犯罪发生后，所有的公众活动都转向罪犯，被害人及其家属却易被公众遗忘；罪犯作为违法者受到了谴责，而对被害人，人们却滋生出一种不信任，缺乏同情。人们对被害人的伤害以及他们的痛苦采取无所谓的态度，甚至认为他们并未受到什么伤害，对于他们无辜遭难表示怀疑的态度，这一切进一步伤害了被害人，可以说是被害人的第二次伤害的过程。刑事和解赋予被害人相当大的解决刑事犯罪的决定权，有利于维护被害人利益，避免再次伤害。加害人积极赔偿被害人损失、承担责任，司法机关减轻甚至免除其刑事责任，避免被贴上犯罪人的标签，以便顺利回归社会，降低再犯罪可能。

(2) 落实被害人诉求的功能。刑事和解的首要目的是维护被害人权利，通过刑事和解，被害人能够得到通过正式的刑事司法程序难以获得的经济赔偿，并能够收获更多的安全感从而减少不安与恐惧。被害人作为纠纷解决的主体，甚至在一定意义上说起主导作用，被害人可以通过参与损失的评估，最大限度地将自己的物质损失纳入赔偿范围，这样可以保证被害人损失得到赔偿，有利于社会秩序的维护；同时也使被害人感受到社会对自己的关心，觉得自己并没有被社会遗忘，从而增强对社会的认同感。提供被害人与犯罪人对话的机会、表达真实诉求的环境，交流感情和经历，“化干戈为玉帛”；被害人讲述被害感受，宣泄被害后恐惧、愤怒等不良情绪，帮助被害人从受害的阴影中解脱出来，尊重和理解被害人。犯罪人认识自己给被害人带来的痛苦，真诚道歉，慰藉被害人的心理。被害人与犯罪人通过对话讨论犯罪对各自生活造成的影响、对犯罪行为进行谴责，犯罪人对被害人予以道歉，被害人表示一定的谅解或宽恕，就经济赔偿问题进行协商，最终促进犯罪人承担责任，帮助被害人恢复损害。

2. 对加害人的功能

(1) 教育感化功能。刑事和解架起了犯罪人与被害人之间沟通的桥梁，被害人通过诉说可以尽情地宣泄情绪，加害人倾听被害人经受的种种痛苦煎熬、治疗的经济压力、家人的悲伤等，没有什么方法能够比这更能让加害人认识到犯罪行为的严重后果和恶劣影响，被害人的倾诉无异于一种精神惩罚；通过与被害人面对面的沟通和交流，犯罪人才可以真切地感受到自己的犯罪行为给被害人带来的损失和痛苦，有助于使犯罪人从内心悔悟、痛改前非。而被害人自愿通过刑事和解解决刑事纠纷，使犯罪人免予牢狱之灾，这对于已经陷入穷途末路的犯罪人而言，无疑是在茫茫无尽的暗夜中又看到了“曙光”，是对犯罪人的一种最大的恩惠，这可大大地激发犯罪人洗心革面、重新做人，提高犯罪人改正的信心。实践证明，推行刑事和解的地区，犯罪人的再犯率较之以前也有明显降低。

(2) 促进回归功能。以刑罚手段来促使犯罪人复归社会的努力之所以难以奏效，其中一个重要原因在于，遭到处罚的犯罪人被无形之中打上了罪犯的“标签”。这个“标签”实际上来自于社会和他人的偏见，它不会因为犯罪人的悔悟而消失，更不会因为犯罪人的刑期届满而消除。这个一成不变和几乎是无法取消的“标签”会把犯罪人牢牢地锁定在其不光彩的犯罪生涯里，成为其一生的梦魇，使其难以实现做一个正常人的愿望。伴随“标签”而来的就是社会的排斥、歧视，犯罪人难以被社会接纳，于是，我们常见的，也是最令人烦恼的事情也发生了：堕落、绝望、残忍和三番五次地重复犯罪。刑事和解倡导在犯罪人认罪基础上、被害人宽待犯罪人，避免犯罪人因遭受法庭审判或刑罚执行而带来的“标签”式影响，对于犯罪人复归社会、满足其做正常人的愿望无疑具有重要意义。正如贝卡利亚所说：“刑罚的目的不是要摧毁一个感知者，也不是要消除业已犯下的罪行……刑罚的目的仅仅在于：阻止罪犯重新侵害公民，并规诫其他人不要重蹈覆辙。”[①]

3. 对国家的功能

刑事和解对国家的功能主要表现在合理分流案件，优化资源的有效利用。（1）刑事和解能够实现被害人、犯罪人、社区的全面恢复，促进社会和谐。对犯罪人而言，只要不对其穷追猛打，给予他一定的宽容和重新做人的机会，他完全可以凭借自己的良知彻底悔悟、痛改前非，而且这种发自内心的悔悟所带来的恢复效果要比外界强加的惩罚好得多；对被害人而言，将犯罪人投入监狱对于自己的物质损害赔偿并没有多大实际意义，通过刑事和解不但可以使损失得到更为充分的补偿，而且还可以避免与犯罪人结下仇恨。所以对被害人和犯罪人都是有益的，能够为他们之间和睦关系的恢复创造积极条件，有利于社会的和谐。（2）降低司法成本。通过刑事和解，犯罪人主动认罪，可以免除刑事诉讼中侦查机关和检察、审判机关为查明犯罪事实而要耗费的大量资源，并将这些资源用于重大案件的处理；犯罪人免予刑罚可以减轻监狱的巨大压力，使监狱机关集中精力教育改造那些有重大罪行的被监管人员，也有利于达到更好的改造效果。所以，司法机关和执法机关就可以节省出大量资源集中精力解决大案要案。可见，刑事和解的成本优势是传统司法制度所难以比拟的。（3）促进诉讼程序合理配制。刑事和解是在双方当事人自愿的条件下进行的，这就使和解程序不像普通刑事诉讼程序那样冗长、复杂，而且这种双方的自愿和解能够保证犯罪人以积极的态度履行和解协议，不仅可以提高采用刑事和解的案件本身的解决效率，而且还起着诉讼程序的繁简“分流”作用，即保障司法机关以“抓大放小”的方式集中人、财、物的资源按普通程序办理重大案件，用和解方式办理简单案件。需要公正的案件更加公正，需要效率的案件更加有效率。所以刑事和解能促进程序繁简分流、合理配制司法资源。

---

① ［意］贝卡利亚：《论犯罪与刑罚》，黄风译，中国大百科全书出版社 1993 年版，第 42 页。

（三）实施刑事和解面临的阻力

1. 适用法律人人平等的疑虑。富人在犯罪之后有望凭借其财产充分补偿被害人损失而逃脱法律制裁，穷人犯罪后却因无力承担对被害人的赔偿而只得面临铁窗生涯，这样，财富的多少又成了判断一个人是否构成犯罪和是否承受刑罚的尺度，这无疑产生了在法律面前人人平等的忧虑，也令民众产生“以钱买刑”的联想并提出国家刑罚权走向市场化的质疑，影响司法公正的实现，不利于公安司法机关职能的行使。其实只要贫富差距存在，凡是涉及当事人财产支付内容的法律适用都会面临“富人处于有利地位、穷人处于不利地位”的困惑，自然，刑事和解同样不可避免，将这种社会问题归责于某项制度本身就是不公平的。正如博登海默所言：“给予每个人以其应得的东西乃是正义概念的一个重要的和普遍有效的组成部分。”① 钱也是刑，在一定程度上以钱替换其他刑也未尝不可。“以钱买刑”与“司法白条”孰优孰劣？如果为了限制少数有钱人因“以钱买刑”而获得刑罚的减免，而不惜以整体牺牲被害人获得赔偿为代价，那么这种牺牲未免太大了。“赔钱减刑”的正当化还需仰赖于大众意识，如何将职业构建与公众心理相联结，确非一蹴而就。

2. 传统重刑思想的影响。在尚刑、重刑思想的影响下，中国人习惯了犯罪必然遭受惩罚，并形成了诸如“杀人偿命，欠债还钱”之类的报复意识。刑法上的报应和威胁会因刑事和解的泛化而失去效力，这不仅无益于犯罪的预防与矫正，反而会造成刑事司法应对犯罪的疲软和无力。对于绝大多数中国人而言，即使犯罪人尽到了赔偿被害人所受到的物质精神损害的责任，并表示悔改，也很难在心理上接受犯罪人免受刑罚惩罚的结局。刑法与复仇情结的联结犹如婚姻与性欲的联结，社会公众出于维护社会安全的渴望和对犯罪现象的憎恶，都希望国家加强对犯罪现象的打击力度，如果

① ［美］E. 博登海默：《法理学——法律哲学与法律方法》，邓正来译，中国政法大学出版社2004年版，第264页。

国家退出对犯罪的处理过程，人们一时难以接受。有些被害人也往往持“善有善报，恶有恶报”的报复思想，一旦自己受到犯罪侵害，恨不得把犯罪人置之监狱而后快。所以，对于许多刑事案件，尤其是那些危害性较为严重的案件，实施刑事和解，部分人可能难以接受。事实上，在刑事和解场景中，加害人在看到自己的亲人痛心疾首时，经常会备感耻辱；在看到被害人的伤痛和凄苦时，经常后悔不已、主动进行赔偿；在看到社区人员对自己的宽容、支持时，经常深受感动而真心悔罪。人非圣贤，孰能无过？我们应给加害人改过自新的机会，同时也使被害人的利益能得到有效保护。正如菲利所言：“对于任何一个犯罪，刑罚问题都不应当仅仅配给罪犯与其道德责任相应剂量的药，而应当被限定为根据实际情况（违法及其造成的损害）和罪犯个人情况（罪犯的人类学类型），视其是否认为可以回归社会，确定是否有必要将罪犯永久、长期或短期地隔离，或者是否强制他严格赔偿他们所造成的损失就足够了。”[①] 传统刑事司法在惩罚犯罪人的同时又伤害了被害人，刑事和解也不可能完全取代传统刑事司法，寻求被害人与犯罪人的有效保护措施是刑事司法改革与法治进步的必然要求。

我们既要防止加害人“赔你些钱就是了，上法院去告，你可能得到更少”的想法，又要防止被害人“狮子大开口”，利用加害人不愿承担刑事责任的心理，借机索要巨额赔偿，迫使加害人“自愿”。21 世纪是一个多风险的时代，从母亲亲吻婴儿到免疫疫苗、食物风险、孩子上学路上可能会遭到恋童癖者绑架等都是风险，做 21 世纪的母亲实在是很令人忧虑的差事，时时刻刻都有令人忧虑的事儿。况且，一个相同的犯罪行为对不同的人会产生不同的影响，偷一个穷人的东西和偷一个富人的东西的不同可能会给穷人带来更大的物质伤害、给富人带来更大的精神伤害。在大多数人的心目中，“犯罪与惩罚”的关联是如此的根深蒂固，以至于惩罚

① ［意］菲利：《犯罪社会学》，郭建安译，中国人民公安大学出版社 1990 年版，第 142 页。

对于犯罪几乎是必然的。据报道，在2000—2001年阿富汗塔利班民兵政权使用“现代最有效的毒品控制政策”，对种植罂粟的农民采取残酷的惩罚，包括将面部涂黑、游街示众、关进监狱和死亡威胁，这些措施减少了海洛因全球供应的65%。然而罪犯没有被惩罚所震慑，曾经受到最严酷惩罚的罪犯中再犯更多。一个只有很少人犯罪的社会也许能将所有的罪犯起诉、送入监狱，但是，在当今社会犯罪者如此众多的情况下，将犯罪人送进监狱并非最佳的犯罪预防措施，应将其作为最后的手段；不加分析地将犯罪人关进监狱的犯罪控制方式如同用汽油扑灭火苗的行为一样不可行。

在传统刑事司法中，被害人被边缘化，甚至可能造成再次被害，即为满足既定的刑事诉讼程式而再次从心理上损害被害人；政府向罪犯提供律师、住所、食品、医疗、就业培训、就学和娱乐设施以及心理咨询等一切促使其过上正常生活的条件，而被害人则必须通过自己奋斗来获取这一切，尽管他们是被害人，罪犯是加害人。在刑事和解过程中，刑法的确定力是被害人占据有利地位的砝码，刑法的威慑力是犯罪人必须作出让步的前提，刑法的强制力迫使加害人坐在“谈判桌”上，就被害人的赔偿问题进行讨论；即刑事和解中始终存在着刑罚威胁，对犯罪人来说，其选择刑事和解，并向被害人赔偿和道歉，在于其感受到刑罚威胁的存在，并怀有避免刑罚实际痛苦的初始动机，这是刑事和解得以开展的重要保证。刑罚威胁的存在，犯罪人无时不感受到一种强制。在正当程序观念的兴起和罪刑法定原则的建立不长的情况下，实施刑事和解，这种路径可能会视为一种非典型性轻率的“高危”战略，因为太多的“危船”可能会危及其来之不易的政策收益和影响力。由于各个阶层社会成员所处的社会地位、价值观念、受教育程度等各不相同，任何制度都不可能满足所有社会成员的需求，满足绝大多数社会成员的需求应当成为制度设计的基本价值取向。刑事和解的价值取向不仅要充分考量刑事司法对环境的需求，而且也应具有自身独特的价值选择。但是，我们无法奢望找到一项十全十美的制度来一劳永逸地解决司法实践中的问题，面对刑事和解的优势与弊端，应该怎样抉择？我们既不能因为刑事和解所具有的优势就对其顶礼膜拜，也不能因为它有弊端就对其敬而远之，患得患失必将一事无成，斟酌损益关键在于如何合理建立刑事和解制度，充分发挥其优势、克服其不足，坚持宽严相济，探索有效的合意性司法模式。

二、刑事和解中被害人的保护机制

（一）建立刑事和解制度的可行性

1. 有理论指导。(1) 实用主义价值观。邓小平在《怎样恢复农业生产》一文指出："黄猫、黑猫，只要捉住老鼠就是好猫。"① 这是一种基于实践经验概括形成的实用主义价值观，在改革开放中发挥了重大作用。在传统刑事司法中，保护被害人已经山穷水尽、没有任何出路了；在建设和谐社会的大局下，构建刑事和解制度是现实的需要。对被害人而言能解决刑事赔偿判决执行难，对加害人而言能避开罪犯的"标签"，对公安司法机关而言避开了严格的证明责任、提高了办案效率，所以刑事和解是一个对各方都有益的制度。(2) 合意性司法价值观。合意性司法正义主张被害人作为纠纷解决的主体，反对国家对犯罪行为的权力独占，提倡被害人对司法的有效参与；被害人通过参与损失的评估、向犯罪人发泄愤怒以及接受犯罪人的致歉，这样，既可以保证被害人损失得到赔偿，又可以使犯罪人免受刑罚或者减轻刑罚，有利于社会秩序的维护。与传统报应正义忽视被害人利益保障不同，合意性司法正义是建立在被害人和犯罪人之间的和谐关系上，能有效地弥补被犯罪行为所破坏的社会关系，因而也是实质的正义，对保护被害人具有积极意义。

2. 有思想基础。在《现代汉语词典》中，和谐被解释为配合得得当；在西方哲学史上，毕达哥拉斯学派提出了两句著名的哲言："什么是最智慧的……数"，"什么是最美的……和谐"，他们

① 《邓小平文选》（第一卷），人民出版社 1994 年版，第 323 页。

把数学、音乐中的和谐引入社会生活的各个领域，试图以这种和谐为基础建立平等、正义、完善的人与人的关系，消除社会政治中的纷争与混乱，化无序为有序。因此，和谐是反映事物和现象的平衡和完美的存在状态的范畴，是多样性的协调和统一；以和谐为指导解决部分刑事犯罪无疑具有能动意义。传统“和”文化的深远影响是刑事和解制度在我国具有可行性的社会心理基础，两千多年儒家文化的传承和发扬使得“和”文化深深植根于国民的心理意识之中，在“和”文化的影响下，中国人历来追求天地万物之间的和谐、和睦，对于人们之间发生的纠纷，多使用调解、和解等不损害人们之间和睦关系的手段予以解决，避免动辄争讼。孔子曾云，“礼之用，和为贵”。冯友兰先生指出：“（和）这个思想适用于人的感情，也同样适用于人的欲望，个人的行为或人的社会关系中，都有一个中点，使人在表达感情和满足欲望时，知乎所止。当人的感情和欲望都表现得合乎分寸，他内心便达到一种平衡，这是精神健康所必需的。对整个社会来说，也是如此，如果在一个社会里，各种人都懂得自己的欲望和感情适度地满足，这时，社会便达到和谐、安定、秩序井然。”① 刑事和解制度恰恰迎合了我国传统的“和”文化，通过刑事和解，被害人与犯罪人可以避免诉讼带来两败俱伤的结果；和解协议的达成一方面体现了被害人的宽容大度，另一方面也表明了犯罪人的悔改与歉疚，这种双方都谦让一步的做法能实现被害人与犯罪人之间的双赢，能够大大地促进他们之间和睦关系的恢复，最终有利于社会的和谐与安定，可谓一举多得。

3. 有相关规定。1996 年《刑事诉讼法》第 172 条规定：“人民法院对自诉案件，可以进行调解；自诉人在宣告判决前，可以同被告人自行和解或者撤回自诉。”这里的自行和解有别于刑事和解，但已蕴涵了刑事和解的理念。1997 年《刑法》第 37 条规定：“对于犯罪情节轻微不需要判处刑罚的可以免予刑事处罚，但是可以根据案件的不同情况，予以训诫或者责令具结悔过、赔礼道歉、

---

① 冯友兰：《中国哲学简史》，新世界出版社 2004 年版，第 181 页。

赔偿损失，或者由主管部门予以行政处罚或者行政处分。”而犯罪人的悔过、赔礼道歉及赔偿损失都是和解中犯罪人承担责任的形式，也是刑事和解协议的重要内容。

4. 有政策支持。2006 年中共中央《关于构建社会主义和谐社会若干重大问题的决定》指出，实施宽严相济的刑事司法，改革未成年人司法制度，积极推行社区矫正。实现人民调解、行政调解、司法调解有机结合，更多采用调解方法，把矛盾化解在基层，解决在萌芽状态。以人为本理念的渗透。以人为本的思想即坚持以人为本就是要把人民的利益作为一切工作的出发点和落脚点，不断满足人们的多方面需求和促进人的全面发展；以人为本的思想理念体现了对人的价值的尊重和对人的需求与选择的满足，以人为本的思想理念渗透到刑事立法和刑事司法实践中，就是要求国家必须尊重当事人的利益和愿望，尊重当事人的自主选择权，在不损害国家和社会公共利益、不损害法律尊严的前提下，赋予被害人和犯罪人一定的处理刑事冲突的权利。反之，如果国家不由分说，强行包揽所有犯罪的处理权，这不仅无益于当事人双方需求的满足，而且也不是对人的价值和选择的尊重。坚持宽严相济的刑事政策是在适用法律时要注重“轻轻重重”，对于某些特定犯罪的处理，要依法该重则重，该轻则轻；宽严相济的实质，就是对刑事犯罪要区别对待，做到既要有力打击犯罪、维护法制的严肃性，又要预防犯罪，尽可能减少社会对抗，化消极因素为积极因素，实现社会效果与法律效果的有机统一。在宽严相济的刑事政策的指导下，我国一些地方司法机关已经对刑事和解进行了尝试，并取得了积极成果。

5. 有实践经验。（1）上海关于未成年人刑事案件的做法与经验。1986 年初上海市长宁区人民检察院在全国率先在起诉科内设立“少年起诉组”，承担未成年人刑事案件的审查起诉、出庭公诉以及犯罪预防等职责。20 多年来，上海各级检察机关在审查批准逮捕未成年犯罪嫌疑人中作出不捕、不诉决定的有 90% 以上的人没有新犯罪，大多数人通过各种途径实现复学、就业，成为社会有用之才。2006 年上海市公、检、法、司四部门联合制定《关于轻伤害案件委托人民调解的若干意见》，对于符合委托人民调解条件的轻伤害案件，双方当事人愿意接受人民调解的，司法机关可以委托人民调解委员会进行调解。达成调解协议的司法机关可以作出不立案、撤销案件、不起诉、准予当事人撤诉、免予刑事处罚等决定。调解不成的，按其他程序进行。（2）北京关于轻伤害案件的做法与经验。2002 年北京市朝阳区人民检察院出台《轻伤害案件处理程序实施规则》，2003 年北京市政法委下发《关于北京市政法机关办理轻伤害案件工作研讨会纪要》规定："对确因民间纠纷引起的轻伤害案件，犯罪嫌疑人、被告人的犯罪情节轻微，有悔罪表现，已全部或部分承担被害人医疗、误工等合理赔偿费用，被害人不要求追究其刑事责任，双方自愿协商解决的，可由双方自行协商并达成书面赔偿协议。此类案件，在被害人向政法机关出具书面请求后，可以按照规定作出撤销案件、不起诉、免予刑事处罚或判处非监禁刑等从宽处理。"检察官一致反映经和解后社会效果比起诉好，也没有出现任何当事人另行起诉、民事诉讼、申诉、上访等情况。（3）湖南关于轻微刑事案件和未成年人刑事案件的做法与经验。2006 年湖南省人民检察院《关于检察机关适用刑事和解办理刑事案件的规定（试行）》第 2 条规定："刑事和解是指犯罪嫌疑人、被告人以具结悔过、赔礼道歉、赔偿损失等方式得到被害人的谅解，被害人要求或者同意司法机关对犯罪嫌疑人、被告人依法从宽处理而达成的协议。实现刑事和解的，检察机关可以依法对犯罪嫌疑人、被告人不批准逮捕，或者不起诉，或者起诉后建议人民法院从轻、减轻判处。"适用刑事和解的案件，经回访调查，基本上实现了"四无"，即无犯罪嫌疑人回归社会后重新犯罪、无因对刑事和解不服而与被害人再次产生纠葛、无被害人因权益保护不到位而进行刑事自诉、无因对刑事和解不服而进行申诉、上访。（4）1944年《陕甘宁边区司法纪要》指出："在双方自愿的原则下，彼此息争止讼，受害一方既可得到实益，加害一方亦可免予处罚，不致耽误家里的生活事宜，而无形中便能增进社会和平。"1950 年《中华人民共和国刑法大纲草案》第 7 条规定："凡关于轻微伤害以及侵害自由、财产、名誉、信用及秘密等私人利益之罪，于国家社会无重大影响者，如被害人不愿追究，得免除处罚。”

（二）建立刑事和解制度的必要性

1. 保护被害人利益的需要。（1）刑事和解是治疗被害人心理创伤的需要。被害人常常会在犯罪中遭受物质上和精神上的双重伤害，刑事和解为被害人充分地表达思想和描述感受提供了良机，被害人可以了解犯罪何以发生，犯罪对双方产生了何种影响等信息，有助于增加被害人对自身命运的自信，而不至于因侵害而丧失对环境的安全感和避免因被忽略而深感无助。（2）刑事和解是赔偿被害人损失的需要。加害人的主观意愿是刑事赔偿得以履行的关键所在，人性化的刑事和解程序使得加害人有机会充分认识到自己的犯罪行为的违法性和危害性，尤其是对被害人造成的物质损害和精神痛苦，这种主观意愿使加害人在履行协议时会感受到更多的责任感而不再是司法强制。实践表明，大部分刑事和解都会达成赔偿协议，而且得到了成功的履行。（3）刑事和解是提高当事人满意程度的需要。刑事和解程序和结果在很大程度上满足了被害人和加害人的愿望，使他们在纠纷解决过程中体会到前所未有的地位感、公正性、合理性。通过对和解程序的亲自参与，切身体会到程序的公开性和透明度，消除对司法人员的种种猜疑和不信任，因而有理由认为和解协议是公正的，被害人特别地感到和解协议和经济赔偿对他们的合理性。

2. 加害人重返社会的需要。在和解程序中，加害人有机会直抒胸臆，通过这种沟通与交流，误会与困惑有如冰释，换来的是宽容和忏悔，而且因为避免了法庭审判和定罪量刑对其造成标签式影响，其再犯的可能性及再犯的严重性大大降低。正如福柯所述，拘留造成了累犯。蹲过监狱的人比以前更有可能重入监狱。从中央监狱出去的人有38%被再次判刑，有33%被送上囚犯船。……监狱非但没有放出改造好的人，反而把大批危险的过失犯散布到居民中，他们是散布在社会的犯罪或腐化根源。监狱必然制造过失犯。……在这种环境中，过失犯称兄道弟，讲究义气，论资排辈，形成等级，随时准备支援和教唆任何未来的犯罪行动，获释犯人的处境必然使他们成为累犯。他们离开监狱时持有一份证件，无论到哪里都要出示它。上面写着他们的服刑判决。他们难以找到工作，只得过流浪生活，这是造成累犯的最常见因素。① 通过刑事和解，某种程度上可防止加害人一蹶不振。

3. 提高司法效率的需要。一方面，刑事和解由和解机构主持，通常所需时间较短，被害人与加害人不需要特别的物质或精力上的特殊准备，主持和解的人员通常将和解过程操作得简单易行，使之能在较短的时间内产生合乎双方利益且不损害公共利益的和解结果。另一方面，司法机关对和解结果的确认，可避免案件在侦查、起诉、审判、执行环节的进一步的司法资源支出，无疑节省了司法资源。目前恶性暴力犯罪案件上升，警力不足，关押场所严重超编。司法实践的客观形势需要推行刑事和解，突出打击重点、宽严相济，繁简分流，减少自由刑，增加缓刑和财产刑，控制在押人数，节约司法资源，把有限的资源投入到严重刑事犯罪的打击上。

4. 构建和谐社会的需要。构建社会主义和谐社会要求我们在刑事司法工作中，贯彻和谐理念，充分尊重当事人的意愿，保障当事人尤其是被害人的权利，将两者之间的冲突解决在萌芽状态。刑事和解为被害人和加害人提供了对话的平台，通过对话和沟通，双方会在许多问题上达成共识，避免针锋相对，消除冲突，实现社会和谐。

（三）目前我国刑事和解活动中存在的问题

1. 适用比例低。有调查报告显示，进入到审查起诉阶段后，轻伤害案件适用和解的比例不到20%，总体上偏低。从案件类型看，具体表现为数额不大的诈骗、盗窃、抢夺、敲诈勒索、轻伤害、交通肇事、暴力干涉婚姻自由案、诽谤案、侮辱案等案件。从主观方面看，适用于过失犯、初犯和偶犯，这些犯罪或由于犯罪人

① ［法］米歇尔·福柯：《规训与惩罚》，刘北成、杨远婴译，三联书店1999年版，第299页。

一时疏忽或由于轻信麻痹，犯罪后常常后悔莫及，犯罪人主观恶性较小。从主体看，主要针对未成年人犯罪。联合国《少年司法最低限度标准规则（北京宣言）》第1.4条就规定了对未成年犯罪人应“减少根据法律进行干预的必要”。我国《刑法》、《刑事诉讼法》对未成年犯罪人已经规定了一系列保护措施，目的就是为了防止犯罪的后果对他们以后的生活造成不利影响，刑事和解制度是保护未成年犯罪人的有效途径。

2. 处理不均衡。适用比例上地区分布不均衡，不同地方、不同机关的处理模式的差异必然会导致对当事人尤其是犯罪人实际处理的不公正：在某个地区可能和解，在另一个地区和解的可能性就非常低；在这个地区和解后最终处理结果是撤案，在另一个地区则相对不诉，仍然留下了前科。

3. 程序不规范。和解协议作为犯罪人和被害人之间的契约，不如刑事判决有国家强制力保障实施；一旦犯罪人不自觉履行，不会被强制执行，这就需要重新进入司法程序。这就会产生以下问题，犯罪人不自觉履行，要不要承担违约责任和其他责任？犯罪人参与刑事和解的程序能不能作为后面司法程序中有罪的证据？已经履行的部分内容，如赔礼道歉、社区服务，能不能作为减轻处罚的依据？另外，一些地方的刑事和解主持者是办理案件的公安干警、检察官和法官，由他们主持和解，往往使犯罪人产生不按照调解者提议去做会加重处罚的错觉。而且当和解协议不能得到有效执行的情况下，恢复到司法程序，根据现在的办案制度，一般又由原调解人来继续办理案件，先入为主的观念使司法结果的公正性失去了保障。

4. 赔偿无标准。目前我国非监禁刑的种类十分有限，主要有训诫、责令具结悔过、赔礼道歉和赔偿损失几种形式，赔偿额度在不同地区甚至同一地区的不同案件上缺乏可操作的标准，这有碍公平。

（四）我国刑事和解制度的设计

1. 适用范围

2005年6月25日，北京大学医学部大二学生安然在北京世纪坛医院教学楼内与同班同学崔培昭因同班一女孩的感情纠纷发生争执，用事先藏匿的菜刀猛砍崔培昭头面部、颈部等数十刀，致崔死亡。检方以安然的行为构成故意杀人罪向法院提起公诉。2006年3月，双方家长就民事赔偿部分达成和解，安然母亲赔偿死者崔培昭父母40万元，崔家自愿撤回附带民事起诉；2006年3月14日，北京市一中院对此案刑事部分作出判决，判决书认为："安然故意杀人罪名成立，根据本案的具体情节，判处死刑但可不立即执行。"显然，安然被判死缓与赔偿有直接关系；其实，2000年最高人民法院《关于刑事附带民事诉讼范围问题的规定》第4条规定："被告人已经赔偿被害人物质损失的，人民法院可以作为量刑情节予以考虑。"说明当事人和解对量刑有直接的影响。

从侵犯的法益看，目前主要适用于侵犯个人法益的轻微犯罪，即适用轻伤害案件、过失犯罪案件、未成年人犯罪案件等轻微犯罪案件，这与普通程序简化审的案件范围基本吻合，便于司法人员掌握和社会所接受。从司法实践来看，以伤害案件、交通肇事案件为重点，此类案件被害人强调补偿胜过报复，加害人的人身危险性不大，容易积极悔罪，对社会造成的危害也不严重。我们认为属于侵犯个人法益的所有犯罪案件都可以适用，只要被害人与加害人自愿选择和解，且加害人有悔罪表示、愿意赔偿被害人经济损失，公安司法机关应当积极促成双方当事人达成刑事和解；能使被害人的权益得到有效保护，完全可以适用刑事和解制度。当然，针对国家的犯罪及职务犯罪案件、无被害人犯罪案件（散布猥亵淫秽物品、赌博、吸毒、卖淫）不应适用刑事和解，否则可能引起民众丧失对法律的信仰。

从加害人看，刑事和解主要适用于承认犯罪、有悔罪表现的过失犯、初犯、偶犯、胁从犯等，对于主观恶性较大的惯犯、累犯、有组织犯罪的主犯，以及不认罪的加害人不适用刑事和解。

2. 和解原则

（1）合法原则。在适用对象、适用条件以及程序运作等方面，必须符合法律、法规的要求，不得违反法律的强制性规定，协议内容不得损害国家、集体和第三人合法权益，不得违反社会的公序良俗。

（2）自愿原则。和解必须在双方自愿中进行，和解内容必须是双方当事人真实意思的表示。当事人一方不得欺骗或强迫对方当事人接受和解，充分尊重当事人的意愿，和解不成及时转化为普通程序。

（3）和解不成不为过原则。经过和解，如果双方当事人无法就刑事赔偿达成一致意见或达成和解协议后当事人一方又反悔的，不应因和解不成而对其做任何不利的结论，特别不得加重加害人的刑事处罚。

3. 适用条件

（1）加害人认罪。有罪答辩意味着加害人承认犯罪行为是自己所为，认识到犯罪行为对被害人的实际危害。刑事和解的初衷是为被害人提供疏通被阻滞情感的渠道，如果加害人不承认犯罪，它根本就无法达到预期的设计效果。刑事和解制度应以基本查明案件事实为最低限度的要求，即可以确定犯罪事实已经发生、加害人是犯罪行为人。

（2）双方当事人自愿和解。必须在被害人、加害人自愿协商的情况下主持和解，任何一方不得虚构事实或隐瞒真相以欺骗或者诱使另一方进行和解，也不得有胁迫、威吓等行为以强迫对方当事人进行和解。既不得以司法监禁为要挟、迫使加害人接受被害人提出的无理要求，也不得违背被害人意愿而放纵加害人免受刑罚追究。被害人和加害人双方自愿，一切和解行为不违反法律规定，加害人悔悟并承认罪责，并愿意赔偿损失。

4. 和解程序

（1）提起。联合国《关于在刑事事项中采用恢复性司法方案的基本原则》第6条规定：“在不违反本国法律的情况下，恢复性司法方案可在刑事司法制度的任何阶段适用。”据此，刑事和解应该可以在任何阶段提起。提起的主体包括：法官、检察官、警察、加害人及其关系人、被害人及其关系人，但是否和解的决定权在当事人。法官、检察官、警察可以建议被害人与加害人和解，听取双方的意见；被害人、加害人均可以申请和解，一方当事人提出申请和解的，主持机关应该征求另一方当事人的意见。

（2）准备。公安机关、检察院、法院、监狱、司法机关、人民调解委员会等都可充当刑事和解的主持机关。案件在哪一阶段当事人申请和解的，主持机关都应该同意和解，并提供必要的和解环境。调解人需与案件的当事人无利害关系，应具备一定的法律素养并熟悉当地的文化与社区情况，进入刑事和解机构之前，应当获得适当的培训。

（3）和解。在中立的调解人的主持下，被害人与加害人展开对话，他们谈论犯罪行为对各自生活的影响，就犯罪事件本身交换看法，加害人承认过错、表达歉意，被害人表示宽恕、谅解；双方在此基础上达成一个书面的赔偿协议。协议内容应包括：向被害人道歉、立悔过书、向被害人支付相当数额的财产或非财产上的损害赔偿、向政府或指定的公益机构支付一定的损害赔偿、向指定社区提供一定时间的义务劳务、终止对加害人刑事追究等。

（4）审查。在侦查、起诉、审判、执行阶段，如果当事人双方在和解机构的主持下达成了和解协议，和解机构应当将和解笔录、和解协议提交决定和解的公安司法机关，公安司法机关承办人应审查是否符合刑事和解的各项条件。经审查符合和解条件的，应当以司法文书予以确认。如果双方当事人未达成和解，公安司法机关不得因此而加重对犯罪人的处罚。

（5）救济。如果一方当事人提出和解协议违背其真实自愿，在举证后，可基于新的事实或证据出现重新启动诉讼程序。

5. 结案方式

（1）公安机关。在初查阶段公安机关根据和解协议可不予立案；在立案侦查阶段由公安机关作撤案处理。

（2）检察院。在侦查阶段对公安机关报请批准逮捕的犯罪嫌疑人由检察院作出不批准逮捕的决定；在审查起诉阶段由检察院作出不起诉决定，或者退回公安机关建议按撤案处理；在审判阶段检察院以量刑建议的形式（包括从轻、减轻或者免除刑罚的意见）向法院提出轻刑化处理。

（3）法院。在审判阶段对被告人适用缓刑、管制、单处罚金或者免予刑事处罚等非监禁刑罚方法、由法院作出宽缓处理。

（4）监狱。在执行阶段对罪犯进行减刑、假释等措施由监狱根据和解协议作出处理。

6. 和解效力

在和解协议批准时，赔偿应同时实现，如不实现，则按普通程序进行。如果当事人虽经协商但未能达成和解协议，加害人在协商中的言行不应在正式的刑事诉讼中作为认定其有罪和加重处罚的证据。尊重被害人的合意权，借鉴国内外的有益经验，结合我国具体情况，建立科学、规范的刑事和解制度，形成有效的合意性司法模式。

7. 配套制度

（1）增加非监禁刑的种类。坚持“重重”、“轻轻”的原则，即对轻罪实行更轻缓的处理，对重罪进行更严厉的打击；完善刑罚体系，即对于危害国家犯罪、职务犯罪等采取重刑政策，上述犯罪以外的采取轻刑政策；轻刑政策表现为非犯罪化、非刑罚化、非监禁化。

非犯罪化体现了刑法的补充性，补充手段的依据包括侵权行为法和行政处罚法，即非犯罪化手段主要包括刑事民事化和刑事行政化。国际刑法学协会第十四次大会的中心议题之一即“刑法与行政刑法的差异所提出的法律和实践的问题”，大会认为，特定行为是根据刑法惩罚还是根据行政刑法予以制裁，应当着重考虑以下几个因素，即行为所侵害的社会利益的重要性，对该社会利益威胁或损害的严重性，以及犯罪人罪过的种类与程度。因此，侵权行为法和行政处罚法都可以调整社会利益，其与刑法的区别仅在于违法行为所侵害的何种社会利益与侵害社会利益的强度不同。由于适用刑法代价的高昂，在能够运用侵权行为法与行政处罚法抗制犯罪的时候，应尽量不适用刑法。

非刑罚化体现了刑法的谦抑性，即应收缩法定刑罚圈，广泛适用刑罚替代措施。非刑罚化方式主要有：第一，规定免刑制度和免除处罚情节。如《法国刑法典》第132－59条规定："如表明罪犯已或重返社会，所造成的损失已予赔偿，由犯罪所造成的危害已告停止，可予以免除刑罚。宣告免除刑罚的法院得决定在犯罪记录上不记载其决定。"《德国刑法典》第60条规定："犯罪人由于因其犯罪而遭遇生活艰难，再科处刑罚显属不当时，法院应免除其刑。"第二，用非刑事制裁措施代替刑罚。如英国1972年《刑事审判法》规定了社会服务命令和白天训练中心作为对刑罚的替代。德国1975年刑法典排除了违警罪的刑事犯罪的性质，把违警罪只作为对法律的一般违反，只处行政罚款，而不处刑事罚金。我国最高人民检察院《人民检察院刑事诉讼规则》第291条规定："人民检察院决定不起诉的案件，可以根据案件的不同情况，对被不起诉人予以训诫或者责令具结悔过、赔礼道歉、赔偿损失。"非刑罚化手段主要采取保安处分，包括监护隔离处分、禁戒矫正处分、强制劳作处分、预防拘禁处分、保护观察处分、更生保护处分等。最好的刑事政策是根据犯罪的实际状况和社会的价值选择调整对犯罪的处罚措施，刑事司法不应被小事所纠缠，而应以足够的力量主动对付严重犯罪，将体现轻刑政策的手段纳入原有刑罚体系，增强刑罚调整社会秩序的功能。

非监禁化体现了刑法的人道性，非监禁化手段主要包括罚金刑、缓刑、假释以及社区性处遇（社区服务令、家中监禁、电子监控等）。在现有的训诫、责令具结悔过、赔礼道歉和赔偿损失的基础上，将公益劳动服务、社区服务、分期赔偿、保护观察处分、收取保证金、汇报学习工作情况、为被害人提供服务等作为刑事和解的方式。扩大非监禁刑的适用，可降低监禁率，减轻监狱负担，使监狱有更多精力投入到重刑犯的改造中，促进和谐社会关系的构建。

（2）承认和解协议的双重效力。一方面，承认和解协议对双方当事人有约束力，当事人必须按协议约定的内容履行；另一方面，承认和解协议对公安司法机关也有约束力，在和解协议达成后，公安司法机关根据案件情况应该作出从轻、减轻或者免除处罚等宽缓处理。

（3）规定加害人从重处罚情形。为防止加害人“以钱买刑”的不良动机或强迫被害人和解或不履行和解协议等情形的出现，应由法律明确规定，应当从重处罚。

（4）建立调解人资格制度。刑事和解需要调解人具备一定的条件以应对实践中产生的问题，法律应予明确规定，调解人必须具备必要的法律知识和调解经验。

（5）监督机关。第一，在刑事和解中，公安司法机关的监督会彰显刑罚的威胁力，以免当事人对撇开公安司法机关的和解缺乏信心，加害人担心没有公安司法机关的保证“赔了钱又不得自由”，被害人怀疑没有公安司法机关的监督“协议达成了钱未得到手”。第二，由检察院监督承办机关适用刑事和解的程序是否合法、协议内容是否是当事人真实意思表示、是否存在强迫和解以及其他违法行为。当事人双方面见商谈，根据自愿达成和解协议，并由双方本人签字，检察机关在刑事和解中所承担的职责有两项：首先，审查协商过程中有无恃强凌弱等违法行为以及和解协议的内容是否合法；其次，认可和解协议后作出相应的决定，侦查阶段可以撤销案件，起诉阶段可以作出不起诉决定，审判阶段可以撤销案件或者根据被害人的要求对加害人从轻、减轻或免除处罚。

我们本着“细节决定成败”的意识，制定精密程序规则，严格规范执行；犯罪人应该为其罪责付出一些代价，被害人遭受的痛苦应该获得某种形式的赔偿。刑事和解强调冲突双方进行接触、叙说、倾听以缓解恐惧、减轻痛苦、化解仇恨，抚慰被害人、感化加害人，以恢复加害人所破坏的社会关系、弥补被害人的损失、促使加害人回归社会为目的，充分关注被害人与加害人各自处境及应得利益，以公共利益、加害人利益与被害人利益的平衡保护为追求而散发着无穷的魅力。刑事和解能快速解决刑事案件的责任归属，使司法机关能够更加有效地集中人、财、物方面的资源，重点处置对社会秩序造成严重破坏、社会影响较大的案件；构建刑事和解制度，进而探索合意性司法模式的有效形式，既要避免刑罚个别化产生的消极影响，又不至于损害对罪刑法定、程序正义原则的信仰，进而促进社会和谐。

主要参考书目

1. 张晋藩总主编:《中国法制通史》（第1—10卷），法律出版社1999年版。
2. 李交发:《中国诉讼法史》，中国检察出版社2002年版。
3. 蔡枢衡:《中国刑法史》，中国法制出版社2005年版。
4. 国际人权法教程项目组编写:《国际人权法教程》（第一、二卷），中国政法大学出版社2002年版。
5. 李林:《立法理论与制度》，中国法制出版社2005年版。
6. 卓泽渊:《法的价值论》，法律出版社2006年版。
7. 张文显:《法哲学范畴研究》，中国政法大学出版社2003年版。
8. 苏力:《法治及其本土资源》，中国政法大学出版社2004年版。
9. 怀效锋主编:《德治与法治研究》，中国政法大学出版社2008年版。
10. 韩大元:《宪法学基础理论》，中国政法大学出版社2008年版。
11. 胡肖华:《宪法诉讼原论》，法律出版社2002年版。
12. 胡正昌:《宪法文本与实现》，中国政法大学出版社2009年版。
13. 陈光中主编:《中华人民共和国刑事诉讼法再修改专家建议稿与论证》，中国法制出版社2006年版。
14. 卞建林主编:《外国刑事诉讼法》，中国政法大学出版社2008年版。
15. 陈卫东主编:《模范刑事诉讼法典》，中国人民大学出版社2005年版。
16. 陈瑞华:《刑事诉讼的中国模式》，法律出版社2010年版。
17. 宋英辉、王武良主编:《法律实证研究方法》，北京大学出版社

2009 年版。
18. 龙宗智:《相对合理主义》, 中国政法大学出版社 1999 年版。
19. 谢佑平:《刑事司法程序的一般理论》, 复旦大学出版社 2003 年版。
20. 左卫民:《变革时代的纠纷解决》, 北京大学出版社 2007 年版。
21. 孙长永:《探索正当程序——比较刑事诉讼法专论》, 中国法制出版社 2005 年版。
22. 胡之芳:《刑事裁判根据研究》, 中国法制出版社 2006 年版。
23. 孙谦:《平和: 司法理念与境界》, 中国检察出版社 2010 年版。
24. 李心鉴:《刑事诉讼构造论》, 中国政法大学出版社 1992 年版。
25. 沈德咏主编:《中国特色案例指导制度研究》, 人民法院出版社 2009 年版。
26. 王新清、甄贞、李蓉:《刑事诉讼程序研究》, 中国人民大学出版社 2009 年版。
27. 赵秉志:《罪刑总论问题》, 北京大学出版社 2010 年版。
28. 陈兴良:《本体刑法学》, 商务印书馆 2001 年版。
29. 贾宇:《罪与刑的思辨》, 法律出版社 2002 年版。
30. 戴玉忠主编:《和谐社会语境下刑法机制的协调》, 中国检察出版社 2008 年版。
31. 李洁:《罪与刑立法规定模式》, 北京大学出版社 2008 年版。
32. 吴宗宪、陈志海、叶旦声、马晓东:《非监禁刑研究》, 中国人民公安大学出版社 2003 年版。
33. 张智辉:《理性地对待犯罪》, 法律出版社 2003 年版。
34. 张明楷:《外国刑法纲要》, 清华大学出版社 2007 年版。
35. 张旭主编:《英美刑法论要》, 清华大学出版社 2006 年版。
36. 郭建安主编:《犯罪被害人学》, 北京大学出版社 1997 年版。
37. 任克勤主编:《被害人心理学》, 警官教育出版社 1997 年版。
38. 杨正万:《刑事被害人问题研究——从诉讼角度的观察》, 中国人民公安大学出版社 2002 年版。
39. 莫洪宪主编:《刑事被害救济理论与实务》, 武汉大学出版社

2004 年版。
40. 麻国安:《青少年被害人援助论》，中国人民公安大学出版社 2005 年版。
41. 房保国:《被害人的刑事程序保护》，法律出版社 2007 年版。
42. 田思源:《犯罪被害人的权利与救济》，法律出版社 2008 年版。
43. 卢希起:《刑事被害人国家补偿制度研究》，中国检察出版社 2008 年版。
44. 葛琳:《刑事和解研究》，中国人民公安大学出版社 2008 年版。
45. 赵国玲主编:《中国犯罪被害人研究综述》，中国检察出版社 2009 年版。
46. 王利明:《侵权行为法研究》，中国人民大学出版社 2004 年版。
47. 廖永安:《民事审判权作用范围研究》，中国人民大学出版社 2007 年版。
48. 王平主编:《恢复性司法论坛》，群众出版社 2005 年版。
49. 卢建平主编:《刑事政策学》，中国人民大学出版社 2007 年版。
50. [英] 詹姆斯·迪南:《解读被害人与恢复性司法》，刘仁文、张淑芳、武小凤、季凤建、林俊辉译，中国人民公安大学出版社 2009 年版。
51. [美] 安德鲁·卡曼:《犯罪被害人学导论》，李伟等译，北京大学出版社 2010 年版。
52. [美] 约翰·罗尔斯:《正义论》，何怀宏、何包钢、廖申白译，中国社会科学出版社 1988 年版。
53. [美] E. 博登海默:《法理学——法律哲学与法律方法》，邓正来译，中国政法大学出版社 2004 年版。
54. [法] 卢梭:《社会契约论》，何兆武译，商务印书馆 2005 年版。
55. [意] 贝卡利亚:《论犯罪与刑罚》，黄风译，中国大百科全书出版社 1993 年版。
56. [意] 拉斐尔·加罗法洛:《犯罪学》，耿伟、王新、储槐植译，中国大百科全书出版社 1996 年版。

57. [英] 弗里德里希·冯·哈耶克:《法律、立法与自由》,邓正来、张守东、李静冰译,中国大百科全书出版社 2000 年版。
58. [英] 杰米·边沁:《立法理论——刑法典原理》,李贵方译,中国人民公安大学出版社 2004 年版。
59. [德] 汉斯·约阿希姆·施奈德主编:《国际范围内的被害人》,许章润、储槐植译,中国人民公安大学出版社 1992 年版。
60. [美] 爱伦·豪切斯泰勒·斯黛丽、南希·弗兰克:《美国刑事法院诉讼程序》,陈卫东、徐美君译,中国人民大学出版社 2002 年版。
61. [美] 德雷斯勒:《美国刑法精解》,王秀梅等译,北京大学出版社 2009 年版。
62. [英] 约翰·斯普莱克:《英国刑事诉讼程序》,徐美君、杨立涛译,中国人民大学出版社 2006 年版。
63. [英] J. C. 史密斯、B. 霍根:《英国刑法》,李贵方等译,法律出版社 2000 年版。
64. [德] 克劳思·罗科信:《刑事诉讼法》,吴丽琪译,法律出版社 2003 年版。
65. [德] 克劳斯·罗克辛:《德国刑法学》,王世洲译,法律出版社 2005 年版。
66. [法] 贝尔纳·布洛克:《法国刑事诉讼法》,罗结珍译,中国政法大学出版社 2009 年版。
67. [法] 卡斯东·斯特法尼等:《法国刑法总论精义》,罗结珍译,中国政法大学出版社 1998 年版。
68. [日] 松尾浩也:《日本刑事诉讼法》(上、下),丁相顺、张凌译,中国人民大学出版社 2005 年版。
69. [日] 西田典之:《日本刑法总、各论》,刘明祥、王昭武译,中国人民大学出版社 2009 年版。
70. [日] 大谷实:《刑事政策学》,黎宏译,中国人民大学出版社 2009 年版。

71. Jan J. M. Van Dijk etc. , Caring for Crime Victims, Criminal Justice Press U. S. A. , 1999.

72. Faherty Sara, Victims and Victims' Rights, Chelsea House Publishers, 1999.

73. Peggy M. Tobolowsky, Crime Victim Rights and Remedies, Carolina Academic Press, 2001.

74. Strang Heather, Repair or Revenge: Victims and Restorative Justice. Oxford University Press, 2002.

75. William G. Doerner, Victimology, Anderson Publishing Company Ltd. , 2004.

76. Goodey, J. , Victims and Victimology: Research, Policy and Practice, Longman, Harlow, UK. , 2005.

77. Spalek, B. , Crime Victims: Theory, Policy and Practice, Palgrave Macmillan, 2006.

后　　记

我国对被害人权利的保护，同其他许多国家相比已明显落后，过去主要是受思想认识不足和我国经济水平所限，但现在随着人权保障观念的普及、国家经济的发展及和谐社会的建设，被害人保护法应成为法制建设的重点之一，重视被害人权利保护是我国法制走向国际化与现代化的必然要求。

被害人保护法是一部书写着被害人权利的“圣经”，从刑事政策角度考量，它是一种社会政策，正如德国刑法学者李斯特所提出的：“最好的社会政策即最好的刑事政策”，在刑事政策中应体现保护被害人的措施。从刑事诉讼角度观察，它是一个体现人性尊严的制度，构建“锥形诉讼模式”，以期平衡被害人与被告人的利益，在诉讼中寻求被害人、被告人及社会之间正义的平衡。我们的社会应当是一个热情关注被害人等弱势群体的社会，建立完善的被害人权利保护制度将不再是一个遥远的梦想。

书虽然要出版了，面对众多法学专家、学者，我有一种强烈的羞愧感，但又不愿放弃“能为被害人做点什么”这一夙愿，故而鼓起勇气将其付梓，恳请学界同仁批评指教。

岁月留痕，感激并怀念那些曾经帮助和鞭策自己的人，但还是不愿将名字一一挂在纸上，因为他们一直并将继续藏在我的心里。

吴四江

2010 年岁末